近代教育学の成立

森川 直

東信堂

はしがき

今日、教育が混迷をきわめるなかで、教育学もまた厳しく問われている。かつては教育学の学としての体系化とその発展が、そのまま教育の実際の改善と発展につながるものとして、その存在意義が認められていた。しかし、今日の社会の細分化と多様化によって、他の諸学と同様に教育学もまた専門分化し、全体の見とおしが利きにくくなってきている。学校だけでなく、家庭や社会においてもさまざまの問題が顕在化するなかで、教育学の無力化が露呈され、その存在意義すら問われるようになってきている。まさに教育学は危機的状況にあるといっても言い過ぎではなかろう。

とくに最近のポスト・モダンをめぐる論議のなかで、これまで自明なものとみなされてきた教育の論理や教育学的思考までも根本的に問われ、その脱構築が求められている。近代以降に積み上げられてきた教育の制度や思想の枠組みでは、この変化の激しい教育の現実に対応できないことが指摘されている。もちろん、このような議論の背景には、従来の教育学の枠組みではとらえきれない教育現実の複雑さや多様性があることは間違いない。また、教育学における理論と実践の乖離の問題も依然として未解決のままであり、それらがポスト・モダンの論議に拍車をかけているとも言えよう。それゆえ教育学の脱構築、さらにはその再構築といった議論では解決できない根本的な問題が内包されており、あらためて教育学の存在意義について根本的に問い直す必要があるように思われる。

これまで近代教育学については、ヘルバルトを中心に科学としての教育学の成立をめぐって研究が進められてきた。しかし、教育学の科学として体系化の側面だけでなく、その生成の内実を解明することが必要であるように思われる。とくに「教育の世紀」と言われる一八世紀近代の啓蒙期の教育学については、これまで十分に解明されてきたとは言いがたいように思われる。この期のドイツ啓蒙主義を代表する汎愛派にしても、ペスタロッチーにしても、教育実践を基にして独自の教育学をつくりあげている。その意味で、この啓蒙期の教育学に立ち返り、その生成について根本的に問い直すことは、これからの教育学のあり方を見るうえできわめて重要であると考える。

本書は、一八世紀近代の教育学の生成と成立をテーマとしている。とくにドイツ啓蒙主義の生成とペスタロッチー教育学の成立に焦点化されている。両者の場合には、ともに実践的根拠をもって成立しているという意味で、とくに重要である。とはいえ、ここで近代教育の思想や理論の具体的な内実について詳細に立ち入って究明することを意図しているわけではない。この生成期の教育学的思考の基本的な特色を明らかにすることを課題としている。テーマが大きすぎるきらいはあるが、先行研究、とくに最近のドイツにおける研究もできるだけ参照しながら、その基本的な枠組みの解明に努めたいと思う。

本書は、これまで大学の紀要等に掲載したもの、あるいは著作として公にしたものを全体的に見直し、テーマに即してアレンジしたものである。個人の力量を超えるテーマであるため、全体をまとめるために関連文献を可能なかぎり参照させていただいた。とくにドイツの最近の研究については、かなりの部分それに依拠して参照したことをお断りしておく。

最後に、学術書の公刊がきわめて困難であるにもかかわらず、本書の刊行を快くお引き受けいただいた東信堂の下田勝司社長に心からお礼を申し上げたい。

平成二十二年一月五日

著者

近代教育学の成立／目次

装幀　桂川　潤

近代教育学の成立

序章

——近代教育学を問う——

近代教育学と一口に言っても、その意義は必ずしも明確ではない。何らかの一定の固定的な体系が確立されているわけではない。歴史的には、ヨーロッパにおいて、ルネサンス・宗教改革期から一八世紀啓蒙期を経て、一九世紀初めにいたる数世紀にわたって形成されてきた教育に関する理論や思想の集積とみなされている。しかし、それは必ずしも一様ではない。これまで一般的には、中世の封建的な束縛からの人間の解放と近代市民社会の成立を背景にして、理性による啓蒙という理念に基づく個人の自律的な主体形成についての学問的成果とみなされてきた。それが一九世紀以降の近代公教育の思想と制度を支え、それを正当化する理論として受けとめられてきた。ところが今日、教育や学校がさまざまの問題をかかえ、その存在理由にまで疑念が及ぶなかで、その根本原因が近代教育学にあるという批判から、その問い直しが求められている[1]。

確かに今日の教育や学校の存在理由に対する疑念は、その根源をたどれば、その基礎となる教育観や学校観をつくりあげた責任を近代教育学に負うところが大きい。公教育の制度や義務教育制度、全員就学の理念、子どもの権利や陶冶可能性、組織化された教授法など、いずれも近代教育学の所産であり、それは今日にいたるまで自明のものとみなされてきた。しかし、この近代教育の理念に対して、厳しい批判が展開されている。脱学校論や反教育の立場からだけでなく、一般の人々からも、既成の学校教育のあり方、その機械的で画一的で権威的な性格が批判され、学校の存在理由までが問われるに及んで、その厳しい批判の矛先が近代教育学に向けられてきた。[2]

最近のポスト・モダン論議のなかで、近代教育学をめぐる問題がさまざまに論じられている。[3]「近代」の矛盾を徹底的に追究し、その「脱構築」を図ろうとする近代教育批判の言説は、ポスト・モダンの思想と結びついて新たな展開を見せ、近代教育学擁護の立場からの反批判を含めて、教育学議論の主題の一つを形成するにいたっている。確かに近代の教育と教育学には、以下に見るように重要なアポリア（難問）ないしパラドックス（逆説）が内在している。それを踏まえて新たな教育の像ないし教育学を再構築することは容易なことではない。

そもそも社会の近代化と教育による自律的な主体形成の過程は、相互に支え合いながら前進するものと考えられた。近代の教育は、近代的市民として自由な自律した主体へと完成されることを夢見てきた。近代社会は、こうした自律した主体が相互に協調して自由を実現していく社会を理想モデルとしていた。しかし現実には、社会の近代化は世界の「脱魔術化」（Entzauberung）として合理化されていく反面、人間の生の意味と自由を喪失させる結果となり、理性的で自律的な主体形成としての教育との矛盾が生じている。この点がまず、近代教育学のアポリアとして指摘される点である。[4]

この点に関連して、近代教育学における主体形成のパラドックスが指摘されている。すなわち、「他律化による自律化というパラドックスをはらんだ主体形成の観念が、近代社会を前提にして成立し、近代社会によって自明化され、この主体概念に無批判であることは、教育を厳密に把握し、的確に批判する障害となる」ということである。「現代の教育学は、これまでのように主体形成を教育理念としてかかげて安心するかわりに、主体形成を教育理念化してきた近代社会の基本的な存立構造をあきらかにすることで、主体という在りようが自明性を失っていく現代の社会的な現実を説明しなければならないだろう」[5]と言われる。ここで明らかに、近代の社会構造のもつ主体形成の虚偽性が指摘されている。[6]

さらに、「理性的な主体による自己規定と自己解放」という特徴を備えた近代教育のプロジェクトに内在するアポリアが、いくつかの自己矛盾という性格をもつことが指摘されている。まず理性による合理化は近代の理念ではあるが、それが啓蒙の「道具的理性」による支配となると、理性による人間の認識作用は人間自体をモノとして対象化することに結びつく。[7]この理性による対象化は、その対象を操作する際の手段選択の合理性は問えても、そうした操作に役立てられるはずの目的設定については、合理的議論は不可能とされる。それゆえ人間の相互関係さえも対象操作と同じ目的合理的な基準に基づいて評価されることになる。その結果、対象操作のための手段としての技術的思考が目的となり、自由な存在としての人間規定、さらには自由な人間の実現をめざす教育学的思考と矛盾することになるということである。

また、近代教育学は一方ではいまを生きる固有の子ども存在を科学的に解明しようと努めるとともに、その将来への責任を負うということで、自らを正当化してきた。けれども、未来の開放性は、逆に未来への不透明性を増大させ、親も教師も子どもの将来に責任を負うことが困難になってきている。それが今日では、そのような考えに基づいて作り上げられてきた人間関係や社会的関係が、逆に教育の前提となる大人と子どもの格差を消し去るにいたったという矛盾である[8]。

それとともに、教育における「権威」のパラドックスが指摘されている。近代教育の歴史は、教育者の被教育者に対する教育的「権威」を基盤に成立し、それに依拠する教育作用が可能になることを示すと同時に、教育者が「主人」であることを消失させつつ被教育者に自発性を促す多様な技法（術）の変遷としてとらえられる。ここに「理念としての権威の否定と教育関係のうちに必然的に生じる権威の肯定の狭間で絶えず困難に陥っている」[9]という点が指摘される。それとの関連で、近代の教授学的観点から、「外から、教育者（の教授）によって、被教育者の内に自ら学ぶ（学習）態度を形成することは可能なのか」というパラドックスもまた指摘されている[10]。

以上のように、近代教育学に内在すると思われるアポリアやパラドックスを理由に、ポスト・モダン論議のなかで厳しい近代批判が展開されている。しかし、近代批判が自己目的となり、近代の否定の論理が優先されるとき、近代教育学の再構築の展望はまったく開かれないことになる。逆にまた、近代の思考枠組みの範囲内にとどまるとき、「プロジェクト」（ハーバーマス）としての近代の意味[11]を把握することは不可能であろう。

この点で、最近の近代教育学の見直し論のなかで、そのアポリアやパラドックスを認めながらも、なおその可能性を追究しようとする立場もある。例えば野平によれば、ドイツではベンナー（Benner,D.）らの主張に見られるように、「ポスト・モダンの立場からの批判はすでに近代教育学の思惟のなかに織り込み済みであり、決して近代教育学を乗り越える可能性を備えたものではない」[12]というものである。彼らの主張によれば、カントやルソーの思想に代表される啓蒙主義こそ、「近代」（モデルネ）の性格を備えた主張であったということである。そのような観点から、ベンナーは近代教育学について次のようにまとめている。

「教育的行為の終焉を導き出すこと、これはルソーの消極教育とシュライエルマッハーの弁証法的教育理論以来、紛れもない近代教育学の思想である。その思想の奥深さは、それが初めから自らの終焉を構想せざるをえないという点にこそある。近代教育学に内在するこの理念を正当化し、その教育の終焉を可能にするための経済的、倫理的、教育的、政治的諸条件を探究し、確認することは、理論、実践、経験、研究のなかで近代教育学が守るべき課題なのである」[13]。

これとは少し異なった観点から、テノルト（Tenorth,H.-E.）は近代教育学の自己批判的な修正の実り多き視点の一つとして、「旧来の定式が批判されると同時に、多元的世界と結びついた諸可能性の広がりが認識され、アンヴィバレントな近代という構造のなかで展開する現実性に潜んでいる批判力が意識されるようになった」[14]という点をあげている。「同一性と自己決定、自由と成人性、などの啓蒙期における旧き期待をもつことは、統一的かつ閉鎖的な社会とその確立基盤が解体したことによって、たとえば不可能になるわけではなく、むしろ促進される。さらに、世界はアンヴィバレントであり、かつ緊張を含んでいるが、それらを通して我々が自己固有の行為及び自覚的な省察へと導かれることを顧慮するならば、主体解放の可能性は、範疇の次元においてではなく、経験の次元において開示されるのである」[15]。

テノルトが言うように、『近代』はようやく今になって、すなわち反省段階にいたって、はじめて固有の形態を純粋に発展させている」[16]のである。言うまでもなくこのことは、教育学がその自律性そのものを「アンヴィバレント」に経験していることを示している。したがって、教育や陶冶の過程に関する経験的知見に基づいて、多元的で偶有的な現在の状況をしっかり見据えながら、教育の自律性について問い、教育学の独自性について問うことは、今日では開かれたものとして、未来志向的に投げかけられているのである[17]。

以上のように、近代教育学をめぐるさまざまの議論のなかで、ポスト・モダンの立場からの近代批判、それに対する近代擁護の立場からの反批判、といった二項対立の議論に終始することなく、近代の根源に立ち返り、近代教育学のもつ特色と問題点を明らかにする必要がある。そのためには、近代教育学に内在するとみなされるアポリアや矛盾についていま一度問い直し、その発生のしくみを正しく分析するとともに、近代の教育および教育学の歴史的意味を再確認することが求められる。とくに、近代教育学の主張は、ヨーロッパではすでにその成立期に、すなわち「教育の世紀」としての啓蒙期に、カントに代表されるように簡潔明瞭に定式化されている。しかもそれは、ドイツ的テーマであっただけでなく、フランスを含む一八世紀ヨーロッパにおける近代教育学を特徴づける社会改革のパトスの表現であり、もともとルソーの社会批判的思想をその根源としていた[18]。それゆえ今日あらためて、一八世紀近代の教育学の成立過程をたどり、その意味をじっくり検討することが要請されるように思われる。

ところで、この一八世紀は「啓蒙の世紀」とも言われているが、この「啓蒙」という概念は後に考察するように、「近代」に対する標語として一般に認められている。それはかなり脱歴史化されているが規範的に明白であり、たとえ「啓蒙の弁証法」によって理性の解放の結果が云々される場合でも、近代市民社会の主導概念として議論の余地のないものとみなされる。

ところが教育学の領域では、この概念を中心に据えた、いわゆる啓蒙主義教育学については、これまで歴史的なテーマとして取り扱われているが、必ずしも積極的に評価されてきたとは言いがたい。確かに啓蒙主義教育学において近代の教育学的問題とその矛盾が予感されていたことは認められるが、問題への取り組みや解決のために啓蒙主義が何ら貢献しなかったことが非難されている。とくにドイツ啓蒙主義を代表するとみなされる「汎愛派」(Philanthropen) に対して、古典主義的・陶冶論的立場から近代の基本的な問題、すなわち「主体としての人間の実践的な体制を可能にする諸条件の省察および構成」[19]が見誤られたと批判されている。

体系的に見れば、啓蒙主義に対する批判として歴史的にも妥当とみなされている議論、すなわちニートハマー(Niethammer,F.I.) の「汎愛主義」に対する「人文主義」の論駁[20]やエヴァース (Evers,E.A.) の「残虐にむかう学校教育」に対する攻撃[21]は、その典型的なものである。近代の教育学的問題の陶冶論的解釈の陰で、いずれにせよ啓蒙の時代はこれまで「発展せざる矛盾」として、またその教育理論は「克服された」[22]ものとみなされている。

最近のオイラー (Euler,P.) のニートハマー研究やそれについてのベンナーの書評[23]は、この陶冶論的立場からの解釈の系譜に属するものである。啓蒙主義以来の近代の矛盾は、先に指摘したように、教育(学)のパラドックスへと導く。いずれにせよ、啓蒙主義の教育学的構想の経験論的に方向づけられた科学的プログラムも、実利主義的な社会哲学ないし教育学的プログラムも、体系的にはもはや通用しないものとみなされている。

一九世紀初頭における古典主義的な「新人文主義」(Neuhumanismus) への移行は、啓蒙主義の教育のもつ矛盾、すなわち有用性と有効性をめざすその教育学的思考形式に対する批判の決定的なものとして、歴史的にも評価されてきた。フンボルト (Humboldt,W.v.) に代表されるドイツ古典主義の立場からの「陶冶」(Bildung) 概念、とくにその主体性の意味規定のなかに近代教育の固有の論理を求めようとする立場への転換は、啓蒙主義教育学の評価を決定的なものにした。しかし、最近の一連の研究において、「近代」が問われ、近代教育の論理自体の矛盾が指摘され、陶冶論的解釈もまた行き詰まりを見せている[24]。そのなかで、いわゆる「教育の世紀」（pädagogisches Jahrhundert）を代表する啓蒙主義の教育学的省察を見直し、近代教育の固有の論理を確認することは、一八世紀近代の教育学全体を再評価することにもつながるであろう。

そこで本書では、ヨーロッパ近代の教育学の成立過程、とりわけ一八世紀近代のドイツ啓蒙期を中心とした教育学の成立過程の考察をとおして、近代の教育学的思考に共通に見られる特徴および問題点を解明することを課題とする。本書では、四つの基本的な視点から考察を進めることにする。それが本書の構成の柱になっている。

第一に、一八世紀近代教育学の前提となっている共通の思考枠組みを明らかにすることである。この時代に支配的な「啓蒙」の視界から、当時の人々の「啓蒙」の自己理解を見るなかで、カントに代表される「啓蒙」の哲学と教育学の基本的な特徴を解明し、それをもとにして近代教育学の範例とみなされるルソーにおける教育学的思考の独自性を明らかにする。

第二に、ドイツ啓蒙主義教育学の生成について、その中心的役割を担う「汎愛派」（Philanthrophen）の代表作『全学校制度および全教育制度の総点検』（Allgemeine Revision des gesamten Schul-und Erziehungswesens, 以下『総点検』と略す）[25]に着目し、この著作の成立の背景をなす「実践教育者の会」の設立にいたる経緯、この著作のプログラム、この著作に収録された論文を分析するなかで、この派の教育学的・教授学的構想の特色について解明する。

第三に、この汎愛派と同時代に属し、独自の教育実践をとおして教育学の理論構築に貢献したペスタロッチーの「メトーデ」（Methode）の成立をもって、近代教育学の成立を見る。これによってはじめて、近代教育学が実践的根拠をもって成立したとみなされるからである。まず、近代化の文脈におけるペスタロッチーの位置づけ、近代の人間学構想とその教育学的帰結をもとにして、「メトーデ」における「直観」および「自己活動」の原理、および「合自然」の教育の「メトーデ」の近代的意義を解明する。

第四に、啓蒙主義教育学から「陶冶論的教育学」への展開の考察をとおして、近代教育学の新たな方向性を明らかにする。まず、ニートハマー（Niethanmmer,F.I.）の汎愛主義と人文主義のあいだの論争[26]を見るなかで、啓蒙主義教育学批判の意義を明らかにする。また、「陶冶」概念を中心に展開されるフンボルトの陶冶哲学と教育学、シラー（Schiller,F.）の美的教育論、さらに、シュライエルマッハー（Schleiermacher,F.D.E.）やヘルバルト（Herbart,J.F.）の陶冶理論の実践論的展開の考察をとおして、一八世紀近代教育学の可能性と限界を探ることにする。

第一章　一八世紀近代の教育学的パラダイム

第一節　一八世紀啓蒙の地平

一　啓蒙の世紀

ヨーロッパの一八世紀は、一般に「啓蒙の世紀」と呼ばれている。「啓蒙」に当たるもともとの言葉は、ドイツ語ではAufklärung、英語ではEnlightenmentで、これらは「光によって明るく照らし出す」とか、あるいは「光」そのものを意味している。「啓蒙」という訳語も、「啓」は「ひらくこと」とか「明けること」を意味し、「蒙」は「暗いこと」を意味するから、原語の意味を生かした訳語と言える。光は闇に対立する概念である。無知や偏見や迷信の支配する暗闇を理性の明るい光によって追放するという思想的な態度を表している。「啓蒙の世紀」に光の源とされるもの、光という象徴によって指示されるもの、それは人間の理性であった。ヨーロッパの一八世紀が「理性の世紀」とも呼ばれるのは、そのためである。光の源は人間の外に、例えば人間を超えた超越的な神のうちにではなく、人間そのもののうちに、すなわち人間のだれもが生まれつき備えている理性のうちにある。人間はだれでも自分のうちにある理性をはたらかせることによって、闇の世界を脱し、光明の世界に入るのである[1]。

歴史的には、それは近代の成立と符合している。ヨーロッパ近代は一六世紀のルネサンスと宗教改革に始まると言われているが、啓蒙もまたそこでは近代の特徴である個人の独立が自覚されたかどうかは別にして、問題として提起された。とくに宗教改革は、自覚的には個人の神への没入、帰依を主張したのであって、神や共同体からの独立を考えたのではなかった。しかし、それは信仰の内面性、個性を主張することによって、信仰を個人化し、私事化する道を開いた。ルネサンスはマキアベリの君主のように、例外的な孤立した個人しか見出さなかったが、およそ個人が独立して生きていくためには、自由と平等が社会的に保証されねばならなかったから、近代民主主義への展望が開かれることになった。

この二つの流れを受けて、個人の主体的な思考と行動を諸個人（自由、平等な）の集団、つまり社会の問題としてとらえようとしたのが啓蒙思想である。一七世紀後半にはっきりとした形をとり、一八世紀に全面的に開花した大きな思潮を指している。時期的には、西ヨーロッパの市民革命（イギリス革命一六四〇～一六六〇年、アメリカ革命一七七六年、フランス革命一七八九年）とほぼ一致するが、やや限定して考える場合には、ホッブス（Hobbes,Th.）、ロック（Locke,J.）を前史とし、一八世紀フランス（ベイル、モンテスキュー、ヴォルテールからコンドルセにいたるまで）、スコットランド（フレッチャーからスミスを経てスチュアートまで）、ドイツ（ライプニッツ、ボルフからガルヴェまで）の思想である。それは一七世紀終わりにオランダとイギリスで導入され、フランスを経て一八世紀後半にドイツに達したが、それはトレルチ（Troeltsch,E.）によれば「生の全領域にわたる文化の全面的変革」[2]を示している。

啓蒙は上述の領域に限定されてはいない。それは北アメリカと並んで、さらにカトリックの国々まで包括する。そのかぎりでは、啓蒙思想は一八世紀の終わりにいたるまで時代的に広く拡張して、また領域的、テーマ的にも多様なヨーロッパ史の一分節を示している。

このように広範かつ多様な流れのなかで、一七世紀後半から一八世紀の終わりにいたるまでのこの時代を一つの統一した時代として取り扱い、しかもまったく異なった観点において見ることができる。つまりこの時代に世界は植民地拡張の結果、ヨーロッパの支配権のもとでグローバルな経済空間上で成長した。増大しつつある市場経済の紛糾は、次第に伝統的な「十分な食料」と「階級に応じた必需」に向けられた実態経済を圧迫した。この時代に、国家主権の原理に基づいた全ヨーロッパ的な民衆権利システムが確立した。外に向けての関係者の主権は、内部への主権国家の権力の増大しつつある遂行に一致した。以前は州（Land）の貴族のように自律した中間権力は、中央権力に従属され、あるいはそれに服従する教会と都市の団体にさせられた。同時に、信仰と法が取り消しがたく対立してあらわれた時代であった[3]。

ヴォルテールはその著『道徳の歴史』（一七五四―一七六一年）において、啓蒙を迷信と無知からの解放の歴史として、同時に宗教の「激しい教義」（fourer dogmatiqu）と結びつけて理解した。啓蒙は一貫して非合理的な知の形式と区別して、ある普遍的な倫理を展開し、論理的な合理性をもたらし、それと関連して一般的で平等な陶冶を基礎づけた。キリスト教モラルと世俗倫理の分離は、国家と教会の区別を前提とする。それによってはじめて、幸福の要求を従順の要請からはなれて根拠づけることが可能になった。それでも統一的な倫理は生じなかった。また普遍的要求は、固有の仕方で道徳的内面性の発見と対照を成した。一七世紀中葉から、新聞・雑誌によって担われたジャーナリズムが発展した。あらゆる学問領域からの情報によって、急速に増大した読者を配慮した。そこから、知の一般的な拡大、あるいは生活の合理化は閉ざされることはなかった[4]。

一八世紀は、精神の多様性のなかで、等質で統一的な造形力を一言で特徴づけようとして、それを「理性」の名で呼んだ。「理性」はこの時代の追求したものと達成したものの一切を表現するものとして、この時代の中心点、統一点を形作る。啓蒙思想の共通の特徴は、理性の優位、すなわち合理主義であるが、このことばの意味は、時代により国により同じ啓蒙の枠のなかでも、かなり異なっている。近代的理性の内容は国によって違っていて、それはそれぞれの国の近代化の性格の違いの反映であった。そのような違いが存在する背景には、森田も指摘しているように、それを支える新しい社会階層の成熟の違いがあった[5]。

最も近代化が早かったロックの時代のイギリスでは、古い封建領主に代わる新しいブルジョア的起源をもつ地主階級であるジェントリ（紳士）が議会制度を武器にして力を発揮するようになった時代である。一八世紀フランスはいまだイギリスのような市民革命は経験していなかったが、都市のブルジョアたちがその経済力を背景に新しい文化を築きつつあった。フランスでも近代化は、はじめ絶対王政とカトリック教会の主導で進行する。旧体制（アンシャンレジウム）は、自己保存のために近代化を主導せざるをえなかった。これに対して、例えばディドロ(Diderot,D.)やルソーは感情尊重をかかげて抵抗するが、やがてフランス啓蒙思想のなかから啓蒙君主制としての立法者の概念があらわれた。啓蒙思想の理念は旧来の信仰書や文学書のあい間をぬってさまざまの階層に浸透し、市民革命の土壌を築いていった。旧制度を廃棄し、一七八九年のフランス革命においてその歴史的結実を見た。

ヨーロッパのなかで近代化が遅れたドイツでは、近代化が上から国王によって行われたために、政治経済的に市民革命の土壌の形成は最も遅れていた。ドイツにおいては、近代的個人（ブルジョア）が具体的かつ大量に生まれていなかったのである。しかし後に見るように、「啓蒙とは何か」と正面から問い、「啓蒙とは自らの理性を使用する勇気をもつこと」[6]であると答え、その延長線上に、人間の理性と意志についての批判的考察、すなわち『純粋理性批判』と『実践理性批判』を著したのは、この最も遅れたドイツの地方大学の教授であったカント（Kant,I.）であった。このカントの体系こそ、市民勢力の成熟の最も遅れたドイツにおいてこそ、啓蒙思想の完成を見ることになったとも言えよう[7]。

二　ドイツ後期啓蒙主義の自己理解

イギリス、フランスに比して近代化の遅れたドイツにおいて、啓蒙主義運動は独自の展開を見せた。ドイツ啓蒙主義運動のある種の質的転換は、一七五〇年ごろに起こったとされる。イギリス・フランスで二百年にわたって徐々に進行してきた啓蒙主義の思想運動の全体から見れば、啓蒙後期とも言うべき時期にあたる。もともと社会の近代化と人間の啓蒙の問題は、教化と陶冶の問題として関心を集めていた。近代市民社会を担う啓蒙された主体の形成は、単に教育者のみの関心ではなく、社会全体が希求すべき課題であった。それは近代化の遅れたドイツにとって緊急の課題であったと言える。教育の問題が国民形成の問題として国家的・政治的関心をもって語られた時代状況にあって、啓蒙は教育と重ね合わされ、国民教育のめざすべき方向を指し示すべきものになっていたのである。

「啓蒙の時代における教育学」（Pädagogik im Zeitalter der Aufklärung）というタイトルで一七・八世紀の教育学が意味

されているのか、それともわれわれ自身の時代の教育学が意味されているのかは、一義的には決められない。ロボルト（Rowolt）によって編纂されたドイツ百科事典は、「第二の啓蒙」への寄稿として理解されている。「第二の啓蒙」としてわれわれ自身の時代の傾向のより詳細な規定は、もちろん歴史的な日付を再び固定化する。というのは、それによってまさに前提されているのは、過去においてすでに「啓蒙」のようなものが存在したということ、第一の啓蒙はつまり、ルネサンス・人文主義・宗教改革から始まり、一七・八世紀にその高い地点を見出した。そういう「啓蒙」というものが存在したということが前提とされているからである。それゆえ一七・八世紀のヨーロッパ文化運動は、第一の啓蒙として示されることができる。というのは、ここで人間の自律の解放、ならびに体系的、普遍的に自己の理性を使用する可能性が以前には決してなかったほどに社会生活の中心へと移されたからである。[8]

啓蒙のプログラムは、その縛りのあるドイツ語の形式において、時代はすでにその終焉という問いに答えた。ドイツ語の用語のなかで「啓蒙する」（aufklären）は、すでに一八世紀初めの「精神的な明瞭性にまで教育する」ことを意味し、「啓蒙される」ということは、「教化されて進歩的に思念する」意味を含んでいる。なるほどそれは、すでに一八世紀の前半に「悟性の啓蒙」のための若干の証拠が見出されるが、後半において「啓蒙」はより頻繁に社会的進歩のための表現として、「教化」（Kultur）や「陶冶」（Bildung）と同義としてあらわれている。[9]

とくに記号として命ずるはたらきは、ドイツでは「啓蒙」のことばから、一八世紀最後の一〇年にはじめてスタートする。「啓蒙」は八〇年代以来、そのなかであの精神的なブルジョア解放運動の本質的な目標が、いわば漠然とした短い形式であらわれる一つの標語になった。バールト（Bahrt,K.F.）はプロテスタント的正統派を鋭く攻撃したが、一七八九年にライプチヒで発行した著作『啓蒙とその促進手段について』（一七八九年）のなかで、次のように確認している。「啓蒙ということばは、いまや多くの人々が口にしている。にもかかわらず、われわれは一定のふさわしく限定された意味での概念を、まだどこにも見出さない」[10]。

『ベルリン月刊誌』(Berliner Monatschrift) は、一七八三年に「啓蒙とは何か」(Was ist die Aufklärung) という問いへの答えについて直接呼びかけた。この賛同者のなかで自己理解の機は明らかに熟した。その反対者は、非合理主義者と懐疑主義者をとがめた。ツェルナー (Zöllner,F.W.) は、この雑誌のなかで同様に公にした法律上の結婚の正当性に関する論文と対決したが、当の著書を「啓蒙の名のもとに人間の頭脳と心臓を混乱すること」を非難した。付け加えられた脚注で、彼はこの点について次のようにコメントしている。「啓蒙とは何か、真理とは何かと同じくらい重要であるこの問いは、啓蒙を始める以前に、なお答えられねばならない。その答えを私はまだどこにも見出さないのだ」[11]。

これについて『ベルリン月刊誌』のなかで、メンデルスゾーン (Mendelssohn,M.) は最初の人物として位置づけられる。その論文のタイトル「啓蒙とは何か」というという問いに答えて、彼は次のようなことばの事実内容を確認する。すなわち「啓蒙、教化、陶冶ということばは、われわれの言語において、なお新参者である。それはさしあたり書物言語に属するにすぎない。一般に人々は、それをほとんど理解していない。これが一つの証拠であり、事態もまたわれわれの場合まだ新しい一つの証拠であるべきだが、私はそうは思わない」[12]。

この与えられたことばの問いに、彼が見るところではいかなる厳密な区別も結晶として取り出さなかった。彼は陶冶を上位概念として位置づけ、民衆はその幸福の状態を技術と熱意でもって人間の使命と調和すればするほど、ますます陶冶（表象）をもつ、という原則を打ちたてようと試みる。ここで教化（Kultur）は実践的なものと結びつくのに対して、啓蒙（Aufklärung）は理論的なものに向けられている。つまり「理性的認識（対象）と能力（主体）に向けられている。理性的反省に向けて、人間生活の事柄についてその重要性の尺度と人間の使命へのその影響の尺度に従っている」[13]。

メンデルスゾーンにとって、啓蒙と教化は理論と実践の比に等しい。彼によって仮説された人間の使命は、人間としてのそれと市民としてのそれに分裂する。「人間を人間として興味づける啓蒙は、一般に階級の違いはない」。市民への洞察のなかで、逆に「階級と職業によってそれは変えられる」[14]。彼によれば、それはまったく人間の啓蒙と市民の啓蒙のあいだの対立状況にいたる。だが、大きな対立に向けて、さらにある救いがたい状況が示唆されている。

このように一八世紀の後半に、ドイツでは「陶冶」と「啓蒙」の概念が今日なお妥当する世俗化された意味において刻印づけられた。鍵概念として、「陶冶、教化、啓蒙は…人間の勤勉と努力、その至福ある状態を改善するためのはたらきであり、陶冶は文化と啓蒙に分かれる。前者はより実践的なものに向かうように思われる。…啓蒙は逆により理論的なものに結びつくように思われる」[15]。陶冶に関して、彼は偉大な啓蒙主義者の一人にあげられるために、自分の時代の業績の理解がそれに基づく概念へと一切を導く。つまり、知のあらゆる領域における理論的進歩、生活のあらゆる領域における実践的進歩、心情と悟性の人間的諸力の個人的完成と社会的、政治的共同生活の合理的な完全化へと導く。

一七八四年の『ベルリン月刊誌』の次の号で、カントはその論文を起草する際にメンデルスゾーンの答えを知ることなし、同様に投げかけられた「啓蒙とは何か」という問いに対して立場をとった。カントはその論文を、好んで定義として用いられているあの有名な説明で導いた。すなわち

「啓蒙とは、人間の自己に負わされた未成熟から抜け出ることである。未成熟とは、その悟性を他者の導きなしに使用することができることである。この未成熟は、その原因が悟性の欠如ではなくて、他者の導きなしに、それを使用する決断と勇気を欠いているとき、自己に責任がある。自己に真正であれ。汝自身の悟性を使用する勇気を持て！これが啓蒙の標語である」[16]。

啓蒙は、それゆえ絶え間ない精神の努力、自己の悟性の活発化である。このことは、慣習や怠惰を克服することを意味する。というのは、「未成熟であることは非常に快いからである」[17]。思考様式の真の改革は、多くの時間、とりわけ自由を必要とするということ、「その理性によってあらゆる部分において公的使用にするための自由である。それによって学識者として人はその読者の公共全体に対して役立たねばならない。逆に、官吏として、あるいは役人として、国家制度の利害と仕事は服従を要求するので、人は一定の限界に出くわす。だが全体性を要求していない。この点に、その理性の私的使用のみが許されている」[18]。

認識の拡大と誤謬の克服、啓蒙の前進は、カントにとってまったくとどまることのない一つのプロセスである。これを妨げることは、人間自然に対する罪である。彼自身の時代について、カントは啓蒙に対する十分な可能性を見た。もちろん彼が意識していたことは、啓蒙された時代についてまだ語られることができない、ということである。そのことはすでに、大きな特徴のなかに閉ざされた一つのプロセスが前提とされているであろう。だが、啓蒙の時代について語ることを正当化すべき端緒が、すでにあらわれている。すなわち「人間は事物と同様に全体的に

見れば宗教の事柄について自分の悟性を他者の導きなしに、より確かに使用する状態にすでにあり、その点にまた置かれることが出来たという点で多くのことが欠けている。ただ、今や彼らにとって領域が開かれている。一般的な啓蒙の妨げ、あるいは自分自身に負わされた未成熟から脱することを妨げる障害は、次第に少なくなるということについて、すでに明白な徴候が示されている」[19]。

一八世紀の大部分の啓蒙主義者の、宗教的、世俗的力以来の迷信、狂信、無知、虚偽、愚鈍に対する不断の戦いは、人間の理性が突破するに値する意識によって担われていた。啓蒙家たちは、一方ではいわゆる暗い陰謀の発見と偏見の除去の洞察、他方では同時代人の人間性にまでの教育において彼らが日常的な要求として、また同時に歴史哲学的な関心事として把握したその主要課題を洞察した。その際、宣言された彼らの使命観は、人類の歴史があらゆる混乱と崩壊にもかかわらず、内的な発展法則を示唆しており、理性の漸進的な進歩とますます大きくなる完全性への運動を示唆している、という洞察に基づいている。そこにおいて、第一の真の歴史意識としてのある時代の時代意識を証明する。自分の時代を進歩的なプロセスとして計画する人類史のなかでの段階として把握する。

「一八世紀は、疑いなくあらゆる世紀のなかで、その使命の意識において、歴史的日常を導いた第一の世紀であった。この歴史的自覚は、具体的な歴史的課題の意識にのみ根づいている。歴史的世界像は、その関心から証明されるのではなくて、決定的な変遷のための前提を知ることを学ぶ。人間の関心から説明される。進歩的な生産力と封建的な中世に深く潜む社会組織のあいだの大きな距離がほとんどあらゆる層に、その関心を打ちのめすときですら、大きな移り変わりを期待するように作用した」[20]。

この一八世紀について、カッシーラー（Cassirer,E.）は哲学的、体系的観点から次のように特徴づけている。すなわち、「一八世紀を扱う歴史家にとって、この世紀自体が目標とも終局点ともみなしたところからまず自分の研究を開始すべきであり、一八世紀が明確な回答を見出したかに見えるところから、歴史家にとって本来的な問いが始まるからである。一八世紀は、理性の統一性と普遍性に対する信念に満ちていた。理性はすべての思考主体、すべての国民、すべての時代、そしてすべての文化にとって同一である」[21]と。

第二節　啓蒙の哲学と教育学――カントを中心に――

一　カントの啓蒙の精神と哲学

一八世紀啓蒙哲学の内容とその中心的問題を展開し、それに歴史的・体系的な解釈を試みたカッシーラーは、その著『啓蒙主義の哲学』（一九三二年）において、次のように述べている。「カントの業績、そして彼の『純粋理性批判』による「思考方式の革命」の遂行の後においては、われわれがもはや啓蒙主義哲学の問題提起に簡単に立ち帰る余地はないことは最初から自明である。だがカントが『純粋理性批判』の最後の章で素描したような「純粋理性の歴史」が将来いつの日か書かれるならば、何よりも理性の自律を最初に発見して熱烈に擁護したこの時代、精神的事象のすべての分野を通じてこの理性の自律を実現し承認させたこの時代が真っ先に想起されねばならないだろう」[1]。

宇都宮芳明著『カントの啓蒙精神』（二〇〇六年）によれば、カントは一八世紀後半に活躍した哲学者であるから、この時代に関するかぎり、カントもまた当然「啓蒙の哲学者」の一人に数えられるべきだろう。だが、一九世紀以降に書かれた哲学史、それもドイツ人の手になる哲学史では、啓蒙とのかかわりで、カント独自の地位をあてがう傾向がある。つまり、カントを単に数多い啓蒙の哲学者のうちの一人と見るのではなく、啓蒙の完成者であり、それどころかさらに啓蒙の克服者であると見る見方である[2]。

新カント派のヴィンデルバントは『近世哲学史』のなかで、「啓蒙の時代」をイギリスの名誉革命（一六八八年）からフランス革命（一七八九年）にいたる百年間と定め、カント哲学は啓蒙の完成であるとともに、その克服であると語る。啓蒙の時代とは、「近代的思考」が成年に達したという意識に目覚め、「すべての方向に向かって自分自身に対して法則を与え、理性的熟考のうちに一切の活動の原理を見出し、自分自身の上に他のいかなる審判者も認めない」とする時代である。カントの学説のうちには、この「啓蒙の時代を満たしているすべての哲学的志向」が含まれていて、そのかぎりでカントは「啓蒙そのものの偉大な哲学者」であり、「啓蒙全般にわたるもっとも強力な代表者」である。とはいえ、カントはそれらの志向の全体を「まったく新たな連関」へと組織化することによって、それぞれの志向に見られる偏った一面性を脱却した。その意味で、カントは啓蒙の完成者であると同時に、その克服者であるとされるのである。

カントの全哲学に息吹を吹き込んでいるのは、「理性の力に対する揺るぎない信仰」であるが、この信仰は「認識論的な見解」といったものではなく、最初から「理性的認識の範囲」を超え、「人類の道徳的理性」のうちにその座を占めている。カントは「人間および人間以外のものの全領域にわたって、いたるところで理性の権利を護り、理性の支配力を保証するという努力を啓蒙と共有している」。しかし「この理性のもっとも深い本質を、理論的諸命題よりもむしろ道徳的信念のエネルギーのうちに求めることによって、啓蒙の干からびた冷ややかな悟性主義を克服した」[3]のである。

一八世紀の哲学に対して賛否両面から見るヘーゲルは、その著『歴史哲学講義』において、次のように述べている。

「カントの哲学によると、自己意識の単純な統一である自我は、まったく自立した自由であり、すべての普遍的な、すなわち思考の諸規定の源泉としては理論的であり、同様に一切の実践的諸規定の最高峰としては実践理性、すなわち自由で純粋な意志である。意志の理性は、純粋な自由のうちで自らを保持し、一切の特殊なもののうちでこの自由のみを意志し、法をただ法のために、義務をただ義務のために意志することである。このことは、ドイツ人の間では静止した理念に止まったが、フランス人はこのことを実践的に遂行しようと欲したのである」[4]。ヘーゲルは、カント哲学の欠陥は啓蒙の悟性的思考に囚われていたことにあるとするが、啓蒙への関係づけでカント哲学を正確に位置づけたものであるかどうか疑問である[5]。

カントの「啓蒙とは何か」は、彼による「啓蒙」の定義に始まるが、先に引用したように、「啓蒙」とは「人間が自分自身に責めがある未成年状態から抜け出すこと」である。

たとえ身体が生理的に成熟し、法が定める成年に達したとしても、依然として他人の指導に身をゆだね、「自分の悟性を使用する決意と勇気」に欠けていれば、その人間はカントの眼から見ると、未成年の状態にある。身体の未成熟状態は自然によるものであるから、本人の努力によって変えることはできないが、自分の悟性を自分で使用できる状態に達していても、それを使用しないで他人の指導に任せきりでいるならば、それは本人の責任に帰せられる状態である。そこで、「あえて賢明であれ、汝自身の悟性を使用する勇気をもて！」ということばが、「啓蒙の標語」としてかかげられたのである。[6]

ドイツ啓蒙思想の推進に一役買っていた『ベルリン月刊誌』の編集者ビースターの求めに応じて、カントが同誌に「啓蒙とは何か」を寄稿したのは、先にも指摘したようにその翌年の一七八四年である。[7] カントが当時のドイツ啓蒙思想の一翼を担っていたことは、こうした外的事情からも確認できるであろう。カントは、人間が未成年状態から抜け出すには、「自分の悟性を使用する」ことが必要であると語っていた。この場合の「悟性」とは、例えば『純粋理性批判』で「推理能力」とされる「理性」や「判断の能力」とされる「判断力」から区別された「概念の能力」という狭義での「悟性」ではなくて、総じて直観力から区別された「思考力」と見ることができるから、「自分自身の悟性を使用せよ」とは、つまり「自分で思考せよ」「自分で考えよ」ということである。[8]

カントによると、人間は「怠惰」と「怯懦」によって好んで他人に指導される未成年状態にとどまろうとするが、それはこの状態にあることが本人にとって「気楽」だからである。なぜこのような気楽に生きてはならないのか。それはさし当たっては、個人が他人の指導によらず自分で自立的に生きるためである。「自分自身に責めがある未成年状態」とは、まずはこのような身体的に成年に達しても、この気楽さから抜け出すことができず、依然として他人に頼り、自立しない、つまり自分で考えて自分の生き方を定めることができない状態を指している。[9]

自分の良心に従って自律的に善悪を判定し、それに従って生きるということがなければ、これもまだ啓蒙された状態とは言えない。これは単に知的な啓蒙ではなく、道徳的な啓蒙と言ってよいが、このようにカントは個人の自立ということのさらに奥に、人間が自律に従って生き、それによって人間が道徳的に完成した状態にいたる筋道を考えているのである。このことは、カントが『実用的見地における人間学』のなかで、人間が備えるべきとされる

「知恵」について、次のように語っていることからも知られよう。

「知恵は、理性の合法則的に＝完全な実践的使用の理念として、これを人間に要求するのは確かに過大である。しかし最小の程度ですら、知恵を他人が彼に注入することはできず、彼はこれを自分自身から引き出してこなければならない。知恵に至るための指令は、これを導くための三つの格率を含んでいる。(一) 自分で考えること (Selbstdenken)、(二) (人々との交流において) 自ら他人の立場に立って考えること、(三) つねに自分自身と一致して考えること」[10]。

このように「自分で考えること」が必要とされるのは、それが最終的には道徳的善悪をわきまえる知恵にいたる道だからであり、人間の道徳的啓蒙を可能にする道だからである。カントの言葉では、知恵は最小の程度すら他人によって注入されることはできないのであって、知恵はあくまでも自分で考え、自分で身につけなければならない。知恵はその意味で、文字通り「自覚」されるべきものである。「あえて賢明であれ」とは、この視点から見ると、さまざまな知識を獲得して知的に賢くあれということを意味するだけでなく、それ以上に実践的な知恵を身につけて道徳的に正しく生きよという意味を含んでいると言える。少なくともカントはそのように理解したのであって、一八世紀の啓蒙思想は全体としてはむしろ知的啓蒙を重視し、科学的知識によって宗教を迷信として斥けることに力点を置いたが、そうした「啓蒙の哲学者」たちとは違った、カント独自の啓蒙に対する姿勢を読み取ることができるであろう[11]。

カントがめざす「啓蒙」は、単に知識の獲得を眼目とするのではなく、個人が自分の理性をどのように使用すればよいかにかかわる事柄である。カントの批判哲学は、大陸の合理論やイギリスの経験論と対立し、「理性批判」

つまり理性の自己吟味という形で遂行される。カントの啓蒙の哲学は、「人間理性の目的論」をめぐって、究極目的は「人間の全規定（使命）」（die ganze Bestimmung des Menschen）であって、これについての哲学が「道徳」と呼ばれる[12]。

理性使用の最終目的は人間の道徳化にあるから、これは人類が全体として道徳化されることにより、人間ははじめて「理性的動物」にふさわしいものになる。人間の理性は、熟練を旨とする技術的能力や怜悧を旨とする実用的能力にとどまるものではなく、最終的には道徳化による人類の完成をめざした能力であるというのが、カントの考えである。これはカントが『道徳形而上学の基礎づけ』のなかで、人間が所有するもののうちで無条件に善いものは「善い意志」であるとし、これとの関連で、人間はなぜ「理性」が「意志に影響を与える」「実践的能力」として与えられるかを問い、「理性の真の使命は、自ら立てたのとは別の意図において手段として善いのではなく、それ自体において善い意志を生むことに在るにちがいなく、まさしくこのために理性が必要とされた」[13]。

『人間学』の遺稿の中の一断片によると、「一切の啓蒙」は「諸原則を自分で選ぶこと」「それらの原則の普遍妥当性」「それらの原則を堅持すること」という三つの条件に基づく。第一の条件を満たせば、「万人に啓蒙されている」が、さらに第二の条件を満たせば「拡張された知恵によって啓蒙されている」ことになり、第三の条件を満たすと「確固とした考え方、または性格によって啓蒙されていることになる」。「自分で考えること」が啓蒙の第一歩とされたのは、このように各自が一貫した自らの理性使用によって自らの性格を確立することに、個人の啓蒙の最終目的が置かれているからである[14]。

ここでカントが「人間性」と「人格性」を区別したのは、人格性が「引責能力」をもち、「自分自身の理性によって与えられた純粋な実践的法則」[15]に従うという点にあった。とすれば、啓蒙の完成は、人格性の素質の完成を意味する。カントが『教育学』で示した教育計画も、「訓練」、「開化」、「文明化」、「道徳化」の順に配列されていて、教育による啓蒙の目標が道徳化による人類の完成にあることを示している。

「訓練」とは、「野性の抑制」であり、「動物性が個人や社会における人間性にとって障害となるのを防ぐ試み」である。「開化」で人間は「熟練性」を得るが、それは「あらゆる任意の目的に対する十分な能力を所有すること」であり、広義での技術的能力を備えていることである。「文明化」は、人間を「怜悧」にし、人間を市民にいたるまで陶冶し、同市民である世間の人々に認められるといった「市民的価値」を人間に与える。「道徳化」は、「ひたすら善い目的のみを選ぶ心術」を身につけなければならないが、これは「すべての人間によって必然的に是認され、同時にすべての人間の目的であることができる」ような目的である「全人類に関しての価値」を獲得する」[16]。カントは、教育による啓蒙の完成を、この段階に求めた。

カントは道徳化を人間の理性的使用の究極目的と定め、開化や文明にかかわる理性使用をこの究極目的に従属する目的として、こうして人間の理性的使用全体に一貫した統一性を与えようと試みた。批判期のカントの道徳をはじめて主題的に取り扱った著作『道徳的形而上学の基礎づけ』のなかで、「道徳法則」として、人間のだれもがいつでも、またどのような状況でもそれに従うべき絶対的拘束力をもつ意志の法則、「意志の自律」という形で示された。幸福主義のための他律の原理に対して、道徳法則は純粋理性の事実として与えられ、われわれをア・プリオリに意識した。「汝かくあるべし」という「定言命法」、同時に「義務である目的」とは、具体的にどのような目的か。カントは簡単に、それは「自己の完全性」と「他人の幸福」であるとする[17]。

二　カントの教育学

先に引用した「啓蒙とは何か」についてのカントのプログラム命題は、歴史的に確かに啓蒙主義者の一つのコンセンサスを述べている。それは今日まで教育が啓蒙の精神において、それゆえ理性の要求のもとで自ら「啓蒙する」社会の一定の要因として、つまり人間の自然の権利にふさわしく組織されるとき、一致して引用される。しかし、このような要請が異論の余地のない妥当性を無視して、つまりいかにして個人および人類は一定の行為が可能なのか。いかにして理性、つまり啓蒙の理想は現実になりうるのか。

第一に、とりわけ理性の「公的使用」[18]によって、すなわち偏見や迷信の批判、ドグマや伝統の批判、教会と専制国家の批判によってなされる。だが、批判とその法的、政治的前提とともに、啓蒙は教育を必要としている。それによって人間、つまり個人および人類は、その使命、すなわちその理性的自然になるために、教育を必要としている。そのためにも、カントは範例的に、つまり「人間は教育されなければならない唯一の被造物である。…人間は教育によってのみ人間になることができる。人間は教育が人間から創り出したものにほかならない」[19]。このような人間学——人間そのものへの集中のなかでの時代の科学的成果——の背景において、人はほとんど教育と啓蒙を同置し、さらにその時代をとりわけ「教育の世紀」として、つまり啓蒙の概念において、「生活一般の教育学的側面のための定式化」[20]を見出した時代として特徴づけようとしていると言えよう。

人類の完成や歴史の進歩を想定することは、カントにとって理論的な問題ではなく、いま自分が自分の生き方についてどのような格率を選び、それに従えばよいかといった実践的な問題である。カントは実践的な立場から、自らの道徳化に努め、それを通じて人類の啓蒙に寄与することを自らに課せられた「生得的な義務」として引き受ける。つまりカントはほかの啓蒙主義者のように、人類の進歩を理論的に、まず仮説として設定し、次いでこの仮説に従って人類の進歩に寄与することが義務であると考えたのではない。逆に、自己をも含めて、人類の道徳化に向けて努力するのが現在の自分に課せられた道徳的義務であるからこそ、歴史における人類の善への進歩とその将来における完成を仮説として採用すべきだ、というのがカントの主張なのである[21]。

啓蒙は、世代から世代への継承とされるが、その最も重要な手段は教育という手段であろう。教育はまた、個人が自らの自然素質を展開するためにも必要である。『教育学』によると、「人間は教育されなければならない唯一の被造物である」し、「人間は教育によってのみ人間になることができる」[22]のである。人間以外の動物は、生まれたときから与えられた本能によって生き、その生活様式は世代を経て変化しないが、未開の状態で生まれる人間は、教育によって人間のうちにある自然素質を発展させ、それによって人間へと到達しなければならない。つまり教育の目的は、「(人間の) 自然素質を調和的に発展させ、その萌芽から人間性を展開させ、人間がその使命を達成するようにさせること」[23]なのである。

カントはそこで、教育計画を立てる人々が、とくに留意しなければならない教育術の原理をかかげる。「子どもたちは人類の現在の状態にふさわしく教育されるべきではなく、むしろ人類の将来可能なよりよい状態にふさわしく教育されるべきである」[24]と念を押している。将来における人間性の完全な展開、完全性に向けて教育される必要がある。したがって、教育計画の立案や学校の管理は、「もっとも見識のある専門家に委ねるべきである」[25]。

カントはこの教育術の原理に基づいて具体的な教育計画を立案するが、これは訓練、開化、文明化、道徳化の順に配列されている。保育・訓練は、家庭教育に属する事柄であり、保育は幼児が大人になって一人前の身体的機能を発揮できるようになることを目的とするから、カントはこれを「自然の教育」と呼んでいる。人間性の法則に従う人間になることをめざして訓練されなければならない。これらは子どもの身勝手な野性的な自由に強制を加えることであるが、しかしそれは自由の単なる抑圧であってはならない。子どもは同時に自分の自由を正当に発揮できるように訓練される必要がある。つまり「教育の最大の問題の一つは、法則的強制に従うということと、自分の自由を使用する能力とをどのように結合できるか」[26]ということなのである。

具体的な方策として、第一に、子どもはあらゆる事柄に関して自由にさせておいてよいが、しかしそれは他人の自由の妨げにならないかぎりにおいてである。第二に、子どもが自分の目的を達成できるのは、他人にもその人間の目的を達成させることによってのみであることを示さねばならない。第三に、子どもの強制を加える際には、それが自分自身の自由を正当に行使できるようにするための強制であること、自由とは市民社会における法的秩序のもとでの自由である。

第三の点は、子どもの道徳教育にかかわると見てよいが、カントは道徳教育において最初に必要なのは、性格の確立を促すことである。道徳的な定言命法に従うためには、自らが立てた格率につねに従うといった性格の確立が必要である。そこで、「もし子どもの品性を陶冶したいと思うなら、子どもにすべての事柄に関して一定の計画や一定の法則を認めさせ、これにきわめて厳格に従わせることが非常に大切」である。「どうでもよいことは自由にしてよいが、子どもがいったん法則としたことは、以後ずっと守らせなければならない」のである。たとえ睡眠時間を定める際に、それが単に強制ではなく、子どもが納得し、子どもがあたかも自分でそれを自発的に（自由に）決めたかのように、そしてそれに自発的に従うように仕向けることが必要である[27]。

子どもは他からの強制に盲目的に服従するという習慣ではなくて、自分で自らを律する強制的法則を立て、自分からそれに服従するという習慣を身につけることが肝要である。ここに、「自分で考える」という啓蒙の第一歩がある。大人や教師は、子供のそうした習慣をつけさせる手助けをするにすぎない。これが子どもの性格の確立にいたる道であり、ひいては道徳的な人格の完成にいたる道である。カントの考えでは、子どもは単に市民的な法的自由だけでなく、道徳的な自律の自由をめざして訓練されるべきである。

いまや啓蒙の概念に本質的な要素として含まれる傾向は、実践的有用性へと発展する。つまり、啓蒙は顕著な教育学的概念になり、第一にポピュラー哲学となる。一八世紀の人々が理性的に考え抜くことの一切を哲学として理解した。啓蒙は、「考える主体」として理性のアイデンティティの統一を信じる。それ以上に注目すべきは、カント論文における啓蒙と成熟をめぐる論述である[28]。啓蒙された状態を未成年状態と対置させるカントの啓蒙概念は、近代教育における教育可能性、言い換えれば近代において教育という営みが成立するための基礎をいま一度確認するうえで重要な隠喩となっている。成熟、成人性、成年状態、自ら主人となること、保護・保証、自律の一歩それ自体も自律的でなければならないという、この自律的行為を根拠づけることはアポリアである。

この点について、すでに矢野は次のように述べている。「カントは未成年状態を脱却し、自分でものを考え、自分で行為する人間のあり方を『成人性』と名づけた。しかし、大部分の人間は悟性を使用する能力をもちながら、「怠惰と怯懦」から未成年状態にとどまっている。この未成年状態の脱却はどのようにして可能なのか。その答えは、他者からの働きかけによって、すなわち、後見人が未成年状態にある被後見人の内的な弱さを克服するよう『導く』ことによってである！」と。

ここですでにカントは、後見人が被後見人を「導く」という形式そのものが、後見人の成人性（自律）への到達をさまたげるというアポリアに直面している。「導く」という関係は、たとえ後見人に意図的に妨害しようという意図がなくとも、「導く」後見人のもつ専門性（卓越性した判断）に対して被後見人が従うことであるから、「自分で考えること」「自分で行為するということ」というカントの啓蒙のテーゼを裏切ることになる。つまり自律に向けて「導くこと」は自律そのものに反することになる。この点から、矢野は、「カントは啓蒙の引き起こすパラドックスを見抜いた」と結論づけている[29]。

鈴木も同様に、カントの自律解釈について、次のようにまとめている。すなわち、「自律の第一歩も自発的でなければならないという、この自律的行為は、その発端について、それ以上に遡って明らかにすることが困難な問題構造を有しているのである」[30]。もし自律解釈の行為そのものも自発的でなければならないとすれば、子どもは自律解釈の一歩を歩みだそうとする時点で、すでに自律的行為主体と化していなければならないことになる。それはまさに、自発性は自発性を前提として、自律解釈は自律解釈を前提とするという底なしの淵源の果てしない問いを誘発させていくのである。人間の成熟ないし成年状態の到達点を査定することによって、教育の営みの完成を確認しようというこの試みは、延々と遡及を続けるほかない循環に陥ってしまうことになる。自律への教育という近代的課題は、到達点としての目的すなわちテロスを査定できないという難題をかかえているのである。

それだけではない。カントの哲学の成熟をめぐる論述から、この自律への教育というプロセスのテロスだけでなく、その出発点としてのアルケーすら査定できないのである。カントがすでに悟性を有しているが、それを自ら使用する勇気のみが欠如している、という意味での未成熟な人間だけ、近代神学の神の子たる人間、はじめから成熟した子どもであらねばならないという逆説（パラドックス）を生じさせる。極端に言うなら、近代啓蒙の論理においては、子どもはあらかじめ成熟した状態として設定されてしまいかねないのである。[31]

以上のように、カントの「啓蒙」の哲学のなかに、すでに教育学的視点が内在しており、しかもそこに近代教育学のパラドックスが示唆されていることに、注目すべきであろう。

第三節　近代教育学の範例――ルソー――

一　子どもからの教育学

ヨーロッパ近代の教育学は、ルソーから始まると言われている。ハンスマン（Hansmann,O.）は「近代教育学への飛翔において、ルソーほど確信ある根拠をもって論争させようとしたいかなる人物も知らない」[1]と述べている。それには十分な理由があってのことであろう。しかし、このような見方に対して異論がないわけではない。その一部は、著作に対して向けられている。彼の著作に内在する矛盾、とくに教育についてのまったく異なる二つのコンセプト、つまり人間への教育と市民への教育とのあいだの矛盾である。また一部は、著者自身に対して向けられている。ルソーの啓蒙主義的思考のもつ輝かしい天才性にもかかわらず、五人の子どもの教育者、父親としての義務を怠り、施設へあずけたということである。それにもかかわらず、ルソーが今日なおヨーロッパ近代を代表する教育学者として位置づけられ、評価されているゆえんは何か。

その教育論の主著『エミール』（Émile,1762）の冒頭の有名な一文は、ルソーの基本的な立場を端的に示している。

すなわち、「万物をつくる者の手をはなれるときすべてはよいものであるが、人間の手にうつるとすべてがわるくなる」[2]。ルソーはもともと人間の善性を信ずるとともに、人間の手によってつくられた当時の社会や文化、とりわけ教育に対して厳しい批判の目を向けることによって、「自然に還れ！」（ルソー自身はこのことばをどこにも語っていない）と主張した。彼はまったく空想的で孤独な人間存在、つまり自然人や自然状態を仮定し、それらを歴史的な発展過程に位置づけて、あるべき社会秩序を構想したと言える。

ルソーによれば、人間の道徳、法律、国家、科学、芸術などによって与えられた社会的・文化的外形が「第二の自然」と化し、これが人間の「第一の自然」をほとんど覆い隠してしまっている。このルソーの嘆きは、本来的な自然状態への回帰を求める意志表明ではなく、むしろ次のことを示唆している。すなわち、自然的目標設定からの人間の疎外は、人間の実践的な自己創造によってしか克服できず、それによってこそ文化と自然は新たに矛盾なき統一へと展開するということである。したがって、教育小説『エミール』において展開された「自然の教育」は、このような人間の形成可能性によって根拠づけられた一つの事例として読むことができる。もちろん、ルソー自身はこの可能性が歴史的に実現される機会を疑問視していたし、また時として諦観もしていたことは言うまでもない[3]。

ルソーは何よりもまず、子どもの固有の存在価値を認めることから始める。それまで子どもは「大人の縮図」とみなされていたのに対して、ルソーは『エミール』においてはじめて、子どもというものを問題にした。

「人は子どもとはどういうものかを知らない。子どもについてまちがった観念をもっているので、議論を進めれば進めるほど迷路に入り込む。この上なく賢明な人々でさえ、大人が知らなければならないことに熱中して、子どもには何が学べるかを考えない。彼らは子どものうちに大人をもとめ、大人になるまえに子どもがどういうものかを考えない」[4]。

この一文は、ルソーを「子どもの発見者」として根拠づけるものとして、しばしば取り上げられている。ここでルソーが指摘する通り、近代以前の子ども観は、子どもというものを大人の眼で見ており、子ども自体を固有の世界をもつ存在として問うことはまれであった。子どもは大人になるために必要な知識や技術、あるいは生活様式を身につけねばならず、そのためにさまざまな訓練や教授が必要であるとするのが、近代以前の伝統的な子ども観であった。ルソーによってはじめて、子どもを固有の存在としてとらえることの必要性が示されたといえる。アリエス（Aries,F.）以降、歴史的な子ども研究の立場からのさまざまの批判があるとはいえ[5]、ルソーを近代的な意味での個性的で独自な存在としての「子どもの発見者」として位置づけることは妥当であろう。

しかし、ここで子どもの問いはそれ自体としては設定されていない。というのは「子どもとは何か」ということについて、じっさい何も知られていないからである。ベンナーによれば、「われわれは、近代的な条件のもとで、原則的に子どもや若者の将来の規定について知ることはできない。だから、理論的観点からも実践的観点からも、合理的な意味でそのような教育の知識が可能かどうか、またいかにして可能かを問わなければならない」[6]のである。このようにルソーは子どもの教育のために、また社会悪の悪循環を断ち切るためにも、「自然の善性」のモチーフに基づき、現実社会の悪徳のなかで子どもの教育はいかにあるべきかを考えた。人間本性には、根源的な悪徳など存在しない。したがって、子どもの教育とは、まず子どもの無垢な本性を世間の邪悪なものの侵入からまもり、子どもの心を善にとどめ、子どもの内なる自然の発育を見守ることでなければならないのである。

子どもの自然は、エルカース（Oelkers,J.）も指摘するように「子どもをできるだけ早期にその都度の社会のモラルへと内的に義務づける訓練を配慮するために」[7]社会的特権がそれに基づく、キリスト教的な原罪説の道徳的責任に転嫁されることはできない。むしろ、子どもの自然は、道徳的に中立であり[8]、きちんと秩序づけられている。それゆえ、根源的な自然状態において自然の秩序の条件のもとで存在することができるために、人間が必要とするあらゆる素質をもちあわせている。子どもの自然は、その自発性、その未熟さ、その可塑性、その完全性において、まだフィクションとして描かれるにすぎないあの自然の状態を想起させる[9]。このような対象にふさわしい教育学的トポスは、教育人間学に課されているような個性的な子どもの自然の探究において見出される。

ルソーによれば、子どもはまったく子どものままであらねばならず、その発展は初期の教育的影響によって決して誤られてはならない。「だから初期の教育は純粋に消極的でなければならない。それは美徳や真理を教えることではなく、心を悪徳から、精神を誤謬から守ってやることである」[10]。これが「消極教育」のコンセプトである。つまり、子どもにおける「自然の計画」とその「使命」を知ることができないからである。それゆえ、子どもはこのような仕方で世界を知らされ、理解しなければならない。

「われわれにとって誕生の際に欠けているもの、われわれが大人として必要としているものは、教育によって与えられる。自然か人間か事物がわれわれを教育する。自然はわれわれの能力と力を発展させる。だが、事物はわれわれを経験と直観によって教育する。その経験を、われわれは事物によって行う」[11]。

「ところで、この三とおりの教育のなかで、自然の教育はわたしたちの力ではどうすることもできない。事物の教育は、ある点においてだけわたしたちの自由になる。人間の教育だけがほんとうに私たちの手ににぎられているのだが、それも、ある仮定のうえにたってのことだ。子どものまわりにいるすべての人の言葉や行動を完全に指導することをだれに期待できよう」[12]。

この三つの原理のそれぞれは、他の二者に対する関係によってその意味を保持する。自然による教育の原則、あらゆる心的、身体的な成長しつつある子どもたちの把握に即した教育の体制は、人間による教育を指令する。つまり、人間的コミューニケーションの必然性を指令する。そして、事物による教育の原理を指令する。すなわち、成長しつつある人たちの世界経験と自己経験を可能にするよう指令する。

事物による教育の原理は、一方では自然による教育、すなわち子どもの具体的な可能性の調整（アレンジメント）を必要とする。他方では人間による教育、すなわち教育固有の経験がもつ状況の実践的な可能性と方向づけを必要とする。結局、人間による教育は、あらゆる個々の教育行為において自然による教育の原理や事物による教育の原則に即して調整されねばならない。すなわちそれは、若者のその都度の発達状態と成熟状態に即して調整されねばならず、また世界経験について媒介された生徒の自己経験に役立たねばならない。教育ということは、この三つの原則の図式化の意味で、具体的な自己経験と世界経験を可能にすることである[13]。

この三つの要因の正しい相互作用は、少なくとも教育者が子どもにおける自然ないし事物による印象的な経験の作用を先取りするとき、確実に誤るだろう。それゆえ、興味と活動、諸力の要求、より正しくは自己発展する関心と諸力、自己を変える要求のあいだの均衡、あの文化のなかで自然の変化の道が達成すべきとき保証されていなければならない均衡が保たれるために、一切は正しく導かれた子どもの自己活動に依存している。

ルソーの教育学的思考と子どもの人間学の歴史における「コペルニクス的転回」（kopernikanische Wende）[14]について語られている。それは、子どもはもはや決して原罪の堕落から悪いものとはみなされないということである。そして、これを生涯における骨の折れる道としてではなく、子どもの学ばねばならないものにおいて、そのほんらいの強さとチャンスを認識すること、つまり多くのことを学ぶことができ、自己に対して開かれた発展をもち、一定の生の歩みに固定されないという点にある。

ルソーはロック（Locke,J.）が道を拓いた近代の「子どもからの教育学」（Pädagogik vom Kinde aus）[15]を構築した。子ども期の歴史叙述は、ルソーが秩序づけられた仕方で子どもの教育の伝承された文化史との批判的対決のなかで提示し説明しているように、子ども期の構造における実り豊かなトポスを示す[16]。子ども期は、自発性、自然性、囚われない自己活動、そしてまったく制限されない陶冶性の教育学的トポスに結晶する。このような定義づけられない子ども期の構造は、子どもの現象に対する社会的な変えられた態度を求める。つまり子ども期が問題になるのである。

ルソーが教えたことは、年齢において発達段階を考えること、しかも特別の仕方で、それは教育の「子どもの訓練」としての教育から、導かれた自己発展としての教育への適応を実現するということ、そして、教育的行為に、その限界とチャンスを示すこと、「あらゆる生の段階は、それ自身の完成と成熟をもつ」[17]ということである。ヘルマンによれば、「子どもからの教育学」は、ルソーにとって四つの主要命題に基づいている。その第一は、子どもにあらゆる力を使用させるということ、第二に、子どもを勇気づけること、第三に子どもの気まぐれに従うことなしに手助けすること、第四に、子どもの真の要求と願望を確かなものにするための「彼の言語と記号」を入念に研究することである[18]。

ルソーが『エミール』のなかで示そうとしたことは、いかにして一人の人間の疎外されない生の歩みを考えることができるか、ということである。フィクションの生の歩みの形で、都市や社会の堕落した影響から救い出し、彼は教育学的方法を「ミニマムな要求の目覚めにおけるマクシマムな力の発展」[19]（シュペーマン）と新たに考えた。人間の社会的に媒介された要求への依存性を減らし、できるだけ強くその固有の自然から生きさせるために、ルソーは疎外と分裂のあの問題を定式化したのである。

二　教育の五段階

『エミール』の本来の意義は、正しい教育法を規定する試みという点にある。教育論のテクストとしての『エミール』は、小説の形式で書かれている。そして、エミールは、一人の仮想の生徒である。彼に即して、教育の道はその具体的な可能性において示されねばならない。この構成は、決して偶然に選ばれているのではない。むしろ、それは個々の状況における教育の可能性の具体化をたどることを認める。その際、教育の正しい仕方の原則に方向づけられた子どもたちとの教育的出会いは、『エミール』のなかで示された道を一歩一歩たどらねばならない。というのは、教育的意志と教育的責任は、全権を委ねられるようなことはないからである。

ルソーは教育の正しい仕方の規定を、後の多くの教育論のように彼の時代の教育実践から導かれた可能性の分析からではなく、教育方法の原理的な問題設定から獲得する。「ひとは私にあなたは私に何が実行できるかを提案するかのようである。それはあたかも私にすでになしたものは何か、あるいは少なくとも何らかの正しいものは何かを提案せよと語る。それは現在の不正を少なくするもの、そのような方策はある事柄に関して私のもの以上に誤っている、ということの結びつきにおいて、善なるものは堕落し、悪なるものは治癒されないままである」[20]。かつて教育実践が疑わしいものになったとき、その革新は現存の実践に対する教育的責任を打ち立てることができるのではなくて、教育過程の意味規定を設けるために新たに評価基準が獲得されねばならない。

ルソーは五つの年齢段階ないし教育段階を区別する。乳児期、ことばを語ることができる段階、思春期以前の段階、青年期、始まりつつある大人の世代の段階である。この関連において、われわれにとって五つの段階における違いが十分か、あるいは段階的違いが一般に正しいかどうかということは、それほど興味深いことではない。五つの年齢段階は、自然による教育の原理についての説明にすぎず、他に二つの別の原理に言及し、それを超えておのずから多様に分化されているので、ルソーの教育論は無造作に非難されることはできない。それは教育を直線的に心的成熟に向けており、これは諸段階を確定することによって規定されている。この多様な教育の実例により詳細に入り込むことは、ルソーがそれに即して教育を具体化している、その枠内では不可能である。だから、われわれはベンナーの分析に基づいて[21]、自然と事物と人間の三つの教育の種類の協働に基づくルソー教育論の典型的なものを取り上げたい。

第一の段階、ルソーの教育構想は、新生児に適合される。新生児はなるほど自然の善によって特徴づけられ、邪悪な原罪的素質から解放されているが、同時に弱い存在でもある。ルソーは弱さと強さを相対概念として用いる。つまり、他者との関係で、弱い子どもは自分で満足するが、逆の場合は自ら強くあろうとする。しかし、生後、人間は絶対的な意味で弱い存在である。というのは、自然的な存在維持のために何らかの力を必要とするからである。他者の援助なしには、乳飲み子は死んでしまう。そのかぎりでは、教育は援助活動から始まる。その援助活動は、厳密には自然の要求の満足にかぎられている。さもなければ、子どもの弱さは増すであろう。子どもの諸力を要求の満足の可能性に即して導くかわりに、要求が高まり、自己の可能性に対する距離が増大する。子どもはすでに、それなしであるよりも、もっと依存的である。

だが、そのことは子どもを強くし自立させるための教育の目標に反する。いな、それは一層人間の堕落のための種子を与える。つまり、乳飲み子は不快にも不当に要求されるとき、叫ぶ。だが彼は、このシグナルは母を急がせるということを「学習した」のである。叫びが命令に——ルソーによれば、それは虚偽、欺瞞、嘘、腐敗の第一歩である——、それはごくわずかな歩みにすぎない。まさにそれゆえに、教育者は「自然的」要求と「人為的」要求とを区別しなければならない。「人為的」なものとして、子どもによって自己の力が満たされないすべての要求と定義づけた。それは存在の安全を超えて外的作用によってのみ、つまり「誤った」教育によってのみ生み出されるのである[22]。

このような原則に方向づけられた教育のもとで、乳飲み子はその肉体的な要求の危険から解放されて、味わい、つかみ、見、食べ、歩み、そして最後の話すことを学ぶ。その際、乳飲み子から子どもへの移行は、一歩一歩実現される。ルソーはすでにことば以前の状態において、対象の構成を追い求め、そしてことばは、このことば以前の経験より後の表現であることを示している。

第二の段階、第一の段階の終わりには、エミールはより自由に、より強くなる。人為的な要求によって負担を負わされることなく、また市民社会の要求に応える教育によって誤って形成されることなく、言語は直接的な要求の圧力から解放する。つまり、エミールはかつて次のように語った。僕を悲しませるとき、なお泣かせる苦しみが非常に大きい。言語力によって、すでに第二の成熟の段階に達している。教育はそれとともに新しい原則を必要とする。

思春期にいたるまでの第二の生活年齢は、成熟状態に関して次のように特徴づけられる。すなわち、乳飲み子の成熟段階に対して諸々の要求はほとんど増大しないが、それと反対に諸力は著しく増大する。子どもの感覚は鍛えられ、同時に彼は言語によって事実に関するコミュニケーションが可能になる。これまでの教育は感覚を呼び覚まし練習する事物による事物との交わりであったとすれば、いまやそれは感覚による世界経験である。第二の生活年令のための原則は、次のように述べられる。つまり「消極的」教育、すなわち成長しつつある人たちを「精神的存在」としてまじめに受け入れる、間接的な教育による「賢明に規則づけられた自由」である[23]。

もし教育的責任が間接的教育の原則に方向づけられておらず、若者をある一定の態度様式に固定化しようとすれば、それは彼らを反省的な経験と認識獲得ができる存在としてではなく、他律的に規定された存在として取り扱うことになる。そのように他律的な、被教育者の未来の道徳性を誤って形成する教育の実例として、ルソーはわれわれの時代にいたる宮廷教育やブルジョアジーの服従教育をあげる。それに代わって、「消極的」ないし「間接的」教育があらわれねばならない。それは若者を「唯一事柄への依存のなかでのみ」振る舞い、「彼らの非理性的願望に自然の矛盾のみが対決し」[24]、あるいはその行為そのものから生じ、繰り返される機会において回想される罪に対決する。

それとともに「消極教育」は二重の意図に従う。一方では、それは若者をその固有の経験から必要な知識や能力を獲得させることをねらいとする。それは同時に教育そのものの結果を導くのではなくて、彼らの活動を導く。その目的のために、強者の法則、教育者の権威の代わりに、賢明に規則づけられた自由にふさわしい審級としての必然性の法則が設定されればならない。他方では、個々人の教育方策を自ら過剰に、また彼らの教育への依存性が一歩一歩解放されるように、ほんらいの教育の始まりに、その終わりを準備しなければならない。

第三の段階、第二の生活年齢の終わりに、第一の生活年齢のはじめに生じた要求と能力のあいだの極度の相違が完全に止揚される。エミールは日常生活において、直接的な状況のすべてに関して生活できる能力をもつようになる。「彼は決して一つの図式に従わない。権威にも実例にも屈服しないし、自分に適合する場合にのみ振る舞い、語る。それゆえ、十分に組み立てられたいかなる語りも、彼からは期待されない」[25]。

教育は未来を志向するものとして現在の充実を考えねばならないが、そのためにルソーはそのモデルケースとして「遊戯」(Spiel) のもつ意義を重要視した。敬虔主義において教育に敵対するものとみなされていた遊戯は、ルソーによって教育学的に特徴づけられた。遊戯のなかで、子どもはまさに教育学的に求められた態度、つまり充実した現在、だが同時に（無意識的に）未来のために活動することを確かなものにする。というのは、遊び手に求められた身体的、精神的な成果は、力を行使し、発展するからである[26]。このような観点はより一般化されて、教育は真に学習を可能にする力、すなわち学習する主体に備えられた衝動力、好奇心、知識欲、自己保存、孤独欲、形成意志に基づくとみなされる。

同様の観点から、ルソーはエミールの陶冶過程における手仕事の習得もまた秩序づけた。手仕事の教えの教育学的意義は、ルソーによって客観性への教育を完成することができる可能性とともに、第一に手仕事の人々に対する社会的に特権的な階層の誤解と偏見に抵抗するという点にある。そのかぎりでは、エミールの陶冶過程における私物師の手仕事は、いかなる条件のもとで職業陶冶が人間陶冶として可能であろうとも、特殊な職業陶冶ではなくて、一般的な人間陶冶の観点からその正当性をもつ。だが、それについては、ルソーははっきりとした態度をとらなかった。逆に、彼は職業陶冶を計画的に閉め出している。

「自然的秩序において、あらゆる人間は平等である。その共通の天職は、人間であるということである。それに対して教育されている人は、人間存在の求めるあらゆる課題を十分に実現することができる。私の生徒が兵士、牧師、法律家になるかどうかは、私にはどうでもよいことである。両親の職業選択以前に、自然は彼を人間へと規定する。生きること、それこそ私が学ぼうとする職業だ。私の手から彼は離れる。それによって理解する。役人、兵士、牧師になるのではなくて、第一に人間になる。」[27]

このような自立の獲得とともに、第三の成熟段階に達する。そして、この三つの原理に向けられた教育は、再び新たな原則を必要とする。この第三の思春期にいたるまでの教育の段階は、若者の「諸力」と「能力」が彼らの要求よりもより強く発展し、さらに一層発展するということによって、特徴づけられている。この段階の教育原則は消極教育と呼ばれるが、賢明に規則づけられた自由にふさわしい審級として、有用性の法則によって必然性の法則から分離される。毎日の実際生活の要求から、エミールはさまざまの知識を獲得する。「これまでわれわれは必然的法則自体として認識してきた。いまやすでに何らかの有用なものから出発する。われわれは、いわばふさわしく、よいものに達する」[28]。

第四の段階、ルソーはその著作と生涯の統一のなかに、個々の人間としての自分自身のなかに人間の実例を示すことができた。人間的なものに対する感受性と教育学的発見の豊かさは、ヨーロッパ史において教育として形成されてきたその根本構造を開示することを可能にした。しかし、この関連は子ども期の出口にではなくて、青年期に結びつき、「青年」を限定しうる発達段階として、教育的カテゴリー一般としてはじめて取り上げた[29]。

若者自身の発達過程のなかで設定された教育的努力目標に対する構造は、青年期においても保持されたままである。つまり、重要なことは、意欲と能力、要求と力の均衡ということである。弱く生まれた子どもは、次のような条件のもとで強くなる。諸力は練習され、発達させられる。だが、諸要求は、害ある外的影響から解放することによって抑制される。そのように方向づけられた教育から、ルソーはさらに諸力の向上を期待した。「子ども期」の成熟の達成の後（一〇歳から一二歳）に、均衡がうち立てられ、諸力は新しい要求が付け加わることなしにさらに成長するときである。ルソーによれば、人間生活における「もっとも貴重な時期」は、そのなかで一貫してエミールの私物師の教えも納められた学習と労働の時代としての思春期前期である。

ルソーが「純粋に」消極教育が行われるべき年代を一二歳ごろまでに限定したが、彼の教育論はこれに尽きるわけではない。子ども時代の感覚的・肉体的存在から、青年期における社会的・道徳的存在への発展は、ルソーの言う人間の「第二の誕生」である。「われわれは、いわば二度この世に生まれる。一回目は存在するために、二回目は生きるためである。はじめは人間として、つぎには男か女に生まれる」[30]。思春期の到来とともに、社会的情念、愛や憎しみ、優越感や劣等感、嫉妬、羨望などに対して一定の制限と方向づけを与える力として、理性はこの時期はじめて出現する。ロックを批判して理性はずっと遅くなってから発達してくる、とルソーが言うのはこの意味においてである。

しかし、子どもが思春期を迎えたとしても、ルソーは理性の導き手を人々との交わりのうちに求めない。彼は理性の導き手として良心という概念をもちだす。ルソーによれば、判断する能力である理性は教育によって形成されるが、内的感情である良心は学ばれるのではなく、「自然によって与えられている」。良心とは、自己の最も本源的にして変わることのない本質、すなわち自然そのものへの愛にほかならない。しかも、それは神という絶対的他者との関係のなかに位置づけられた、真の自己への愛にほかならないのである。

「自己愛は自分をほかのものに比べてみるから、決して満足されない。自分をほかのだれよりも愛して、ほかの人もまた彼ら自身よりも私たちを愛してくれることを要求するのだが、それは不可能である。だから、あまい柔らかな情念は自己愛から生じ、憎悪と短気は利己愛から生じる」[31]。

第五の段階、いまや始まりつつある最後の段階において、彼は――社会の仕事の動機をはるかに離れて――社会契約の意味での正当な共同体の原則を学びとる。いまや彼は何ゆえ彼の時代の社会における生活はそれに値しないのかということを見通すことによって、彼は幸福な家庭生活と自己の跡継ぎの訓練に専念することを決意する。彼はふさわしい生涯の伴侶を見出し、彼は法社会の誤りに基づく公共の幸福に従うことはできないので、田舎の生活の隠居のなかで、少なくともわずかの人に役立つことが証明される。

教育小説のこの出口は、第一に失望させるかもしれない。教育の過程を成長しつつある人たちの固有の経験に基礎づけ、これを消極的で間接的な教育によって促進しようとするルソーの試みは、そのような教育の可能な影響に関するより高次の期待を呼び覚ましたであろう。それにもかかわらず、彼の教育経験の制限された結果は、偶然ではない。むしろ、それは教育の理論およびそれにのみ方向づけられた教育の原理的な限界を証明する。

三　教育学的思考のパラドックス

1　「自然の善性」と「消極教育」

ルソーは『エミール』の第二編で「あなた方がなんといおうと、私は偏見にとらわれた人間であるよりは、逆説(paradoxe)を好む人間でありたい」[32]と述べている。ルソーの教育論は確かに逆説的であったが、それは単に矛盾を含んでいるといった単純な意味ではない。彼の逆説とうかがえる文化批判や社会批判のモチーフは、すでに初期の第一論文「学問芸術論」に出発点があり、学問・芸術の進歩こそが「人間を縛っている鉄鎖を花環で飾る文化」[33]を生み出し、仮面をつけて社会の不正や堕落を隠蔽し、結局は人間の「自然の善性」や「自然の秩序」の発展を歪めているとみなしている。このモチーフは『エミール』を経て晩年の著作にいたるまで一貫しており、彼の教育学的思考の中心テーマとみなされるものである[34]。

ルソーはあらゆる思考の根源に「自然の善性」という逆説を据えることで、キリスト教的な「原罪」を否定し、さらに一八世紀啓蒙の合理的な「知と教育の体系」に対する否定的精神を鮮明にした。「自然の善性」のモチーフに基づき、現実の文化の堕落と社会の悪徳のなかで子どもの教育はいかにあるべきかを考えたのである。ルソーは空虚な利己心によってのみ生きる現実の社会状態へのアンチテーゼとして、無邪気な善性を保持する自然状態を想定していた。エルカースも指摘するように、この自然状態が非現実であればあるほど、現実社会に対する批判は鋭いものになりえたのである[35]。

ルソーによれば、人間の本性には根源的な悪徳など存在しないがゆえに、人間の身につけた悪徳はすべて身のまわりから侵入したものにほかならない。したがって子どもの教育とは、まず子どもの無垢な本性を世間の邪悪なものの侵入から防ぎ、子どもの心を善にとどめ、子どもの内なる自然的発育を見守ることでなければならない。このようにルソーは、子どもの教育のためにも、社会悪の悪循環を断ち切るためにも、「消極教育」が唯一の教育方法であることを明らかにしたのである。

先に引用したルソー自身の言明、すなわち「初期段階の教育は純粋に消極的でなければならない」という場合の「初期段階の教育」とは、まさに第三段階、つまり一二歳ごろまでとみなされている。ルソーはその間の理性的、道徳的教育を否定する一方、将来、理性に目覚めたときにその理性の命令に十分耐えうるように子どもの感覚と身体の訓練を積極的に提唱するのである。この点は、幼児期から理性によって子どもを育てようとするロックの教育原則と対照を成す。ルソーのいう「消極教育」とは、知識の道具としての諸器官を完成させ、諸感覚の訓練によって理性の発現を準備する教育を意味する。「子どもにつけさせておくべきただ一つの習慣は、どんな習慣にも染まらないということである」[36]というルソーの逆説的な叙述も、この意味から理解すべきであろう。

子ども期の単なる感覚的存在から「第二の誕生」と言われる青年期における社会的・道徳的存在への転換期において、その基底に人間の発展を促す潜在的能力としての「自己完成能力」が作用している。この能力は、そのままでは潜在的能力であるにすぎず、その発展には何らかの動因の刺激が必要である。この能力は、ルソーによれば自然状態から社会状態へと導くきわめて重要な役割を担わされているが、逆に人間のあらゆる堕落、不幸の源泉ともなりうる。この両義性をいかに克服するか。ルソーは社会状態における人間の悲劇的な疎外状況を克服する主体的能力もまた、この「自己完成能力」のなかに看ることができる[37]。

ルソーは「最初の人為が自然に加えた悪を完成された人為で償うこと」[38]を求める。未熟な人為で生まれた未熟な社会は、人間の責任において「完成された人為」によって絶えず「完成された社会」へと導かねばならないのである。結局、人間の自然からの真の「脱自然」は、このような人為にまで発展した、いわば「現実の自然」においてはじめて成立する。この点に、「自然」と「人為」をめぐるルソーの教育の論理における逆説を看ることができよう。

『エミール』において提起された教育の方法は、子どもの世界を徹底的な教育的配慮のもとに再構成された世界へと転換することであった。ルソーは、教育者への子どもの依存と教育者の権威に対する服従を、注意深く回避するための新しい関係を仮構する。「消極教育」の名で言われるように、教える場面でも罰を下す場面でも、教育者は場面の背後に隠れており、子どもが主体的に経験から教訓を学ぶことが主張されている。それは純粋な思考実験の構築物であり、重要なことは、このような関係を仮構することになるルソーの教育問題のとらえ方である。

この点は、今日、ルソーの教育学的思考の逆説（パラドックス）として指摘されている。すでにカントもこのことを鋭く見抜いていた。つまり、「成人性」（自律）に向けて導くことは自律そのものに反することになりはしないか、というパラドックスである。近代教育学は、その当初から両方とも不可欠でありながら、しかし対立する二つの原理をめぐって問いを発せざるをえなかったのである[39]。

2　人間への教育と市民への教育

ルソーは二つの教育の種類とこれに対する類推から、二つの人間存在の基本的なあり方を互いに区別している。その一つは、個人を国家市民として把握し、その一般的義務を用意する公的教育であり、いま一つは個人を個人格としてとらえ、その私的生活のために形成する私的教育である。それはルソー研究において繰り返し議論され、しばしば多様に解釈されている[40]。ルソー研究者ランク（Rang,M.）は、ルソーの楽園のような自然状態とその野蛮な堕落、近代の社会における道徳的共同社会とその文明の堕落における公的教育とエミールの自然の教育についての思想を、人類の生成の人間学的・発生的規定として解釈する。このような解釈の長所は、「国民教育に対する理念」と「自然の教育体系」とのあいだの矛盾の構造は避けられるという点にある。これによって、ルソー研究において繰り返し取り上げられた人間のさまざまな規定とその教育とのあいだの数多くの矛盾を解決したいと考えたのである[41]。

ルソー教育学は、われわれにとってここで教育の理論のための範例として役立つ。われわれが教育科学の多様な問題設定の範囲内で教育論の体系的な位置についての通常の規定を取り上げるとき、よい意味だけではなくて、同時にそのようなルソー解釈の固有の限界もまた明らかになる。なるほどランクの仮説は、社会理論と公的教育の極、倫理学と自然の教育の極の二極において、ルソー的思考をまじめに受け入れるとき、その統一を守ることができた。しかし、社会化されない自然人の理想と、社会のなかにあらわれる完全な市民の理想との矛盾は、人間学的思考からとらえることも解決することもできない、ということである。この統一は人間学的、人類生成論的観点が前面に出ることによって構築されるので、ルソー教育論の逆説的ないし行為科学的な関心は無視されることになる[42]。

ルソーの場合、ランクの人間学的観点において確かに相互に閉め出すが、矛盾しない相対立する自然的人間と社会的人間の把握は、逆説的（パラドクシカル）な観点においてまさに逆に規定されている。それは原則的にはいかなるものも決して閉め出しはしない。というのは、そのなかで自然的人間の自由と正当な社会の範囲内でその場をもつ人間性の把握を考えることができるからである。しかしそれは相矛盾する。というのは、現存の関係の意味で道徳的個人は社会的不当性を硬化させるからであり、また所与の社会秩序の意味で正当な市民は道徳的観点において自己自身と汝に対して不道徳に振る舞うに違いないからである。

ルソーはこの矛盾をきわめて厳密に意識し、それを人間学的に低下させたり、単なる教育方策によって克服しようとしたりはしなかった。それは、ルソーの偉大さを証明する。彼はエミールを当時の政治的秩序の意味で正当化する市民にも、市民的徳の意味で道徳的人格にもしようとしなかった。それゆえエミールを現存の社会のために、その社会の範囲内で教育しなかった。その際、彼の教育論には拡大しつつある出口があるのかどうかは、後に取り扱われる。とくにルソー自身、それに疑いをもっていた。

一般にルソーを彼自身によって示された矛盾の意味で理解するときにのみ、われわれは彼の言質をとる。すなわち、三つの教育の種類と発展との関連において、『エミール』のなかで次のように述べられている。「市民的（すなわち現存の不当な）秩序のなかで、自然的感情の根源性（すなわち個々人の道徳）を守ろうとする人は、彼が意図しているることが何であるかを知らない。継続する矛盾のなかで、性向と義務とのあいだをつねに動揺しながら、彼は決して人間（あるいは人格）でも国家市民でもない。自分自身のためにも、環境のためにも、彼はなんら役立たない。彼は今や一人の人間である。一フランス人である。一イギリス人である。一ブルジョアジーであろう。それは決して何ものでもない」[43]。

ここから推測されることは、ルソーにとって自然的ないし道徳的状態と社会的ないし国家市民的状態は、二つの相互に排他的な人間の状態記述であり、この立場のほんらいの意味を誤解していると言われている。なるほどルソーは道徳的で正当な社会変革の具体的な可能性に関して非常に懐疑的であった。そしてこの懐疑は、一部は人間学的に基礎づけられている。だが、彼は不当でそのなかで外見上神聖な道徳と正当だが非道徳な公共とのあいだの矛盾を止揚する唯一の現実的な可能性を、教育的、道徳的、政治的な人間性の向上のなかに洞察した。だから『エミール』のなかで、次のように述べられている。

「子どもをつくり養っている父親は、それだけでは自分のつとめの三分の一をはたしているにすぎない。彼は人類に人間の責任を負わせる。彼の社会に共同社会能力のある人間に責任を負わせる。そして、国家に市民の責任を負わせる。この三重の責任を果たす状況にあるあらゆる人、そしてそれを為さない人には責任があり、おそらく彼がそれを半分しか果たさないとき、より責任が重い」[44]。

すなわち、彼は道徳的個人を正当な市民なしに、あるいは誠実で身を委ねる国家市民を道徳的個人なしにかかわろうとするとき、『エミール』が後に自然の教育のテクストとして理解されたということ、この意味において教育と教育科学に影響を及ぼしたということは、彼の教育小説も目的についてのルソー自身の言説に、明らかに矛盾している。というのは、そのなかで彼は明白に確認している。

「この（教育についての）考察は重要であり、社会組織におけるあらゆる矛盾の解決に役立つ。二重の依存の仕方が存在する。つまり、事物から生じるもの、自然から生じるものである。人間から生じるもの、社会から生じるものである。事物への依存は決して道徳的意味をもたないが、それは自由に何も与えず、決して責任も生じない。それに対して、人間の秩序に反した依存は、あらゆる罪を生み出す。それによって君主と奴隷は相互に堕落する。このような悪を社会のなかで救済する唯一の手段は、（個々の）人間の代わりに法を設置し、一般意志にあらゆる個別意志を凌駕する真の諸力を備えることであろう。もし、国家の法が一度も人間の力によって導かれることができない自然と同様に歪められるのであれば、人間への依存は再び事物への依存になるであろう」[45]。

ここで、われわれがすでに対決したあの消極教育に結びつく。一方では、成長しつつある人たちの自己経験に向けられた、服従と罪、賞賛と非難を教育的に責任ある方策として閉め出す消極教育、他方では、社会契約の原則の意味で秩序づけられた共和国の設立は、社会組織のなかで矛盾を解消することができた。教育はただ、この課題を政治と同様に少なくとも自己に受け入れて実現することができた。両者のみが、いわば未来社会への洞察の観点で、人間性の向上を導くことができ、道徳と法においてもはや相矛盾することはない。社会組織における矛盾の可能な解消についての文章の意味を、人間学的、人類発生的に解釈し、自然状態、野蛮、社会状態、文明化された堕落と自然状態を一つの時間図式へと強制しようとするならば、そこでは社会的人間と道徳的人間のあいだの矛盾が安易に解決されていないだけでなく、――ランクが述べるように――今日にいたるまで解決されていない、ということを誤解するであろう[46]。

ルソーは旧体制の社会のなかで矛盾を解決することは、一般意志に基礎づけられた社会秩序の実現に依存させること、そして、この課題に関する関与としての教育学にそのような教育の導きを一致し、若者を多数の意見へのその依存から解放し、その行為を自負心（amour de soi）に方向づけ、自己愛（aour proper）に方向づけられずに実行することによって、彼は決して教育の仕事は人間性の向上の主要な重荷を担う状況にないということを誤解しなかった。何よりも彼の教育小説の出口もまた、そのなかにおかれた希望を欺くことがあるとすれば、この欺瞞はより詳しい調査でまったく根拠ないものとして証明される。というのは、それは教育の限界とその政治実践への依拠を誤認するからである。

3　ルソー教育学の立場

したがって、われわれはルソー教育論をいわば二つの観点から判断しなければならない。第一に、これは教育論として意味規定的な教育の定立のために役立つか否かを問うこと、第二に、ルソーの教育論は同様に必然的な他の教育学の問題設定によって抽象化され、教育をその可能性と課題に縮小しないかどうかを問うことである。第一の問いは、通常の解釈に関連する。つまりルソーの教育論は自然的人間に対してのみ妥当し、社会的人間の教育については何も語っていないということ、第二のテーゼは、教育の目標は自然である。

第一の問いに関して、簡単に答えられる。ルソー教育論を自然的人間の教育に狭めようとする試みは、ルソー自身に基礎づけることはできず、それに代わってルソー的問題設定の人間学的縮小によって場が与えられる困難に陥る、ということである。もしルソー教育論が自然的人間の教育のみに注目し、その重要性のためにのみその原則にいたるとすれば、意味規定的な教育の定立のための彼の教育論はまったく役立たず、またルソー自身によって語られた、社会的矛盾の解決のためのかぎられた貢献は、その控えめさにもかかわらず最悪の場合、つつしみ深い欺瞞になるであろう。

しかし、自然、事物、人間による教育の原理ならびに消極教育の原則は、個々人の教育にとっても、社会的人間の教育にとっても当てはまることは、何ら疑いはありえない。『ポーランド統治論』のなかで、次のように述べている。「教育は…魂にその国家的刻印を与える。その見解と趣味をそのように導かねばならない。…国民教育は自由な人間にのみ生じる。彼らのみが共通の存在をもち、真に規則によって結ばれている。若者は読むことを学び、その祖国に関係するものを読むとき、十年で彼らはあらゆる産物を知る。二十年でそのあらゆる地域、通り、町を知り、六十年で彼らの法を知る」[47]。

われわれはここで段階区分を再びはっきりと認識する。第二の思春期以前までに達する教育段階は、成長しつつある人たちを自立的に、また生きる力で毎日の生活に直結するあらゆる状況に結びつける。第三の思春期とともに時間的に一緒になる段階は、共通利益的行為と思考へと訓練することに役立つ。第四の青年期を特徴づける段階は、成長しつつある人たちを教育の終わりに準備する。そして、その生活の自己責任ある形態を準備する。だが、教育理論の原則は、疎外された社会のなかの個々人の教育にとっても、正当な社会のなかで成長しつつある国家市民の教育にとっても妥当性を要求するけれども、教育の理念とそれに向けられた教育実践は、社会的人間と自然的人間の表象を相互に結びつけることはできない。このような事態は、いまや第二の問い、つまりいかにして教育学のなかで教育理論の体系的な位置づけを行うか、という問いを解明するために、特別の意義を獲得する。

教育による人間の向上の具体的な可能性に対するルソーの懐疑的な態度は、ただちに次のことを証明する。すなわち、教育の理論とそれに方向づけられた教育実践は、それ自体受け入れられ、社会組織における矛盾を解消することはできないということである。だが同時に教育の意味規定と課題規定は正当な国家の存在、あるいはこれが現実に与えられていないかぎり、その家庭的、私的関係における個々人の幸福に結びつけられることができるのかどうかが問題になる。

人は――ルソー自身が確認するように――正当な国家市民を道徳的個人なしに、また道徳的個人は正当な国家市民なしに教育することができないとすれば、社会的人間の理想にも自然的人間の理想にも向けられた教育は、有意義な二者択一を提供しない。私的ならびに公的領域における教育の基礎のうえに道徳的に振る舞うことができる人、それに対して疎外された世界のなかで私的な孤独な生活への逃避とならねばならない人は、人間性の向上に最終的にもはや何も役立たない。慣習と支配構造の意味で現存する社会ほど教育されるものに役立たないのである。

だから、ルソーは『社会契約論』のなかで一般意志のいかなる意味規定も展開しなかったように、彼の教育学のなかで、一方で人間の自然な意志と自然的発展を、他方で社会的人間を教育の目標として設定するとき、彼は教育の意味規定に対する問いを括弧に入れる。彼は教育過程の分析において、実践的循環は破壊されているということから出発するのに対して、教育目標の規定に関してなお実践的な循環のなかであらかじめ与えられた自然的秩序ないし社会的秩序のフィクションに固執する。だから、彼は人間存在に対する問いは、ある現実の秩序について夢見る。そのなかで人間存在に対する問いは、最初から答えられねばならない。それがために、彼は教育理論のテーマとそれに一致した一つの正当な国家設立の問いのテーマを、科学的に説明しやすいようにしたのである。

第二章　ドイツ啓蒙主義教育学の生成

第一節　汎愛派の教育改革運動の展開――『総点検』の成立とその背景――

一八世紀ドイツは「啓蒙主義教育学」(Aufklärungspädagogik) の生成期として、科学としての教育学の自律化と教授の制度化に向けてさまざまな改革運動が展開された。ロックやルソーの影響を受けながら、ドイツ固有の啓蒙主義の教育学が形成された。この改革運動の中心的役割を担うとみなされるのが、「汎愛主義教育学」(Philanthropischespädagogik) である。この生成しつつある教育学を代表する人物として、バゼドウ (Basedow,J.B.) をはじめ、ロヒョウ (Rochow,F.E.)、カンペ (Campe,J.H.)、トラップ (Trapp,E.Ch.)、ザルツマン (Salzmann,Ch.) などの名があげられる。彼らはデッサウの「汎愛学舎」を拠点とし、人間愛の精神に基づいて一大教育改革運動を展開した。彼らは「理性への期待」を出発点とし、バゼドウをこの生起しつつある教育学の中心人物として評価するのが、これまでの一般的な見方である[1]。

このような従来の「包括的な統一」としての把握に対して、最近のドイツにおける研究、とくに旧東ドイツからの新しい資料に基づいた新たな研究などから、「汎愛主義教育学」の見直しが求められている。とくに近代科学の文脈のなかで、この派の第二世代が汎愛主義の理論を独自に発展させたこと、その主著がカンペの編集による『全学校制度および全教育制度の総点検』[2]だということである。

この著作に関するさまざまの研究、例えばフェルティッヒはカンペに関する研究論文のなかで、「一八世紀後期の教育学における中心人物」の生涯と作品に即して、啓蒙期の改革作品を叙述する目的を範例的に設定した。カンペによって試みられた自然と社会、人間と市民、陶冶と職業のあいだの調停を背景にして、フェルティッヒは教育学をリベラリスムにまで高めながら、抑圧から解放された教育と「階級教育」による社会への編入との両面から生じる「カンペの全矛盾」を取り上げた。これまで「包括的な統一」とみなされた教育学の標準的な著作の新版や再版が、啓蒙主義教育学の分化した像のために貢献した。[3]

そこで本章では、「その構想においても実質的な理論的範囲においても教育学の前古典主義の段階の究極の包括的なドキュメント」[4]とみなされる『総点検』に着目し、ケルスティンク（Kersting,C.）やシュミット（Schmitt,H.）の研究に依拠しながら、カンペとシュトゥーフェ（Struve,J.）の構想を中心に啓蒙主義教育学の生成過程およびその特質について原典に即して考察を進めたいと思う。まずその手始めとして、汎愛派の改革教育運動を概観しながら、第一期から第二期への展開過程を見るなかで、『総点検』の位置を明らかにする。次に、この書の成立の背景を成す「実践的教育者の会」の設立にいたる経緯について考察し、この『総点検』のプログラムを概観する。さらにこの汎愛派の中心に多様な理論的影響を見るなかで、汎愛派の教育学構想の特質について解明することにする。

「汎愛派」（Philanthropinisten）とは、一般に一七七四年にバゼドウによって中部ドイツのデッサウに開設された汎愛学舎（Philanthropinium）に直接、間接に関与した教育者を指している。もともと汎愛主義という言葉は、一八〇八年にニートハマーの著作『現代の教育教授の理論における汎愛主義と人文主義の論争』（一八〇八年）[5]に由来し、「汎愛」はギリシャ語の philanthropia ＝人間愛に起源をもつところからもわかるように、現世的人間の尊重をめざす啓蒙主義の旗印であった。したがって、汎愛派は広義にはルソーの影響のもと、一八世紀ドイツ啓蒙主義教育学者一般を指している。この派を代表する者として、バゼドウのほか、一時期デッサウの経営責任を引き受け、その経営基盤を固めた経歴をもつカンペ、シュネッペンタールで学舎を開いたザルツマン、ハレ大学で世界最初の教育学講座の教授になった実績をもつトラップ、さらにはシュトゥーフェ、ヴィヨーム（Villaume,P.）、レゼヴィッツ（Resewitz,F.G.）などがいる。

一　フィラントロピヌムの創設――バゼドウ――

ドイツにおけるこの汎愛派の活動の思想的バックボーンは、かのルソーであった。その著『エミール』は、後に考察されるように、ドイツにおいて固有の形で受容され、教育学的思考にとって新たな道を開いた。それは、とりわけバゼドウの影響に帰せられる。彼は「近代におけるきわめて奉仕的精神に満ちた熱心な学校・教育制度の改革者の一人であった」。「バゼドウは教育学（Erziehungskunde）について力強く述べ、生き生きと活動して以来、それはある程度われわれの時代のかなり洗練された同時代人の好みの科学となった」。このように、彼は「人間の改善と幸福に必要な大きな仕事を、成長しつつある人たちの教育の変革のなかで唯一達成できるところから始めることによって、多数の同胞の思考と行為を大きく変えるべく定められており、それは根源から堕落を救うことができると考えた人物に属する」[6]。

バゼドウによれば、当時の学校における教授および授業はほとんど誤って為されている。そこで、独自の模範学校こそが唯一の救済手段となりえた。一七七四年にデッサウで「人類の友の学校」として「汎愛学舎」（フィラントロピヌム）が開設された。それは一七九三年まで存続した。そこでカンペ、トラップ、ザルツマンのような重要な改革教育学者たちが教師として活動した。「デッサウから新しい教育が始まる」[7]と、かのカントからも好意的に迎えられた。バゼドウは基礎教授において遊戯を愛用した。直観、自己活動、実際労働による学習は、報酬や表彰による新しいシステム、現代語の実践的な奨励、教師（家族）と子どもたちとの家庭的な敬虔な共同生活による性格形成によって鼓舞された。公的な試験へと誘惑されたが、その期待は強い緊張関係にあり、ほとんど実現されなかった[8]。

残された名声を、バゼドウは彼の『基礎教科書』（Elementarwerk）に求めた。一七七四年に全四巻の著作として出版された。文筆の手段に訴えて教育、学校、研究機関一般の改善を図ろうとした彼は、すでに一七六八年に「人間の友ならびに有産者諸君への提言」[9]を公にしたが、彼の学校改革のための戦略は自らはっきりと述べているように、「教科書、ゼミナール、学校法、他の学校の模範となりうる二・三の公立学校、ギムナジウム、大学」の順を追って成し遂げていくところにあった。それゆえ、いまや第一の目標である「教科書」が一応の目途がついたので、この教科書を用いて合理的な教育を実践しうる教師を養成するための「ゼミナール」設立のためにエネルギーを集中しなければならなくなったのである。

この間のバゼドウの新学校の設立をめぐる事情について、金子は以下のようにまとめている。

「当初、デッサウ侯の資金によって既存の学校の改革を遂行するはずであったが、経営状況の変化によってバゼドウの個人的経営になる新学校の設立という話は途中で変わってしまった。そこで一七七四年一二月に、彼は次のような長い文章のパンフレットを出して、改めて公的な資金を求めることになったのである。『デッサウに設立されたフィラントロピヌム、貧乏なあるいは金持ちの生徒ならびに若き教師によき知識を与えるための人間愛に基づく学校の基礎教科書の計画にもとづいて、あらゆるところの教育制度を完全ならしめることを望む公衆の信託財産――J．S．バゼドウはこの学校や諸侯や人間愛にもとづく結社や私人のなかで、善事を追求し、実践しようとしている人々におすすめいたします』」[10]。

デッサウの新学校が順調にスタートし、一時期かなりの教育効果をあげ、一躍にして教育者たちの巡礼地になったが、まもなく事業を継続することが困難になった。「善良にして気高き人々よ。この人間愛にもとづく事業がたえず浮き沈みするために、なんとまあ心を煩わされねばならないことか……たとえ冷淡な世間が汎愛学舎を全然望まなかったとしても、少なくともあなたの人間愛によって世間が今までもったことのない模範学校を残しておかねばなりません」（ロヒョウ）。一七七六年一二月一五日にバゼドウは汎愛学舎の移管を宣告し、全教育・学問機関の根底的変革のための先駆的実例となるという歴史的役割を自ら投げ捨て、単なる改革された教授技術を用いる学校という意味での存在に甘んじることを宣言したのである[11]。

二　教育改革運動の新展開

改革教育運動の発祥地であるデッサウのフィラントロピヌムの活動が一段落を遂げた一七八四年段階において、この運動は新たな発展を遂げようとしていた。金子の解説によれば、活動の中心は、当時ハンブルクに在住していたカンペであった。彼はデッサウを去った後ハンブルクに定着し、はなばなしい著作活動を展開し、この頃すでに『ロビンソンクルーソーの冒険』など「青少年向けの読み物」作家として不動の地位を築いていたのである。この活動から得られた経済力を背景にしながら、かつての同志であるトラップとともに始めた活動が、汎愛派運動史の第二期のスタートを画するのである[12]。

こうしてカンペとトラップを中心に、新教育の担い手が再編成され、彼らの共同活動が新たに開始されることになった。まず手がけねばならない仕事は、新教育構想を総括し、戦列を立て直すということであった。カンペはそのために、「われわれの時代の実践的教育思想のなかで最も明晰な頭脳の持ち主たち」を集めて、共同の力によってこの作業を遂行しようとした。この企てに参加した者は、彼の恩師エーラーズ（Ehlers,M.）、ノイルピンで汎愛派の原理に基づく新学校を経営していたシュトゥーフェ、クロスターベルクの修道院長であるレゼヴィッツ、ベルリンの高等宗務極参事官のゲディケ（Gedike,F.）、ハルベンシュタットの牧師ヴィヨーム等の顔ぶれであった。これらの人々の努力の結晶として出されたものが、『全学校制度および全教育制度の総点検』であり、一七八五年に第一六巻が出されるまで引き続き作業は続けられたのである[13]。

ところで、カンペを中心とした「新教育者」たちの第二の実践活動は、すでにバゼドウが提言において主張しながら実現しなかった国家による学校監督機構の整備という事業を実践することであった。この事業は、カンペの故郷であるブラウンシュヴァイクを舞台に展開されることになった。この地で汎愛派の原理に基づく改革を行うことを決意していた。カンペは一七八六年に学務官に就任し、トラップとシュトゥーフェがその戦列に加わってきた。そのめざすところは、これまでの「愚鈍と誤謬と生活上の非有用性のみを見出してきた学校」に代わって、真に「人間の福祉と幸福」をもたらす学校をつくり出すものであった。言うまでもなく、このような基本的態度は教会による学校＝非有用性、国家による学校＝有用性というバランスの主張を是認するものであった。[14]

こうした活動と平行して、カンペによる第三の実践活動は教科書叢書の完成という事業であった。この事業のための現実的基盤は、一七八九年カンペが入手した印刷所によって整えられていった。彼の企ては、「学校百科事典、別名学校教授のうちの最も単純な基礎段階から最高段階にいたるあらゆる種類の新教科書、しかも啓蒙における今までの進歩に見合うばかりでなく、様々の身分のものが現にもっている要求にも適合した新教科書の完全な集合体」[15]という形で実現されている。

バゼドウの原理は、現実的には実に汎愛学舎が衰退して時点において、大規模な形で現実化されていたと言えるかもしれない。しかし、この間には教会におけるブルジョア原理をそのまま「自然」とみなし、この意味での自然教育の実現を「国家の力」に期待するという、すこぶる楽天的な汎愛派の主張は、次第に「自然」と「国家」との衝突を意識し始め、この矛盾の克服、あるいは調停を余儀なくされていったことを見落としてはならないのである。彼らにこのような矛盾をはっきりと意識させたのは、言うまでもなくフランス革命の勃発という一大事件であった。

以上のような金子の解説から、「汎愛派」をバゼドウの教育思想を忠実に反映した人々だと考えるならば、彼らは大きな限定つきの「汎愛派」であると言わなければならない。というのも、この両人とも一時的にバゼドウと行動を共にしたとはいえ、必ずしもバゼドウと同一思想を抱いていたとは言えないからである。そのことは、学舎を去った後、カンペはトラップの協力のもとに多くの新教育思想家を同志に迎え、当時の教育思想一般の批判的検討を行い、全一六巻の『総点検』を出しているところにもはっきりと示されている[16]。

三 『総点検』成立とその背景

1 「実践教育者の会」の創設

一七八三年にカンペによって提案された『全学校制および全教育制度の総点検』は、フィラントロピヌムと「教育学協議」(Pädagogische Unterhandlung) のための計画として、幸運であった。教育改革者たちは、研究論文や論説や学校実験によって有名になった。過度の論争や対立は、通常、当該の専門誌だけでなく、一般的なジャーナリズムのなかで生じた。カンペの「実践教育者の会」(Gesellschaft praktischer Erzieher) を創設しようとする関心は、新しい教育学文献や多くの場所で実践的に達成された業績をまとめ、「教育論」として体系化する目標に基づいていた。それは教育学の専門化、学問化を進める革新的な試みであった。この間の事情について、ケルスティンクは詳しく説明している。以下、必要とみなされる箇所を引用することにする。

カンペによって企画された「実践教育者の会」の会則は、専門家集団、とりわけルソーの『エミール』の評価において、バゼドウとは違って新しい構想の専門的知識と教育学的権限を認識させる。点検書の企画のなかで理論への集中が証明しているように、それによって大学領域でのこのプロジェクトの失敗の埋め合わせがなされるはずであった[17]。

一七八三年の『ベルリン月刊誌』八月号に公にされたこの計画は、「全学校制度の総点検」をねらいとしていた。「教育の事柄について熟考するなかで訓練された人々」のすべてに参加を呼びかけるため、「教育学協議」において提案された道を、カンペもまずは学会の取り組みに向けて方向づけた。もちろん、彼は古典的モデルを変更しなければならなかった。「実践教育者」は個別に活動していたので、カンペは自ら企てた理論的・実践的プロジェクトのための「学会」の調停者、コーディネーターとして、まずはハンブルクの書籍商ボーンと協同で提案した。フィラントロピヌムはアカデミーやモデル学校と一緒に起草されたのに対して、理論と実践の統一はトラップがそれをハレ大学で、カンペはヘルムシュタットに向けて計画したように、もはや努力して得られるようなものではなかった。「学校百科辞典」、教科書全集も、同様に後退した。カンペは理論を強調する際に、教育学の原則的な状態を説明する機会を見た。このことは、科学的状況がカントの幸福主義の回避と言語学の創設によって変化したとき、ますます緊急のものとなった[18]。

「点検書」もまた、外部からの財政的支援にたよった。カンペ個人に統合された汎愛主義の改革グループは、教育問題に対してしばしば閉ざされた読者に再度接近し、読者範囲を社会的に拡大しながら申し込みを依頼した。十年来知られる一般の「教育の事柄における熱狂」は、「急激な大転換」へと導いた。なるほど教育制度における誤った関係は認識されているが、「激しい熱狂」によって多くのよい知見は非難され、あるいは理想的な子どもの場合にだけ性急な社会制度が適用できる、まったく「理想化」にとって代えられた。

他方では、教育の事柄について根本的に徹底して熟考し、すでに実行に移されていた。「体系的な秩序もなく、なお一層瓦礫とごみが混ざり合い、互いに結びついて存在する」礎石を使用するために、カンペの評価によれば、「一人の人間」ではなく、経験ある有能で聡明な「建築士」の会が必要なのである。「それは協働して申し合わされた計画に従って、また統一的な力でこの材料を深め、秩序づけ、望ましい建物に作り上げる」[19]ことである。

「教育理論の完全でしっかりした建物」に向けてのカンペの企画のなかで、すべての協力者はその熟慮と読書と経験の成果をもたらさねばならなかった。教育改革と学校改革は国家の関心のなかにあるときでも、カンペはバゼドウや他の創始者とは違って国家的なイニシアティブを待つのではなく、実践を組織し、「哲学的で観察的で職務執行の経験のある教育者」[20]を求めた。学会の改編されたモデルに従って、カンペは「教育学的、文献学的プロジェクトを求める彼の同志」を集め、他の協力者や加入者を学者仲間に名を連ねた専門家たちで編成した。

最初の決算は肯定的であった。病気で欠席したロヒョウのほかは、全員が参加した。カンペの報告によれば、新しい協力者たちは彼の計画を実現するために一時的に彼を勇気づけた。「そのなかで神の思し召しは、この分野で十分に経験し実行した人々を同じ原則から並々ならぬ才能によって目覚めさせた」[21]。その共通の目標として、彼は「完全な教育および教授組織の完成によって、同時代人および後世の人々にこの分野で可能な最大の利益を得るために」[22]求められる報告のなかで、決して控えめでない調子がうかがえる。

一七八四年の『ベルリン月刊誌』一月号の追録のなかで、三人の新しい協力者が紹介された。「ドイツ・ミュージアム」のなかで、カンペは別の新たな協力者を、名前、専門、活動場所、これまでのテーマを付して紹介している。この時点まで知られていた人とは別に、今日、たいていは忘れられた他の協力者の名はまだあげられないままである。協力者の数は、点検書の最初の版で印刷され、後に更新されたが、縛りによって区別して、すべての活動に関与した常勤の協力者十一人、ある特定の部分はたらくことを受け入れられた十五人の非常勤の協力者の名があげられている。この二つのグループの複合も、個々の版の予告にあらわれるように、次の年に変更された。「先駆者」であるロックとルソーは、同じ協力者として扱われた。

2　『総点検』の企画

『総点検』の企画は、高い実績をもつ「実践教育者の会」を同時に導いた。それを遂行するのに、結局、十三人の協力者ないし著者（ロックとルソーを含む）がかかわった。二十七のオリジナルな論文は、カンペと三人の常勤の協力者シュトゥーフェ、トラップ、ヴィヨームによって編まれた。「ドイツ・ユニオン」のラディカルなリベラリストで創始者のバールトは、第一巻の彼の論文を引き渡した後に退いた。すべての著者は多かれ少なかれ汎愛主義の近くにあり、彼らの一部は相互に友情をもって結ばれており、彼らの先輩たちはバゼドウの改革プロジェクトを財政的に支えてきたけれども、何ら共通の理論もなかった。彼らは例えば教育目標の設定において異なり、社会的有用性や個人的完成、あるいは教育の力の限界について、いかなる統一的な見解ももたなかった。この人たちの知的な伝記がいかに違っていたかがすぐに明らかになる。

カンペは「同じ原則」をもち、異なる才能をもった人間として導き入れた「学者の頭脳」を、いかにして「一つのキャップ」のもとに導いたのか。まずは組織的に学会のモデルに従って導かれた。『ベルリン月刊誌』における計画は、プログラム外で理論的部分と実践的部分に分かれた——「全学校制度および全教育制度の意図された総点検の見取り図に——科学的論争のための取り扱い規則を包括」した。十三点にわたって、カンペはこの教育学の領域において、なお新たな研究戦略とコミュニケーション戦略を展開する。各々のメンバーは、彼らの専門知にふさわしい計画に基づいて一つになって多数の項目を選び、上述の領域における既存の研究、知識や経験について文献概要を与え、彼らの精神を母の温もりで一時それについてじっくり考えさせる。各々はその領域において「例えばまったく完全で完成された光ができるだけ彼らに当たるようにする」。このような希望に満ちた計画は、「点検」が理論的に前進させる項目を生み出し、「体系化」[23]によって理論的な提案のスペクトルが「限定」されることを期待させるのである。

いまや論文は手稿のなかで「その注釈とそれについての改善を記述することによって、すべてのメンバーに専門的判定を送るために、空ページにつなげる。著者による項目の再考に従って、その同僚の修正案を考慮しながら、ある批判的論争によってつまるところ会の大部分のメンバーによって一致して正当と認められた」[24]論文が、点検書へ採用される。その手続きは、学会で展開された民主的な組織形態を実現した。そのなかですべてのメンバーは階級や信条を度外視して、同じ意見をもち、仲間の批判的な判断に敢然と立ち向かい、そのなかで「あらゆる個人の精神的財産の承認」が保証されている。著者や批判者が改善の提案について同意できない場合、構想が双方から出されない場合、著者の意見が妥当すべきである。「だが、それに対してなされた異論の注釈が付け加えられるべきである」。このような手続きによって、その著者は「教育についての論議」の特徴的な形式を保持し、各項目は多かれ少なかれ「集団の創造物」になるのである[25]。

カンペは、いわば運営担当として、活動と項目の転送のコーディネートを引き受けた。それはこのサイドで修正案を素早く身近な仲間に送ることを義務づけられていた。いわゆる民主的な意味で最終編集の責任も彼にあった。

すべての項目は、一人の助手もいなかったので、他の協力者に求めた。というのは、「われわれの学会の上述の協力者以外に、なお多くの哲学的で経験をつんだ教師および教育者を提示しなければならなかった」[26]からである。カンペは新たに学会の創設にとりかかった。内的なコミューニケーションの拡大によって、「多くの学識と経験豊かな思想の隠遁」から救い出すためである。

カンペが引き受けたアカデミーと新しいクラブの習慣に属していたのは、公的な懸賞問題の記録である。彼に宛てて封印された名前で行った寄稿は、常勤のメンバーに注目され、評価された。賞金として、一ページ当たり三ドーカン、アルファベットに関して六九ドーカンを予約した。いつも値段を付けた書物が点検書の出版にあらわれた。一般に懸賞問題は、同時に学者の刊行物や新聞にあらわれた。その課題の選択は、カンペに委ねられた。

3　教育学的ディスクルス

この会のメンバーのあいだでの論争は、単にコメントで行われたのではない。その分析が示しているように、点検書はさまざまの科学的端緒を含んでいるが、新しい理論の構築もなされた。そのために「多くの頭脳の統一」が励みになる。「正しい教育」の同意できない把握は、それに向けて勇気づけられ励まされると同時に、その正しさにいたる。対決のなかで統一を構築するものとして、教育と教授の制度化のための教育論に即した共通の活動が証明される。

宗教、政治、法律の問題は学会において原則として手つかずのままであったが、点検者たちもまた長い間厳しく自制した。確かに「自然宗教における教育の問題」の項目は予告されてはいるが、学校と国家の関係についての論文「国家は教育と混同すべきかどうか」の論争は、『ブラウンシュヴァイク・ジャーナル』で公にされた。一七九二年に発行された点検書の第十六巻のなかで、自ら組み入れられた（学校）政策と一緒にしないこと、それをこの教育学者たちは長らく絶対主義国家においては完全に放棄したと思っていたが、それは結局、論文の匿名の人によって流された。もちろん、すでに『エミール』についてのコメントのなかで、その注釈は一七八九年から一七九一年において点検書で公にされたが、その共和主義的、反教会的立場から何ら隠し立てもしなかった。

「教育学者たち」は、教育・教授形式の原則を発展させた。シュトゥーフェやトラップの折にふれての熱のこもった討議や意識的な断念によって、それは教育についてのアカデミックな性格を強調する。そして公のまえで、教育学の専門化に関心をもった。同時に、彼らはその「学会」の支配的な、優れた政治から自由な相互作用とコミュニケーション領域において、「集団的、児童教授学的な学習過程」か「自立的、自己陶冶の実践」を強調している。彼らはロックとルソーを「先駆者」とみなし、「彼らは道をつくり、われわれは別の道に従った」。そして、「点検書」において統一することによって、彼らは自身を評価するために、今日まで重要な伝統をつくりあげた。しかし、「名誉ある人たち」の原則すら、理論と経験の試金石へと導かれた。というのは、彼らもまた、「われわれと同様に誤ることもあるし、誤って悪い影響を及ぼすこともあるからである」[27]。

彼らが戦略的意義についての専門的知識に裏づけられた証明のために、コメントはエーラーズとヴィヨームを除いて、この著作のすべての注釈者は『エミール』についての最初の長いコメントを強調した。彼らはルソーの貢献を取り上げたが、後に分析するように、ルソーは教育について思想家が考えることを教えた。そして、かの「達人」について説明する。「彼らにとって教育技術の神秘を開示している箇所をわかりやすくし、一目でわかるようにし、誤りなく応用する」[28]。彼らにとって書物全体は「啓示」であり、彼らは「自ら予見的啓示を獲得する」にいたった。合理主義的教育論の代表者、彼らはその権限をいわば宗教的に正当化し、教育学の崇高な説教者とみなされた。彼らは同時代の天才的な存在を否定したのに、彼ら自身にとっての天才的な理論を求めたのである[29]。

不完全なままの「点検書」の編集は、一七九二年に慎重に行われた最後の版、つまり全体の索引で閉じる。教育学者の組織は、点検された汎愛主義的知識を叙述し、前進させ、手始めに周知させるための時間の消費は、決して受け手が正しくとどめる以上には大きくはなかった。約束された「教育理論の構築」は達成されなかったとしても、点検しながらの議論は教育学の生成における強力な一押しになった。

4　『総点検』のプログラム

カンペの構想は明らかに『総点検』のプログラム、つまり政治、宗教を除外した人間学的・心理学的に基礎づけられた教育構想を担っている。点検書の目標と論理は、最も初期の子ども期からの人間の教育と教授を合理的な原則に従って制度化するということにある。どの点検書も、教育を社会的営みとして理解する。もちろんそれは社会的有用性に向けられているように、それを超えて多様な把握を制御している。年齢や性や将来の社会的地位ないし階級によって違いが認められているが、とくに点検書はブルジョアジーの子どもに注目する。プログラムの秩序図式は、人間の生涯のあゆみを共にする教育学理論であり、その結果、子どもの進みつつある年齢に応じて教育の制度が与えられねばならないのである[30]。

「実践教育者の会」は、なお生成の途上にある領域、すなわち心理学と人間学を理論形成の基礎科学にしたということは、近代的認識論と人間全体に向けられた経験的プロセスを背景にして生じた。それは教育の原則を経験科学的に、観察と実験によって基礎づけることを求めて少なからず努力した。そのことは、経験主義的教育と旧い教授法の点検へと導くことになった。それはデッサウの汎愛主義の理論的基礎づけにもあてはまる。同様に「先駆者」ロックとルソーの著作が点検された[31]。

点検書は教育論を打ち立てようとしたけれども、その現象学的端緒は、演繹的方法を閉め出した。二次文献において、点検書は「百科全書」あるいは「全集」ないし「教育全書」として示されている。両者の特徴は、教育と教授についての知識を叙述する意図を強調することである。その際、「百科全書」は知の領域として、秩序づけられた全集として付加形式を強調する。特殊な分類の仕方から、前者は計画、後者は実行ということで基礎づけられる。カンペ自身は、タイトルであげた「教育制度」という用語を、子どもの教育と陶冶にふさわしい一切のものの総体概念で書き換えた。さらに彼は「学校百科」を「学校の教授領域」に移し変えた。それでも点検書の個々の領域の個別化と類型化が考察される。それによって多様な論文を書籍として刊行することになった。

ここで汎愛派にとって重要なことは、フランス百科全書の場合のように、独立した理論形成への端緒をもった現状の点検である。点検書の特徴は、「進歩のなかの活動」として有意義なのである。現象学的に方向づけられて、理論的部分のプログラムと実践的部分のプログラムの大きな輪郭が出来上がっておらず、さまざまなテクストの位置に任せて類推的方法に適合しながら、討議におけるメンバーの多様な立場を解決するなかで、とくにつくり上げることの性格が示された。科学的理論を拒絶することは、協力者のディスクルスをはじめて可能にしたのである。

点検書は最初の計画では教育制度と学校制度の歴史的概観から始めるはずであったが、一七八五年の計画において、また最初の公刊において、バールトの論文「教育の一般目的について」[32]が最初の論文としてあらわれた。その結びにおいて、シュトゥーフェは「教育の最も一般的な原則」と「身体教育の一般原則」の説明を試みている。「子ども期の最初の年」また「幼い子どもの授乳」は、この原則の応用についての考えに従うべきである。点検書において、さらにわれわれはカンペの論文「子どもの誕生以前の親の側のよき教育の要請について」ならびにシュトゥーフェの論文「正しい知識から導かれた教育の最も一般的な原則」[33]が見出される。

点検書のプログラムによれば、初等教育についての情緒的、認知的、倫理・道徳的論稿がそれに続かねばならない。初期の子どもにおける「魂の教育」の分析に関して、とくにカンペは定評があった。自然の子どもの発達は教育の原則に基づかねばならないが、カンペは「幼い子どもの魂の最も初期の陶冶について」[34]という論稿に懸賞を出した。ヴィヨームは情緒教育、「衝動」の克服か救済について、道徳、モラル教育についてのさまざまの論文をまとめた。カンペは、「人間諸力のもとでの調和を維持するために必要な配慮について」[35]という論稿によって、自然に導かれた教育の基礎として考えられた自然の諸力と能力の必要な均衡の理論を展開した。教育政策的に、彼は社会的義務について顧慮しながら形式陶冶の可能性を深く考えた。

独立した取り扱いと新たな解釈が施されたのは、賞と罰の問題である。カンペは肯定と否定だけでなく、「ミックスした罰」を認める。認知的、知的教育の観点から、例えば「幼い子どもの頭を開き、あらゆるものに注意深くする必要性」について、あるいは直観的、象徴的認識について取り扱われる。「魂の力の体操」は下部と上部の認識能力に向かうが、頭の体操の訓練に優先権を与え、教育学理論は人間学的観点の出発点を人間全体に責任を引き受ける、という新たな根拠となるのである。[36]

第三のテーマ構成は、狭義での教育と教授の制度化の問題である。家庭教育と公教育、ならびに「小教育施設」における家庭教育と公教育の有意義な結合に関する論文が提言される。

孤児院における教育は特別に取り扱われるべきである。第一〇部は、クローネによる「家庭教師による教育」に関する自伝的論文を含んでいる。最後の問題、すなわち国家と教育の関係の問題が取り上げられている。

第九巻と第一二巻以降には、ロックの『教育に関する省察』とルソーの『エミール』によって、子ども期における自然的、家庭的・個人的教育の観点が顧慮され、自然と理性、人間と市民との緊張領域が議論されている。特別の論文におけるたいていは実践的問いの大部分に向けられるので、ロックの思想に関するコメントにおける点検に立ち戻るとき、『エミール』は自己理解の解明のための機会を提供した。

『エミール』の仮説的な第二段階で評価される生成過程で、自然的として宣言された教育モデルが提示される。その前提ならびに身体・精神的・道徳的・宗教的教育の時間的連続、汎愛派の哲学的・人間学的な根本仮説は、回避される。自然の教育との関係は、次節で分析されるように、異なった立場にもかかわらず、理性への「積極的」教育の弁護で一致した。ルソーとの対決のなかで証明することは、「自然」はつねに社会的に規定されているということである。点検者はそのコメントにおいて、また議論のための固有の観察と実験もまた設定することになっているので、まさに『エミール』の第一の書物に対する注釈は、ドイツでは当時一般に初期の子どものための情緒豊かな社会的、歴史的資料である。[37]

第二節　汎愛派のルソー受容

バゼドウ以来、汎愛派に対するルソーの影響については、これまでたびたび指摘されている。その教育改革運動の基本線は、ほとんどルソーの主張に即しているとみなされている。とくにカンペを中心に『総点検』第一二巻以降に集録された『エミール』の翻訳とそのコメントから、彼らがルソーの影響のもとで、いかに教育改革の運動と理論形成に尽力したかがうかがわれる。この点は、ルソーの教育学的思考に対する汎愛派の受けとめ方、および汎愛派の教育学的思考の特質を見るうえでも重要であると考える。そこで本節では、第一二巻における『エミール』のテクストについての汎愛派のコメントの分析を中心に、テノルトをはじめとする最近のドイツにおける研究も参考にしながら、考察を進めることにする。

一　汎愛派のルソー受容の立場

汎愛派のルソー受容は、『総点検』におけるルソーの『エミール』についての解釈によって証明される。この著作はカンペによって編集された全一六巻から成る大著で、汎愛派の代表的な著作の一つとみなされている。この著作の一二巻から始まって、一七八九年以降『エミール』の翻訳だけでなく、ルソーに対する読者の手助けと注釈が加えられている。汎愛派の代表者の一人、トラップは、その意図に忠実に「『エミール』はすべてにわたって慎重に読まれるだろう」[1]と述べている。

このコメントは、テノルトによれば「啓蒙主義の教育学的思考の実践の代表的な表現」として理解される。同時に「啓蒙主義の思考および啓蒙主義の批判の新たな対決」にとって、とくに重要である。なぜなら、今日までの批判のなかで「ルソー解釈は近代教育学の理論的権威を評価する際の尺度」[2]になっているからである。通常、このコメントは啓蒙主義教育学の思考様式のあらゆる誤謬と固有性に対する証拠文書とみなされている。なるほどコメントは教育の新しい精神に対して開かれてはいるが、教育学的近代を獲得する具体的な形において、とりわけルソーの批判に対しては新解釈を加え、その言い回しも婉曲的である。

このコメントは、その批判者によれば、総じてルソーが『エミール』のなかで述べた近代の諸矛盾についての高次の思想、陶冶問題や陶冶理論のアポリアについての必然的な意識を把握することを欠いている[3]、ということである。しかし、テノルトも指摘するように、『エミール』のテクストと汎愛派のコメントは確かに異なった思考形式を示しており、その違いが証明される。しかし、この違いを汎愛派の欠点とみなすことはできない。むしろ啓蒙主義教育学の正当な評価にとって有意義なことは、思考形式の違い自体を引き立て役として解釈し、批判者の欠点の主張のなかに通常いくつかの避けがたい、啓蒙主義にとって必要な前提を示すことであろう。汎愛派はルソーを読むことを十分知っており、陶冶論的に鼓舞された現代のルソー解釈者および啓蒙主義批判者とは別に、それから距離をとりながら誇張なしに読んだ。それゆえ、彼らは一般に認められる以上のことを学び教えるのである[4]。

ところで、エルカース（Oelkers,J.）が指摘したルソーの「教育学的思考形式」、すなわち「非現実、実現不可能、パラドックスを伴ったレトリック遊び」[5]は、歴史的にも現実的にも中心的な問題である。今日の啓蒙主義批判者にとって、ルソーの優位を極端に見るなかで、近代の主体の陶冶の理論的な問題を、教育活動の「矛盾」や「二律背反」によって未解決の形で先鋭化する機会が与えられる。汎愛派は、思考、経験、現実を伴ったルソー的遊びの中心的な立場を見逃しはしない。しかし、彼らはパラドックスと交わる別の戦略を求める。すでに『エミール』についての最初の脚注で、彼らはルソーから距離をとる。そのことはまず、ルソー自身「彼の書物の欠陥を感じていた」ということ、そして「冷ややかな目で彼が熱狂の炎のなかで書いたものを読む人は、その欠陥を彼と一緒に感じない」[6]という仮説から生じる。そのことはまた、ルソーの思考形式におけるそのような欠陥の原因について体系的に推測することから生じる。汎愛派はその限界をコメントのはじめに多様な観点から示している。この教育学的思考形式の体系的な分析にとって、テノルトは次の三つの観点がとくに重要であることを指摘している[7]。

第一に、ルソーのレトリックに対する批判である。すなわち「美しくなるために何も誇張されなくてもよいような、ほとんど美しく語られない思想というものがある」[8]。しかし「ルソーは美しく書こうとした。彼の時代や彼の国民の注意を、彼の誤解された対象の重要さに動機づけるために、彼は美しく書かねばならなかった」[9]。彼のテクストは、文体の議論において「語り手の美しさ」と「哲学者の厳密さ」[10]の違いにいくつも結びついた望ましくない結論となっている。

第二に、体系的な要求に基づく批判である。すなわち「ルソーは作品が彼に芽生えたとき、先にも後にも教育の体系ではなくて、ただ教育的考察と反省の集積だけを提供しようとした」[11]ということである。ルソーは「読者を散歩へと導く」。その結果、読者も「もしあなたが最上の頭脳が与えることができるもの以上に、散歩において何かを期待するとすれば、あなたは間違いであろう」[12]という帰結を考慮に入れねばならないだろう。しかし、ルソーはよりよい教育の新しい学問体系のための基礎を何も提供しないし、これもまた未完成にすぎない」[13]のである。

第三に、最も重要な観点とみなされることは、『エミール』における議論の中心的なスタイル、すなわちパラドックスについてである。「ルソーがパラドックスを好んだということ、あるいはパラドックスがルソーを好んだと言ってもよく、パラドックスはおそらく彼の知識と意志に反して彼に押しかけてきて、きわめて誠実な真理探究のなかに秘かに忍び寄ることは明らかである」[14]。パラドックス的な思想ないし思想転換は、ルソーも言うように熟考へと駆り立て、真理の発見へと促すことから、汎愛派によってパラドックスの議論に向けられたあらゆる注意のなかで、その限界もまた強調される。というのは「一方でそれが考える頭のなかで使われる機会が与えられねばならない」[15]からである。このような議論は、結局、教育学的思考形式の正しさを原則的に見ることへと導く。

このような批判的観点とともに、汎愛派の固有の要求と態度が示唆されている。彼らは、ルソーの説を理論的な訓練を受けていない人々に対して説明し、解明しなければならない「熟練者」と感じている。それゆえ、彼らの課題は「ルソーの詩を散文に移し、彼の語る趣味を哲学から区別し、その間隙を充たし、その断片を補い、その主張を理性と経験に基づいて吟味すること、その説の誤謬や誤った方向から守り、偉大で誠実な真理に光を当て、弱い目を妨げることなく、それを知覚し、それに親しむこと」[16]である。

二　汎愛派のルソー解釈――パラドックスの論議をめぐって――

1　パラドックスと矛盾

今日まで論争されているルソー解釈の体系的な核心は、汎愛派がルソーによって論争的に主張された「パラドック」や「矛盾」と取り組むとき、はじめてとらえられる。彼らはパラドックス論議によって、学理論的にも実践的にも特別の刺激を受けているように思われる。パラドックスは否定的立場を決して閉め出すことはしないという論理的な理由から、つねに体系的な厳密化が求められる。しかし、ルソーの場合に推奨された実践は、これまでの習慣を否定すること、二者択一を相対的にまとめること、また適当な行為類型として非行為を弁明することから成り立つ。それゆえ、パラドックス語りは「無意味」[17]であること、あるいは「曖昧」で「不合理」であることもまれではない[18]。それは思考を生産的に刺激するだけでなく、とくにあらゆる語りの手法によって導かれる啓蒙を求める。

パラドックスや矛盾に対しても、汎愛派は次のような仕方で取り組む。すなわち、彼らの「冷静なまなざし」[19]で報告されたテクストの評価をつねに特徴づけている仕方——レトリックの飛翔を防ぎ、主張を厳密なものにし、パラドックス化された議論を真にまたパラドックスとして、つまり「外見上の矛盾」[20]として証明しようとする。彼らはまた、テクストおよびパラドックス論議をルソー的な思考法ないし他の思考法の結果として示すが、パラドックスを事実や事態そのものによって支えられることのできる諸矛盾の体系的に必要で避けがたい表現としては読まない。

それゆえ、ルソーは「自ら並みの良心的な思想家が自己に責任を負わせるべきではないような思想における誤り」[21]を犯している、という非難とまず対決する。汎愛派によれば、そのような繰り返し警告された誤りは、例えば一般と特殊の混合において生じる。つまり「誤りは明らかにルソーが一般のなかに、また制限なしにある程度部分的にすぎない真実のことを主張している」[22]という点にある。また彼らは、ルソーによって主張されたパラドックスの妥当性を経験に即して吟味し、批判と推定される矛盾を「われわれの当時の世界観」[23]を洞察するなかで説明する。その結果、矛盾はそのために決して一般的に主張されてはならないということ、あるいはその他の諸現象の「経験から」[24]守り、パラドックスの状態は偶然的なものとみなされ、決して体系的なものではないということである。

このような連続的に追究されねばならないコメントの術は、ルソーによって主張されたパラドックスや「矛盾」に対する引用文のなかに、また「消極教育」に対する弁明のなかに、さらに「自然」と「文化」の対立、ならびに「人間」と「市民」の対立のなかに見出される。このような「教育的・政治的矛盾」は、実際の論議にとっても特別の意義がある。その結果、汎愛派の議論をここで幾分詳細に追究することは有益なことである。以下、テノルトの分析に従っていくつかの点について追究することにする。

2 「消極教育」

ルソーの「消極教育」に対する弁明について、汎愛派は厳密化を求める。ルソーが進める――「この類まれなる人間を陶冶するために、われわれは何をなさねばならないか。あまり争うことなく、何も生じないことのようにすることである」[25]――という文章は、「何も性急でも不自然でも有害でもないこと」[26]というふうに翻訳され、解釈される。またその提案を受け入れることは、このような厳密化によっている。つまり「ルソーはこの制限を加えるならば、だれもそれに対して何か非難することはできなかったであろう」。汎愛派（ここではカンペ）は、再びルソーの流儀に対して理解を示す。「だがその際、彼の主張はさほど顕著なものではなかったし、彼の主張の一切がとくにそうなのである」[27]。しかし、それは「共通」の読者を想起する熟練者の最終的な疑念である。そのような議論の形式で、一切を吟味せず、吟味もできない「読者を誤って導くだけである」[28]。最初のパラドックスの議論におけるその最も重要な成果は、いずれにせよ何もしないこともまた、経験からそれについて反論することのできる一つの行為としてとらえられるということである。

3 「人間」と「市民」

次に、ルソーの「人間」と「市民」とのあいだの解きがたい矛盾についての分析のなかで、コメントは同様に仕方で取り扱う。一つの前提、つまり「市民階級のなかで自然の感受性を上位に保持しようとする人は、彼らが意図したものが何であるかを知らない。自分自身との矛盾のなかに、つねに彼の欲望と義務のあいだを揺れ動いて、彼は人間でも市民でもないだろう」[29]。この立場について、エーラーズ（Ehlers M.）は次のようなおおざっぱなコメントを加えているにすぎない。すなわち「ほとんどの場合に避けられない欠陥だらけの認識状態においてのみ場を見出すだけである」[30]。人間と市民との「相互に必然的に対立する状態」のゆえに、公的教育も私的教育も「相互に対立した教授と教育の形式」である、というルソーのテーゼに対しても疑念が述べられる。汎愛派は一方ではルソーによって指示されて用いられたプラトンの『国家』の解釈に対立し[31]、他方ではあらゆる状態の問いを前にして人間は教育によって「まず人間」にならねばならない、というルソーの一般的な責任転嫁に疑念をもつという仕方で批判を試みている。ここでは、エーラーズとヴィヨームによって、二つの側面から報告される。

エーラーズは「まず人間」という要請に対する条件として、「人間社会一般に対して、また彼がそれに属する市民社会に対して、同時に陶冶された人間」と記録するとき、社会理論的に議論する。また、ヴィヨームはルソー的な希望や期待の妥当性を教育に即して体系的、経験的に議論しながら、経験から省察する。つまり「そのように輝いているこの立場は、吟味に耐えられないように思われる」[32]。

ヴィヨームはルソー論議の驚くべき解釈のなかで、汎愛派の教育に対する期待がまず教育学的に方向づけられているにもかかわらず、自己の社会理論的な前提と矛盾している、ということを示している。ヴィヨームは取り扱いの解消と可能性のない矛盾への対立を練り上げることをしない。むしろ彼は、歴史的、社会的に偏見の過剰として、つまり「社会的偏見」について語っている。

「人間であることと市民であることが決して矛盾しないならば、確かにそれはよいことであろう。しかし、人間であることが自由の十全な意味をもつと言われるが、他者との平等を要求し、人類の自然の権利を要求するとき、つまり自然に対するすべての付加、社会のあらゆる要求や偏見から自由であるとき、人類は社会に対立し、人間であることを学んだ人は、社会へと十分に適応しないであろう」[33]。

しかし、このような思考形式は、この仮説がヴィヨームにとって「人間」と「市民」の二者択一を不可分なものとして把握するためにほとんど同意しがたく、また同意するに十分ではないことを示している。「全人類を醇化しようとする期待は、「不可能」[34]である。しかし、人間も市民も同等に義務づけられていると感じられる教育は、それでもなお正当な期待を残している。

ヴィヨームは『エミール』についてのコメントのなかで、人間と市民についてのルソー的なパラドックスに説明を加えている。それは彼にとって歴史的、社会的、政治的意味を帯びており、それゆえ教育を不可能にする代わりに、それを実践的に方向づける。つまり、彼のルソー的な矛盾についての読み方は、「彼はより高い裕福な階級の教育への制限を批判しているということである。それだけがルソーの真の議論である。だから彼は十分な正当性をもっている」[35]。したがって、ヴィヨームの平等性は、汎愛派の考えによれば、その政治的観点において教育学的前提にとって一般的に規定されていることを繰り返している。「それゆえ、われわれの意図に従って、より一般的に規定しなければならない。そしてわれわれの生徒のなかに人間だけを――抽象的に――考察しなければならない」[36]。

カンペは、次のようにコメントしている。「その表現は、もちろんルソーにふさわしくない。だが、ルソーがそれによって語ろうとしていることは、まったく正しい。つまりわれわれは生徒の心構えを見るなかで、人間的な生活の偶然的なもの、特定の境遇と一定の幸せだけでなく、むしろ人間に、人間として出会うところのものをとらえなければならない」[37]。すなわちカンペは教育学的に方向を転じ、ルソーが正しい教育の原理として（教育者の習慣と思考形式として）一般に理解したところのものを、行為へと規定し、ほとんどカリキュラム論的に規定した。

しかし、人間と市民についての一般的な矛盾は、汎愛派によっても他にカントによっても受け入れられない。なぜなら、「一方は必然的に他方を閉め出しはしないからである」[38]。ルソーによって主張された矛盾を止揚できないものと認めることを断固拒否したレゼウィッツは、その体系的な対立について正しく述べている。「人間は明らかに社会へと規定され、また社会によってはじめて、ほんらい人間へと形成される。だから両方の教育は決して矛盾しない。そして、このポイントを等しく見出すことが難しいとすれば、両者が出会うことができるところがポイントでなければならない」[39]。このポイントは、彼にとって他のポイントが示しているように、教育実践そのものである。

4　教育実践における教育者の権威

ところで、教育の実践は、教育者の権威についてのルソーの説明によればパラドックスの要因から解放されてはいない。彼は「十分に秩序づけられた自由」と「必然性の束縛」について語っている。汎愛派の場合、一方ではそれに賛成し、他方では厳密化の努力に分かれる。この場合「十分に秩序づけられた自由」についてのテーゼは、たとえ『エミール』に対して、また消極教育の自己矛盾に対して非難されようとも、ルソーとのまったくの一致を見出す。つまり「ルソーのこれまでの指令から、一般の読者には十分に秩序づけられた自由へと要請されているものが何であるかということは、そう簡単には導き出されない。他に何か真実があるのか！」[40]。

また、「必然性の厳格できつい束縛」についてのルソーの語りは、彼の議論を厳密にし、まず教育学的に厳密にするきっかけとなる。すなわち、「だが厳密できついものとしてではなく、教育者が言葉と行為によって子どもたちが必然性を感じるように、手助けすることができるかぎり、それは単に避けがたいものとして、子どもたちも自分で多くの厳密できついものを見出すであろうと考える」[41]。他方では、新たにルソーの思考形式が批判される。すなわち「ルソーは必然性を厳格できついものと感じたからこそ、このような考えにいたった。そして、彼はそれと対立したもので可能にするような、もちろん単に理念において可能にするような自由の状態と比較した」[42]。

この点さらに、汎愛派が理論的根拠もなしに、しばしばルソーのテーゼに対して同様に必死になって抵抗する議論が感じとられる。つまり「彼が知った世界との一致は、個々で彼のすべての主張のなかに混合する」[43]とレゼヴィッツは述べている。そしてカンぺやエーラーズとともに、ルソーにおいて教師が生徒から批判される誤りを認識する。「現実の世界のために」何も「役立たず」、また「現実の世界も彼のために」何も「役立たない」人間の

「非難欲」を批判する[44]。しかし、その文章から汎愛派の重要な教育の原則が再認識されるとき、この抵抗は退けられる。すなわち「すべての人間は彼が欲するようなその都度の世界であり、まさにその世界に対して賢明な教育者によって陶冶され、導かれねばならない」[45]のである。

三　汎愛派の思考形式――ルソーとの比較――

以上のようなパラドックスをめぐる論議から、ルソーとは違って汎愛派の思考形式はどのように規定されるのか。テノルトによれば、決定的なのは第一にプラグマティックな動因である。汎愛派は可能と不可能との二元論で図式化しているということであり、ルソーとは逆説的な語りで不可能について語り、まず現実的なものを見、その可能性を信じているということである。それゆえ、啓蒙主義の教育学はいち早く、また議論を判断するための体系的な基準によって理論を判断するための別の基準、つまり実践的な有用性の基準を導入する。そこから、原則的に『エミール』およびその明示的な教育論の教育学的意義についての特徴的な判断が生じる[46]。

「しかし、ルソーの方法は使用することができるのか」という問いに対して、ヴィヨームはすでに最初に、原則から見て「全体的にも部分的にも私はそうは思わない」[47]と答えている。ルソーは実践家にとって説明と解釈を必要とした。そして理論の「提案」に対するルソー自身の妥当基準――第一に「提案の絶対的な価値」、第二に「遂行の容易さ」[48]――に、トラップとカンペは別の基準、すなわち「遂行の絶対的な可能性」[49]を付け加える。

ルソーと汎愛派との類推的な比較は、さらに彼らが人間の完成の可能性を説明し、教育過程における理想の役割を説明するところで示される。ルソーの極端な要求に対して彼らが思うことは、「賢明な教育者は完全性の理想に注目するが、それを達成しようとする目標にはしない」[50]ということである。そして「賢明な教育者」の思考様式のなかに、教育のつねに新しい挫折の日常的経験ならびに教育者の弱さや誤りの避けがたい事実だけでなく、体系的にも確認されることは、「われわれの職業上の仕事の成果」は、単に教育条件の体系的な統制に依存しているだけでなく、「幸福にも」依存しているということである[51]。

そのような判断を根拠づけている体系的な前提を求めるとき、汎愛派の暗示的な理論、とりわけその教育学的、社会学的カテゴリーがより明白になる。とくにヴィヨームは「有用性」と「完全性」の対立について議論するとき、それを簡潔に定式化した。すなわち「私はここで人間性の分け前ではない、いかなる絶対的な完全性についても語っているのではないということは明らかである。一切は人間性において、またあらゆる創造物において不完全な仕事であり、部分的な完全性にすぎない」[52]。この「不完全な仕事」の理論は、汎愛派の議論をルソーの社会理論的観点（後の陶冶論的解釈）と区別するだけではない。それはまた、今日まで一般的論理において認められている思考様式、例えば完全性は漸進的であるという仮説を認めている。

ヴィヨームは、ここで明らかに「完全性の程度」[53]について語っている。その結果、矛盾を取り扱い、それを教育学的行為の姿のなかで、また日常経験のなかで根拠なしに、あるいは誤った妥協のなかで止揚した『エミール』の一節に対するコメントもまた、そこで同様の厳密さを獲得する。極論の拒絶[54]、期待の和解ないし矛盾の兆候への服従[55]、ルソーの場合に統一されない教育の目標はあらゆる経験によって「多少なりとも」[56]達成されるというテーゼは、この体系的な説明が考慮されるとき理解される。つまり現実が「不完全な仕事」以外の何ものでもない、ということが考慮されるとき明らかになる。それゆえ「矛盾した思想」と「パラドックス化」との違いは、一般的な説明や期待を示しており、現実の可能性の違いをも示している。

したがって、ルソーと汎愛派を分けるパラドックスに対する注意はそれほどではなく、いかにして認識過程においてまず避けがたいパラドックスによって取り扱うか、という問いが重要である。ルソーとともに汎愛派は、確かにパラドックスの積極的な評価を受け入れる。すなわち「人は思考するときパラドックスをつくらねばならない」。それはまた、この思考様式の落とし穴の前にある。「だが、パラドックスをつくることを決して考えてはならない」[57]。

汎愛派にとってパラドックスはカントの場合のように第一に発見的機能をもち、パラドックス化の議論は、それと出くわさざるをえない困難さ、日常的理解、——または矛盾を熱望した理論家——を導く賢明さと、もはや出くわすことのできない困難さに対する間接的証拠である。彼らはパラドックスを取り扱うなかで、同時に通常の思考や理論形成を誘発する経験をもつ。しかし、彼らはパラドックスを「見せかけの矛盾」として解消し、連結行為を開放し、それを取り扱い可能なものとして解釈することを疑わないようにする。そのことは汎愛派にとって「矛盾」や「パラドックス」を生み出す歴史的、教育的、社会的、思想的条件を評価のなかに引き入れることによって達成される。しかし、それはただ分け前としてであって、必然的なものとしては示されない。だから教育的世界を別のものとして表現させる。また、諸々の現象をパラドックスとして示す条件を証明することによって、これらの条件のなかで保存された諸現象、「見せかけの矛盾」が形となり、しかも多少なりともそれが教育や政治のなかで脱パラドックス化を認めるのである[58]。

したがって、テノルトも指摘するように、社会理論的観点と教育理論的観点の二つの観点において、この問題の入り口は経験論的である。しかし、それは非理論的な意味で経験的なのではない。理論、仮説的な前提、そして経験は、汎愛派にとって一つのまとまりになっている[59]。ルソーが拒絶し、啓蒙の教育学者たちが自負する「システム精神」だけが彼らに認識を形成するのではなく[60]、仮説と観察がはじめてシステム要求と共通することになる。ルソーの「観察」[61]のための弁明に対して、彼らは「観察における欺瞞」[62]に対して覆いをかぶせる理論の補充的な役割を強める。根拠づけられた経験は、そうでなければ不可能だからである。つまり「入念に観察され、比較され、抽象化される。——そして最終的に事物の本質的な関連に適合させる」[63]。この認識の方策もまた「不完全な作品」であり、方法的に、また経験をとおして繰り返し改められる。その結果、「自然」もまた、ルソーが推し進めた足跡をいっそう残すことができる[64]。

汎愛派にとってパラドックスは、一方では純粋な問題や教育学的課題にとって間接証拠であり、他方では経験の形成への動因である。それは諸問題との賢明な交わりへのきっかけを与え、また自己の要求の目盛りを促進させる。パラドックスによって、それらは活動へと鼓舞し、その矛盾から逃れることはできない。結局、その思考形式から、その都度の背景となる仮説はさまざまであり、人間学的にも社会学的にも異なっているということである[65]。ルソーの自然概念は、彼の社会理論と同様に変わらず繰り返される。すでに汎愛派は人間や社会に対する期待の悲観主義を決して再生することはない。だが、それにもかかわらず、進歩の可能性に対してナイーブでもなく、所与の社会的状況に直面して信頼に満ち溢れているのでもない。その違いは、彼らが予期せぬ強制や期待に与える形成可能性の程度、行為への意図ないし批判の強調の意図、また理論家の未来に開かれた教育学的態度ないし文化批判的態度にある。

四　汎愛派の教育学的帰結

以上のようなパラドックスをめぐるルソーと汎愛派との対比から、いかなる教育学的な帰結が導きだされるか。従来の陶冶論的立場からのルソー解釈、とくに市民社会の概念と主体の概念との矛盾の先鋭化された解釈に対して、汎愛派はパラドックスとの交わりのなかで固有の戦略をとる。彼らによれば、教育者は経験に対して開かれているがゆえに、ユートピアに対しては懐疑的であり、十分な根拠をもって社会の現実に即応する。パラドックスにおける思考は、科学と現実の今日支配的な構造論にも相応しており、矛盾のレトリックの古い精神以上である[65]。パラドックスは経験に対して、また脱パラドックスのモデルに対して感受性があり、開示的である。それは教育学的活動の自覚を促すのである。

ベルンフェルト（Bernfeld,S.）によれば、教育の難しさは相互作用そのもののなかで経験される。彼はそれを解きがたいものとして取り扱うことなしに、二律背反と称した。つまり、「子どもの正当な意志と教師の正当な意志とのあいだの二律背反は、いかなる教育学も解体しない。それはむしろ二律背反において成り立つ」[66]。それゆえ、二律背反の取り扱いのモデルは、啓蒙主義の精神に基礎づけられている。というのは、それは「真の熟考」にこだわるなかで、教育学的活動形式と具体的な成果とのあいだの違いを強調するからである。その方法の正しさは、「それによって解明され使用される」[67]モードによって判断される。「だが、その結果は心理学的一致であるかどうか、両者の対立の一部のなかに子どもが最終的に自由意志で肯定した心からの貫徹となるかどうか、あるいはそれが子ども意志の支配と彼らが拒否した芽生えた意志をとおすことであるかどうか、ということが本質的な区別である」[68]。

それゆえ、テノルトによれば教育学的活動の行為的意義の理解は、第一に教育とその理論の啓蒙主義的な解釈のなかに見出される。その批判者たちがそれをどのようにして尺度にするか、ということに対する課題設定、つまり「主体としての人間の実践的な体制を可能にする条件の反省と構成」は、啓蒙主義教育学にとってほとんど受け入れがたいであろう。彼らは単に概念的な厳密化を問うだけではない。というのは、「反省」と「実践的構成」は単純に原則にもたれ高められねばならないだけでなく、またその解決は単に学理論的あるいは「先験哲学的」であるだけでない。陶冶論的な「普遍性」よりもわずかに、彼らは解決を経験に、つまり心理学、社会学、そして実践に求めたのである[69]。

パラドックスの描写の光のなかの教育は、なるほど「不可能」であり、少なくともその結果は教育学者がそれを描写する次元において「非現実的」（エルカース）である。経験は陶冶論的に現実と可能性の違い、「肯定的」ないし「批判的」な教育学的活動の違いを確立し、獲得されうる勝利へのモデルに従って獲得された現実を批判するためにのみ用いられる。それに対して、現実のパラドックス的な転嫁は、啓蒙主義の範例に従って単に所与の現実をすでに自己の業績として、つまり脱パラドックスとして認識するだけでなく、二者択一を見、あるいは発見することを求める。確かにそれは「不可能」ではあるが、おそらく教育の所与の変化よりも、より「よい」ものであろう。そのときは、もはやすべては達成されないが、しかしよりよい教育を閉め出しはしないのである[70]。

以上、汎愛派のルソー受容をとおして、従来の陶冶論的立場からのルソー解釈とは異なる新たな固有の立場が明らかにされた。とくに、ルソー解釈を中心としたパラドックスをめぐる論議から、新たな教育学的立場、すなわち経験論的に方向づけられた教育学的自覚の立場が開示された。それは汎愛派の教育学に対するこれまでの評価の根本的な見直しを迫るものである。

第三節　汎愛派の教育学構想――カンペを中心に――

周知のように一八世紀の哲学は、その形而上学との断絶以後、認識論を子どもの悟性の発達と人間の認識能力の生成論のための発見的原理として使用した。その経験論的ないし感覚主義的研究の構えでつくられた「子ども」像は、原則および事実を提供するだけでなく、その再建の検証のためのメトーデ（方法）を同時に含んでいた。だから「自然的悟性の発達」の仮説は、「自然の教育」のための、また教授と学習心理学のための方法的原則を獲得する準備をした。汎愛派は、子どもについての観念から教育プログラムを導き出すことによって、思弁的に生じた「モデル」を発見的に、また規範的に用い、さまざまな理論的端緒のなかで展開された認識と道徳的陶冶における「自然の歩み」（Gang der Natur）の構成要素にした[1]。

ケルスティンクによれば、教育・教授学理論とその方法を汎愛派が一目で発見したように、ドイツの思想財はライプニッツ・ヴォルフの後継のなかにイギリス的、フランス的思想財を混合した。バゼドウ以後の汎愛派の論争は、――人間学的相違を超えて――三つの陣営を認識させる。すなわち第一に、フランスから強く影響を受けた方向であり、ヴィヨームとトラップがこのサイドの構想を代表した。第二に、イギリス・スコットランドの理論の受容をとおして、ドイツ哲学および心理学の強調によって極印づけられた端緒があり、そこからカンペは出発する。第三に、さらに発展して、美学の回帰のもとでシュトゥーフェの個人的完成の構想である[2]。

このように多様に分散した構想のなかで、汎愛派の教育学は子どもの精神的・道徳的発達を研究するために、ヴォルフの経験的心理学とロックの認識論から出発する。汎愛主義教育学は、ロックをはじめとする近代合理性の担い手であり、その執行者として理解されている。しかし、そこにはすでに批判的端緒も含まれていた。とくにカンペの『総点検』において「第二のロック受容」と後期ルソー主義の影響のもとで、新たな展開が見られる。

そこで、これまであまり取り上げられていない汎愛派のロック受容とその批判、ならびに「第二のライプニッツ受容」をめぐって、その最も特徴を示しているとみなされるカンペを中心に、汎愛派の教育学構想の特質を明らかにしたい。

一　汎愛派のロック受容

『総点検』の段階で、イギリス経験論の哲学者ロック（Locke,J.,1632-1704）はライプニッツと並んで最も重要な情報提供者であった。彼の影響は、とりわけ『人間悟性論』（Essay Concerning Human Understanding,1690）に基づいていた。その機械論的な観念取得の根本仮説は、『教育に関する考察』（Some Thoughts Concerning Education,1632）をも基礎づけた。「実践教育者の会」は、彼らの先駆者ロックのこの著作を『総点検』第九部に組み入れた。

この第九部の編者であるカンペは、この教育書のドイツ語訳を刊行するに当たって、その序文で次のように述べている。「私が教育制度の総点検のための計画のなかで（第一部のための序四八—四九頁）示した理由に従って、私はここでロックの教育書の新たな翻訳と、それに私の大切な協力者と私自身の説明的、規定的、校正的なコメントを付けて提供する」[3]。

この序文の最後を、カンペは四年前にこの企画を公表した言葉で締めくくっている。

「ロックとルソーは、最新の教育哲学者のなかでも疑いなくその教育論の構築が最も広く周知の、最も多く読まれている教育哲学者である。二人は明らかに今日なお根本的な教育の知見を獲得することが中心にある一切に貢献する。この尊敬すべき人たちが、われわれの先駆者である。彼らは道を作ったのであり、私たちは別の道に従ったのである。だが、すべてにおいてその決定的な才能、それは私たちと同じ人間であった。私たちと同じく誤りを犯すこともありえたし、現に誤りを犯した。そして、後生の人々がわれわれの理解の不十分さと誤りに注目し、改善するであろう。私たちは先駆者の理論のなかに、不十分で誤った内容だとわかるものを自由の勇気をもって示すことができるし、また示さねばならない」[4]。

この第九部の批評で強調されているように、ロックの著作は「かつての世紀、そして世紀全体を通して、単に著者の祖国においてだけでなく、啓蒙された全ヨーロッパにおいて、きわめて顕著な一般の賛同のなかで読まれ」、そして「とくに多大な善」に影響を与えたので、その結果、敵対する「新しい」教育学の評判を高めることになった。この「古き名声」を価値あるものにするために、この「先入観」は「ここでは非常に救いであり、われわれの時代にある程度必要である」[5]。

ロックはたとえ彼の教育書を貴族（紳士）のために編んだにせよ、それはブルジョア的観点のもとで受け入れられ、ドイツにおける発展状態と比べられる。この『総点検』のなかで、教育に関するロックの著作にコメントが示されている。そのなかで、カンペ、フンク（Funk）、ゲディケ、レーゼヴィッツ、シュトゥーフェ、トラップ、独語訳者ルドルフィー（Rudolphi）、仏語訳者コスト（Coste）によって受け入れられたさまざまの原則からのコメントは、ロックの合理主義的な機械論的、合理的な解釈と対決した[6]。

周知のように、ロックの経験論の哲学は、これまでの形而上学的、封建的な依存性から解放されたブルジョア的理性から出発する。彼は経験論的理性に人間認識の構築と有効範囲を制限し、その前提として、人間精神の観念をタブラ・ラサとして設定する。「こころはいわば文字をまったく欠いた白紙であり、観念は少しもない」[7]。そして、いまや漸進的な観念取得の証明のために、子どもの悟性と道徳的発展に立ち戻ってとらえる。人間のあらゆる認識は、経験によるものであるとすれば、このエッセイは子どもの発達の観察ないし悟性と徳の実験的再構築と習慣化への導きとして読み取ることができる。では、「子ども」の構築と悟性および理性の生成はどのように見られるのか。

「経験に私たちの一切の認識は根底をもち、この経験から一切の知識は究極的に由来する。外的、感覚的事物において行われる観察にせよ、私たちの自ら知覚し内省する心の内的作用について行われる観察にせよ、私たちの観察こそ、私たちの知性への思考の全材料を提供するものである。この二つが知識の源泉で、私たちのもつ観念あるいは自然にもつことのできる観念はすべてこの源泉から生じるのである」[8]。

ロックは『人間悟性論』のなかで生得観念に対する論拠を述べたとすれば、『教育に関する考察』において、人間はいかなる仕方で数多くの一般的な真理の認識にいたるか、その道（方法）を示した。知の理論的、演繹的分析に代わって、人間認識の産出と再生と制限が問われる。それゆえ、出発点を成すのは、タブラ・ラサとして設定された抽象的（ブルジョア的）理性である。それは子どもの発達の自然的所与の始まりとみなされる。

子どもの精神は、たとえタブラ・ラサのメタファによって外的世界の印象に無防備に引き立て役として記述されようとも、ロックはある種の選択のメカニズムを仮定する。つまり感覚的知覚、認識することは、快、不快によって操縦される。それをロックは合理的原理に組み入れる。『教育に関する考察』の第二版において、それは不快を避け、不快を終わらせるために役立つことを厳密に規定している[9]。知覚は、いまや経験論によってあらかじめ与えられていない、獲得されていない思考のカテゴリーに従って取り扱われる。

ロックにとって、タブラ・ラサは二重の機能を果たす。一方では、いかにして悟性は――不快を避ける原理によって導かれて――経験によって獲得された表象を結びつけ、秩序づけ、比較し、判断するなど、合理的に所与のカテゴリーに従って取り組み、知識を獲得し、現実を再生するかを示す。他方では、それは子どもの社会化と教育の「場」である。ロックにとって、「理性」のカテゴリーによって飾られた子どもは、その「無邪気さ」(タブラ・ラサを意味する) のなかにあり、また「知へのひもじさ」をもっている。それは教育問題に対するロックの関心を説明する。だが、社会的条件のもとで、子どもはその法的、知的、道徳的未成熟のあいだ、理性と徳の外的導きを必要とするであろう。

いまや、教育学的、汎愛主義的議論にとってふさわしいロックの根本仮説が確保される。子どもに帰属し、対象の側から分離した推進力は、親と教育者によって始められる精神の印象に、形而上学的に空白の板ないし蝋の塊に使用される。「私たちの柔らかな子ども時代、ほとんど注意されないささやかな印象は……非常に重要な継続的な結果になる」。その誤った教えは、容易に修正できない偏見を引き起こすことがある。もちろん、最初の配慮は教育者の選択に基づいている。その際、認識ないし学習は、「現実経験の逆戻りとして遂行される」[10]。

ロックによれば、人間は現にあるほとんどは、この学習過程、社会化の意味での教育のおかげである。彼ら(子ども)がこの世に生まれたときの無知を克服するために、自然が準備した偉大な道具は、子どもの好奇心である。認識論的な前提に従って、教育者は子どものなかに想定される衝動を知の獲得のために、またその範疇的取り扱いのために機動的に保持し、練習によって習慣化することを課題とする。

ロックによって示された機能的、発生的な自然的理性の発展の道と子ども像は、汎愛派にとって自然の教育のために一つのモデルとして役立つ。実験主義的な諸条件によって、つねにまた個人的、社会的な制御空間である子どもの「美しい空間」を付加的に設定する。それにもかかわらず、ロック教育論の教育学的応用から点検は始まる。カンペの「教育学協議」(Pädagogische Unterhandlung)、とくに『総点検』によって、ロックの機械論的構想および機能的な人間像は修正されることになる。

二　ライプニッツのロック批判

ライプニッツの『人間知性新論』(1704, 以下『新論』と略す)は、ロックの『人間悟性論』に触発されて書かれた架空の対話編である。この著作のなかで、ライプニッツはロックの理論を批判した[11]。それは汎愛派の新たなライプニッツ受容を呼び起した。それはスコットランドとイギリスの道徳哲学――F・リードを代表とする常識学派と呼ばれる――を受け容れることによって準備された。ライプニッツに対する新たな関心へと導いたのは、ロックの合理主義的議論が人間の個性的なものを無視したということである。『総点検』のなかで、シュトゥーフェとゲディケはこの立場に関係するが、カンペその他の点検者の場合、ヘルダー(Herder,J.G.)の場合ほど批判はラディカルではなかった。トラップはつねにロックを近代教育学の代表者とみなした。

カンペの『総点検』において教育に関するロックの著作に対するコメントが示されているが、そのさまざまの原則からの解釈は、ロックの機械論的、実証的な教育理解と対決する。一部は、彼らの著作をルソーとライプニッツの影響のもとに「人間学化」し、一部は実用主義的構想を修正した。ゲディケは個人と国家の有用性と社会的有用についてあらゆる熟考に向けて、いかに教化されねばならないかを強調した。

ケルスティンクによれば、ライプニッツの新たな受容によって、汎愛派の若干のものはロック（コンディヤック）の合理主義的、心理学的理論を放棄した。子どもの精神は「外から」の影響によって刻印づけられるという仮定に、子どもの自己活動的な形成過程の人間学的構築は対立した。ライプニッツの新たな受容以前に、観念の成立を物質的に身体において証明しようとするボネ（Bonne）の試みは、模範的な影響を及ぼした。このような哲学的構想の叙述から、『総点検』におけるさまざまの立場が規定される[12]。

ライプニッツにとって決定的であったのは、教育学的知見や実験主義的提案ではなく、一七六五年の遺稿のなかから発見された『新論』（Nouverauk,1704）におけるロックとの認識論的対立であった。ロックにとって、感覚的知覚は、自覚と並んで経験の一つの道である。ライプニッツによれば、感覚は「われわれの現実的認識のすべてにとって不可欠であるが、現実的認識すべてをわれわれにもたらすには十分ではない」[13]ということである。「感覚から生じる観念は混乱しており、同様のものは少なくとも一部はそれに依存している真理に当てはまる。一方、知的観念とそれに依存している真理は明白であり、双方ともその根源が感覚にあるのではない。もちろん、われわれは感覚なしには決してそれを考えることはできないが」[14]。

ロックの経験論の立場、つまり「あらかじめ感覚のなかに存在しないものは、知性におけるいかなるものでもない。知性そのものの外にある」[15]という立場に対して、ライプニッツは応えて、まさにロックにとって「感性的知覚にその根源をもたない」観念は、反省から生じる。「反省とは、われわれの内にあるものをわれわれに与えはしない」。精神のなかに、否定しがたく非常に多くのものが存在する。「というのは、われわれはいわば、われわれ自身生まれながらのものだからである」[16]。われわれのなかに存在するであろうものは、「存在、統一、実体、持続、変化、活動、表象、快楽、およびわれわれの知的観念の他の多くの対象」[17]である。あらゆる人間は、ライプニッツにとって個人的な思考および潜在的な存在形式を意のままにする。

真理を認識するためには、人間は外部の世界の知覚に依存しない。単子には窓がない。むしろ単子は「必然的な真理の源泉」[18]を自己自身のなかに所有する。ライプニッツの関心は、それゆえ「われわれのなかに存在するところのものの明白な知覚に向けられている」プラトン的な想起を、彼は「精神のなかで知識は上位にあるのではなく、ただ存在するにすぎず、だから目覚まされねばならない」[19]という仕方で変質させた。われわれのなかにある観念を意識させることは、「一定の注意と秩序に依存している」[20]。感覚の対象に対する注意の序列は、子どもにおいて「純粋な感覚的なものから解放された思考にいたるまで『身体』の要求によって導かれる」[21]。

「なるほど子どもや未開人は慣習によって変質を被ることの少ない精神を持っているが、それに注意を与える精神的陶冶によってその精神が高められることも同様に少ない。きわめて輝かしい光が何の役にも立たず、濃い霧に包まれた精神のなかでいっそう輝くにちがいないとすれば、それは正しいことではなかろう」[22]。

ライプニッツの自覚心理学的な観点において、子どもはデカルトにとってと同様に、欠陥ある状態である。単子に内在する生命力は、曖昧な混乱した知覚の段階を明白な表象によって次第に克服することである。「混乱している印象深い感覚の欲求」[23]を超えて、精神に勝利を手助けするために、教育と陶冶を要請する。完全性の過程は、無限に小さい、注目されない、見過ごすことのできない歩みにおける知性と理性が成長して表現される。予定調和の基礎のうえに、それはいわば文化における進歩を意味している。

ライプニッツにとって精神は単に受動的な状態ではなく、能動的な状態である。彼の理論の中心にある単子を、彼は力点と理解する。その表れを能力心理学的に記述するこの力を、彼は実体として規定し、ロックによって避けられた形而上学を確保する。実体として把握する力は、彼にとって自己活動的な、完全性に向かって努力するあらゆる力の均衡のとれた調和的な発展を考えることを可能にする。単に認識論的に理性の発展に対してだけでなく、人間の自己発展に対しても、ライプニッツはタブラ・ラサの表象を批判し、それに代わって石目（Adern）によって刻印づけられた大理石の塊の喩えを選ぶ。というのは、「空虚な食事」も「まったく固有な大理石の塊」も個人の潜在的能力を含んでいないからである。

「だが、もし大理石のなかに他の形態を示す以前にヘルクレスの形態を示す石目が存在するならば、この大理石はそれより近くに置かれ、ヘルクレスはある意味で生まれながらに、たとえ作業が必要であろうとも、この石目を発見し、それに磨きをかけ、それを妨げる一切のものを遠ざけながら判然と際立たせるであろう」[24]。

大理石の塊の石目と同様に、前もって形成され、「われわれにとって観念や真理はこのように生得的性向、素質、能力として、あるいは自然の諸力として与えられるのであって、この諸力はいつもそれにふさわしい確かな、しばしばあまり注目されない活動として伴われているのではない」[25]。

教育者は、あらゆる単子のなかに存在する可能性を発見し、その発展を支えねばならない。個人的な完成は高度の発展を意味するのではなく、現存の素質や能力の個別化の形成を意味する。創造者に代表される最高度の完成にかかわり、それは相対的である。単子の関係は、相互に彼の側で次第に違いを示す。とりわけヴォルフによって、さまざまな付加的に把握された能力を統一的に、思考、意欲、感情の審級のうえに構築された発展構想へと結合することを、シュトゥーフェは以前の汎愛派に求めなかった。カンペにとって、能力的、心理学的端緒は、その不十分さにもかかわらず、その新しい陶冶理論の定式化のための前提となっている。

三　第二のライプニッツ受容

ライプニッツの新たな受容――ケルスティンクによれば「第二のライプニッツ受容」――によって、汎愛派の若干のものはロックの合理主義的、心理学的理論を放棄した。カンペはライプニッツ哲学を『総点検』のなかで始めて置き換えることができたときでも、すでに一七八〇年に編者のヘニンク（Henning,A.）に、もはや英国人ロックが出した「つまらない料理の味見」をさせなかった。そして「祖国の哲学」とその「不可思議な、かつての時代の作品」を想起した。

「あなたの哲学的試論を読んで残念に思うことは、祖国の哲学の領域を拡大することに生まれながらに準備されているあなたのような人が、それをなお決して骨折りがいがないとは思わないが、その地理学によって、またかこの驚くべき作品によく周知させ、英国人ロックが食卓に出したつまらない料理を好んで味見させることである。私はあなたが私の再度の見当違いの告白を決して悪く受け取らないだけでなく、さらにあなたが私に唯一の正しい時宜を得た懇願を守ろうとするとき、感謝される（?）ということを確信します」。つまりライプニッツの不滅の作品である『新論』“Nouveraux Essais”は、「ロックの書物についての改善されたコメントであるが、あなたがロックを研究してきた正当な著作をまだ読んでいないことをどこから知るだろうか」[26]。

ライプニッツは現実的に潜在的知覚から区別し、あまり注目されない精神の不断の運動をとらえた。自ら眠り、夢あるいは無力のなかで、ロックの場合に「不安」によってのみ捉えられる認識とは違って、ライプニッツの構想は、活動的な精神の力によって連続的な知性および性格形成を基礎づけた。このような理論が示唆することは、つまり「われわれの過去の思想から残されているもの、またいかなるものも決して再び解消されない」[27]。汎愛派は、彼らが子どものプシケーとの交わりのなかで慎重さを求めたとき、ここから出発した。というのは、初期の害が繰り返されることなく、生涯にわたってある種の負担を負わせるからである。

道徳的認識と「人間性」に対して、ライプニッツはもちろん、いかなる「先天的原理」も知らない。「否、それに現に有するものはあるという命題のほかに、一般的でかつ速やかな同意によって決定されるような道徳の規則を示すことは、とても難しい」[28]。道徳は証明できない原理を意のままに用いる。「本能」によって快を求め不快を避けることは、その最初の一つである。

「というのは、幸福とは持続的な喜びにほかならないからである。しかし、私たちの傾向性は、ほんらい幸福にではなく、むしろ喜びに、つまり現在的なものに向かう。それに対して、未来や持続に向かわせるものは、理性なのである。ところで、傾向性は知性によって表出され、教訓ないし実践の真理になる。だから、傾向性が生得的であれば、実践の真理もまた生得的である。知性のなかで表出されないものは、何も魂のなかに入らないからである」[29]。

それゆえ、傾向性から生じる実践的真理が理性的態度に対する根拠になるとき、それは先天的な状態をもつ。というのは「本能に結びついて一つの原理であるものは、自然の光に結びついて何か一つの帰結でありうる」[30]からである。この熟考は、M．ウェーバーによって考察され、また汎愛派によって想起された思考と行為における長期間の展望の貫徹のための前提になっている。ライプニッツによれば、道徳科学はクルジウス（Crusius）や汎愛派とは別に、予定調和の観念に従う。

汎愛派の第二のライプニッツ受容にかかわり、単に通俗哲学についてライプニッツの思想財にかかわるだけでないかぎり、以下の四つの定律は教育者の援助によって形成される理性にとって重要である。すなわち、（1）活動的な自己発展の仮説、（2）個性的素質の強調、（3）初期の心的印象の消し去りがたさ、（4）文化的進歩のための前提を成す近くの連続性である。単子論によってニュートンの均衡（バランス）概念が人間に移行される。そして、人間における自然の形成を要請する。とりわけカンペは、そのような理性に導かれた「自然」の教育の代弁者になった[31]。

ところで、バゼドウの仕事を発展させた機械論的な観念取得に方向づけられた端緒から、すべての汎愛派は源を発していた。点検書において、彼らはそれと批判的に対決する。しかしトラップは、このような把握をライプニッツの再受容の特徴のなかで凌駕したときでも、修正しなかった[32]。それゆえ彼は、点検書において教授理論、古典的言語学、そして制度化の問題に関する論文を特徴的に把握した。トラップは彼の友人たち、とくにカンペとのコンセンサスのなかで、フランスにおける政治的解放を熱烈に歓迎した。

トラップは彼の理論的立場を、ハレ時代のあいだに『教育学の試み』（一七八〇年）のなかで定式化した。つまり、そこでは、彼は「人間自然」と「人間社会」を教育の原則を打ち立てるための根源として考察した[33]。彼の機械論的構想によれば、人間の受容的な魂に外から作用し、内的自然を機械として——かぎりない観察と実験のなかで進むプロセスとして——完成させるべきであった。ロックとコンディヤックの発生的認識論とその分析的方法に基づきながら、経験と理性の自然科学的探究は、方法的に見れば一つの体系的な教育・教授理論への厳密な導きであった。そのように学習論というものは、あらゆる「目的疎外的」になされた、力と時間を浪費する要素を回避し、排除することによって効果的にし、「われわれの教育における革命、それによるわれわれの習慣と政治的な方向における革命」[34]に影響を及ぼすことができた。

ロックのタブラ・ラサとしての子どもについての観念（その際、ロックはこの空虚な白板でもって、罪や偏見から解放され、ただ精神的・道徳的気質のみを把握する）、およびコンディヤックのある状態の像と区別して、トラップは彼の方法を根拠づけるためにある有機的なメタファーを選んだ。つまり、「子どもは若木と同様に求められた姿に従って成長させられる」[35]。「求められた姿」にすべて従ってか。人間自然が曖昧で本能に縛られたものとみなされるとき、それがトラップにとって善でも悪でもないとき、進行する教育の「メカニズム」が人間を改善に導くか、悪化へ導くかは、最初の素質、人間を互いに区別する資質の知識による[36]。トラップは、悟性と心の探究は、身体の探究よりも方法的に難しいととらえる。とりわけ彼は「実験物理学」との類推のなかで、発展した「実験心理学」の誤りを遺憾に思う。まさに占領的に、彼は「自然の教育」の合理的に考えうるモデルを、とりわけ自然科学的・実験的導きを教育学的「実験」（試み）にまで企てることによってつくり上げようとした[37]。

トラップは、とりあえずの体系をバゼドウの作品の仕上げである初等教科書の形でつくることができると考えた。そのような作品は、「正しい」教育における指導にとっても、実践のなかで検証された教育学理論の仮説としても役立った[38]。同時に、子どもの教授や作業のあらゆる対象やあらゆる方法を含み[39]、子どもや若者の観念、感受性および気質を考慮し、実験をも基礎づけることができるのは、まさに「教育学の身体」でなければならないだろう[40]。その操作的で論理的構成のなかで、トラップは子どもに「拘束服」を着せた。なるほど幸福、健康、快適な感受性への努力は人間学的な構成要素とみなされたし、子どもの感性は回復されたが、トラップは両者をなおデカルト派の二元論をなお拘束する構想のための推進力となる要素として、つまり効果的にはたらく「道徳的機械」人間の陶冶としてのみ機能化したのである[41]。

それに対して、カンペは点検書のなかで、第二のライプニッツ受容に基づき、ルソーの自然による教育の観念と対決する人間学的研究プログラムに権威をもたせようと試みた。カンペは、自己活動的で個人的な形成過程から出発する。なるほど彼もまた「対象」を解明する機械について少なからず考えたが、決定的なのは有機体を純粋な機械主義から区別し、人間の自己完成と人間性の進歩を可能にすべきいける力であった。すべての汎愛派は「積極」教育の要請を確保したけれども、エミールの受容は、悟性と理性の自然的発展、およびその自己修正を促進した。カンペはルソーの存在論的に善なる自然に従った[42]。

反機械論的な観点に基礎づけられた経験論的教育は、いまやとりわけ個人における自然の目的論的作用を支援し、妨げ、あるいは改変しようとした。それゆえカンペは、例えばルソーのパラドックスと対決し、教育において時間を失うことは、時間を獲得することを意味した[43]。教育の歩みに内在する時間のアスペクトを正当化する「時間化」は、ルソーの二局面的モデルもバゼドウの証明コンセプトも修正する。かくしてカンペは、シュトゥーフェが結局のところ一般的な完全理論を代表したのに対して、自然の発達時期の量的・機能的計算を実際に示したのである[44]。

例えば、人間の道徳的改善と身体のよりよい陶冶を期待するトラップやヴィヨームやヴエッツェルに対して、カンペは身体をまったく新プラトン的に考察した。にもかかわらず、彼はまた感覚器官の身体的構成と形成の強化を道徳的、知的発達の最上の前提ととらえた。その点で、彼はロックが教育書のなかで示したユエナリス的（古代風刺的）なモットーに従った。カンペは弁明し、それを超えて栄養に関する生活様式のために、一般的なコンセンサスが成立した。そして道徳病理学的に（社会的環境の組み入れのもとで）身体と精神のあいだ、ならびに精神的力の範囲内での均衡を求めた。このバランスを、彼は社会的義務づけで媒介しようと試みた[45]。

ライプニッツは、人間におけるエンテレキーの力を実体（それゆえ形而上学的に）として把握することによって、あらゆる力の自己活動的で、完成に向けて努力する発展を均衡あるものにした。あらゆる人間は個人的な思考と潜在的な存在形式を意のままに駆使し、ロックがなお見たように、精神的に、また性格に応じて一様に刻印づけない、という別の帰結を伴って把握したのである[46]。

ところで、ライプニッツにとって魂であったものは、カンペにとって「力」であったとすれば、活動衝動の「自由なはたらき」に入念に注目されねばならない。鎖のシステム、例えばおむつや衣服における監禁に対して、また比喩的、政治的な意味で偏見のシステムに対して、カンペは「自由のシステム」を設定する[47]。子どもの自己活動に対する切実な弁明を、彼は「彼女（母）は若い魂に、しばしばいかなる危険もなく彼女の感覚を自ら選び、彼女がそれをしたいと述べる場合にそれに身をゆだねるために、自由を与えることを惜しまない」[48]という要請と結びつける。母はある新たな習慣を獲得しなければならない。つまり彼女は合理的でなければならず、「意識的」にやさしく振る舞わねばならず、距離をおいた目で子ども自身の自己活動的な発達のための空間を与えねばならない。

そのような母の態度を、カンペはそれが自然の教育に近づくので、とくに初期の子どもにふさわしいとみなす。性格を形成するのはライプニッツ的な petits perceptions、不断の気づかれない変革（それに無意識的なものの表象が結びつけられている）であるけれども、教育技術はわれわれの影響に近づきやすい要因の「判断と導き」に制限されねばならない。それゆえカンペは、この人間学的・心理学的構想と社会学的構想のなかで、バゼドウやトラップがそれを念頭に浮かべたような教育学的・道徳的機械の構成を放棄したのである[49]。

理性自然を道徳的に刻印づけるために、カンペによればいかなる鞭打ちも必要ではない。つまり子どもはそのために「彼自身の無力や完全な依存の感情以外」の「いかなるものもまったく必要としない」[50]ということである。客観的な限界の経験あるいはルソーが述べているように、「必然性の法則」の経験によってのみ、子どもは「自然の秩序」を知るのであり、汎愛主義の自然概念が原則から見て社会的に把握されている。機能的に、実例やまさに強烈な語りによって、両親や教育者の賢明な厳しさや直接の方策によって慣らされて、子どもは理性的で道徳的行為へと導かれるに違いない。彼らはまったく無力を感じることなく、またまだか弱いからだを顧慮されるがゆえだけであれ、彼らの社会的、道徳的な死が早く確証され、身体的な死はそのとき望ましいとみなされるであろう[51]。いかにして病気の子どもと交わるかの観念において、――またルソーの教育者は健康な子どもを要求したことをわれわれは知っている――点検教育学の限界そのものが示された[52]。

道徳教育において、カンペは敬虔主義教育学と人文主義教育学のあいだの危うい綱渡りに着手する。善への懸命な洞察は、ヴォルフ哲学に従って道徳的行為を実現し、このような前カント的な把握を、カンペと他の汎愛派の理論家たちが分かち合った。なるほどカンペが「さしつかえなく、またよし」とみなした感覚と感情を――また彼が愛、感謝、友情といった至福と善行を想起したが――彼は「疾風怒濤」との戦いのなかで（ニーダーマイヤーのカタログ論文参照）下位においた。つまり、「理性のはたらき、明白な理念は、われわれの感覚が力のない活気ない感傷に悪化すべきでないとすれば、先行（しなければならない）のである」[53]。

四　カンペの「自然の教育」の構想

以上、『総点検』における汎愛派の教育学構想について、ロック受容とその批判、第二のライプニッツ受容の意義について考察してきた。その結果、多様に分散する哲学的端緒のなかで、とくにロックの影響を受けながらも、第二のライプニッツ受容を背景にして構想されたカンペの教育論が注目される。そこで、このような背景をもとにして、カンペの「自然の教育」の構想について簡単に見ておきたい。

『総点検』の第二部に掲載されている論文「幼い子どもの精神の最も初期の陶冶について」（Über die früheste Bildung junger Kinderseelen,1785）[54]、カンペは第九部の注釈のなかで言及している。機械論的コンセプトは、とくに生まれて最初の二年間における子どもの扱いについての、母親に宛てた教授学的な示唆にとってふさわしいように思われる。カンペにとって、それは前成説の拒絶によって生じた最初の空間を埋めるために、ライプニッツの端緒と結びつけられることができる。そのほかに傾向的に形式陶冶による社会的功利主義の陶冶の解体が問題であるとき、カンペは多様な能力のなかに現れる力につて、ライプニッツの表象を引き合いに出している。

カンペにとって能力的、心理学的端緒は、その不十分さにもかかわらず、新しい陶冶理論の公式化のための前提をとどめる。カンペは『総点検』第三部に掲載されている「人間諸力のなかで均衡を維持するために必要な配慮について」の論文において、「力」（Kraft）と「能力」（Fähigkeit）の違いを説明した後、さらに続けて次のように述べている。

「個々に記述された派生的な精神の諸力の一切は、いわば自然的諸力の特別の、より高度の変形にほかならないということを述べるのに、それほど聡明である必要はない。それはちょうど、この自然的諸力が哲学的に分析されるとき、根本的には若干の表象力の特別の変形にほかならないのと同様である。だが、私がこの論文の帰結において、あの特別の、より高度の変形を抽象的な力とみなし、特別の名称で呼ぶことを決断しようとしなければ、私が望むほど明白かつ明確に表現するいかなる手段も必要ではない」[55]。

この引用から明らかなことは、カンペは統一化を達成する代わりに、自然的で調和的な発展の構成のために、ライプニッツの命題を「自然的」で「派生的」な諸力と能力の違いをめぐって拡大し、複雑化したということである。このような観点から、カンペは人間の諸力と能力の均衡を維持するための根拠について、次の二点をあげている。すなわち、

(1) われわれが根本的な人間諸力を発展しようとするその練習は、これら諸力の最大限の調和と均衡の実現をめざさなければならないということ。

(2) この条件のもとで、あらゆる根本的な人間諸力の発展は、ある特定の能力を考慮することなく、あらゆる人間にふさわしく、それ自体いかなる害にもならず、むしろあらゆる人にとって非常に望ましいものであること[56]。

この二重の証明を、カンペは「理解しやすい理性の推論」と「一般に知られた確かな観察」をもとに構築する。

そして前者から始める。

「自然そのもの、しかも直接われわれ自身が申し立てる一切は、自然が秩序づけたその意図に、その一切はわれわれの完成と幸福に、あるいはその一つをわれわれの自然的使命に適合されねばならない」[57]。

さらに人間の観察は、二重に矛盾なく教える。すなわち、（1）あらゆる人間における自然そのものは、人間の根源的諸力がそこから発展してくる萌芽に即してはたらく。（2）自然が偶然やわれわれの逆の把握によって妨げられないときでも、ここでつねにある平等な関係ないし調和に置くということである。

「この根源的な諸力は、あらゆる人間にとって人間として見るならば善であるということ、この発展はある調和に従ってわれわれの前に現れる。われわれの帰結の二つの小前提は、解明が必要である。その発展に即して、自然そのものが活動する人間の根源的諸力は、われわれの前述の対立に従っている。つまり、身体的諸力の全体、感性的欲望力、感覚力、想像力、比較力、記憶力、悟性、理性。自然そのものは、この諸力の一切を発展させようとする」[58]。

「われわれの精神の快と不快の感情や気分のあいだの二重の気分の覚醒を見るなかで、人はつねに自然の歩みに近づく。その促進を助けるために、その意図をたどる。その導きのもとで、……あらゆる不快な気分を排除する。……だが、自然そのものによって開かれた何らかの制度の直接的な結果である意図もまた求める。……自然はまったく善き正しい道であり、彼らの母の道に委ねることをだれにも後悔させない」[59]。

カンペが「自然の道」ないし「自然の歩み」としてとらえた「自然の教育」は、具体的にどのように展開されるのか。カンペはルソーの「自然の教育」について、自然は「あらゆる堕落なしに改善する」[60]という文章において注釈する。しかし、教育者は状況に応じて「生徒の完全性とその市民的有用性、あるいは必然性の犠牲」に供せざるをえない。教育者は外的条件を変えることができないとすれば、彼は生まれつつある害を心配する必要はなく、このうえない純粋な良心をもって仕事に歩むことができる。

「自然の形成は、つねに公然たる真の完全性をめざす。それはいかなる不完全によっても買い取られることもない。言い換えれば、自然は公然たる現実の形成において作用する。いかなる唯一の否定でもない。それは弱めることはなく、強化する。それは何かを歪めることなく発展させる。それはあらゆる歪み（堕落）なしに改善する。個々に観察が証明することができる数多くの実例がある」[61]。

「若者が経験を積み、緊急の自然の要求により熟考へ、自己活動へ、あらゆる試みへと駆り立てられるとき、それによって彼は賢明になり、その精神力は発展する。彼の神経組織は弱められ、意気消沈し、憂鬱になり……」[62]。

もちろん、新人文主義的観点からブラウンシュヴァイクの家庭教師ヴォス（Voß,C.D.）は、カンペの立場と対決した。しかも作者不明で出版された著作『カンペ氏の断篇、真理と健全な理性の友に告ぐ』（一七八七年）という著作の注釈において、つまりカンペの論文「子どものあまりにも初期の形成の有害について」（Über die größe Schädlichkeit einer allzufrühe Ausbildung der Kinder,1786）と対決した。カンペはこの論文のなかで、自然による初期教育に大いに賛同し、社会的、職業的教育の開始を計算のうえで確定した。この実利主義は、ヴォスはもはや認めない。「いまや、著者が自然の方法の中止を見出すだろう時点を定める際に、ためらいながらまさに疑われる」[63]。

ヴォスは、カンペが──詳細な引用で──「まったく無視した」ことを憤慨する。きわめて純粋な確信から、子どもは他の顧慮によってより完全にするために、ある顧慮によって悪化しうるということである。ヴォスは自然による教育を否定するだけではない。それはいわゆる粗野な子どもの実例を示すからである。知性の力のいかなる発展も、期待されていないからである。彼はまた、「ドイツの最も有名な教育学者」が「科学的な知識の集積をただ学術への要求だけで裁くとき、知性陶冶の制限された見通しを批判する。若者はまさに危機に対しても準備され、まさに学術的な教授の限界に導かれるべきだとすれば、まさにある仕事の退屈な管理に急いで送り込むより以上に、多くのことを彼はここで学ぶであろう」[64]。

その際の基本的な原理は何か。この点について、カンペは『総点検』第二部に掲載された先の論文のなかで、ライプニッツ受容をとおして見出された「自己活動」の原理について、次のように述べている。

「あなたが子どものために考え、語り、行うことではなくて、まったく子どもが自ら考え、感じ、知覚し、行動することが、彼の精神の能力を彼の身体の諸力と同様に発展させる、ということである。子どもに注ぎ込まれる一切は、知恵にとって精髄であろうとも、彼の精神や心情にとって役立たない。骨髄と血にはかえられない。健康と精神の力を促進する実りある感覚と認識にはかえられない。自己活動（Selbstätigkeit）――おお、汝は教育全体にとっていたるところで重要なこの教育に注目せよ！――自己活動こそ、唯一子どもの精神的、身体的諸力を行使し、強化し、発展させるのである」[65]。

この子どもの「自己活動」をめぐって、ヴィヨームとカンペは以下のようなコメントを述べている。「もし、教師か同僚が子どもの代わりに授業を作るならば、その授業はなるほど強力で善くなるが、ただ子どもはそれによっても学ばない。子どもが学ぶべきだとすれば、子どもが授業そのものを作らねばならない。子どもを導き、指導の場に導くならば、子どもは消えてあらわれるが、何も学ぶにいたらない」[66]。

「汝が子どもに時も場も与えることなしに、また自己の衝動から何かを知覚し、行動することなしに、いつも作り話をし、ごまかして信じさせるとき、確かに作り話をし、ごまかして信じることを学ぶが、自分で考え、自分で振る舞うことを、それによって学ばない」(カンペ)[67]。

以上のように、理性に導かれた教育の行為は、内的自然への外的影響による第二の自然の実験的再生において成立する。ルソーおよびライプニッツのおかげで、機械論的な、とくにロック(とコンディヤック)によって影響を受けた思想は次第に克服された。それは「おなじモデルに従ってほとんど一致した個人が再建されることによって、いわば個人の相違への顧慮」へと導く。そのなかで、子どもの「自己活動」による主体的な学習の原理がすでに示唆されている。カンペはもちろんライプニッツに方向づけられており、この点にカンペの教育学理論の特徴が認められる。

第四節　汎愛主義教育学の修正——シュトゥーフェの教育学構想——

一　人間認識と解放

1　個人的「性格形式」の陶冶

汎愛派の人間学構想は、『総点検』第一部に収録されたシュトゥーフェの論文「人間の使命、その身体的、精神的自然とその内的結合、幸福のための能力とその社会のための使命を顧慮した人間の正しい知識から導かれた、教育の一般原則」(一七八五年)に集約されている[1]。その「序——教育者のための人間知の重要性と必然性について――」において、シュトゥーフェはいくつかの命題で彼の人間学的プログラムをあげている。それは一方では自然の身体的、精神的発展ならびに人間の使命の一般原則を含み、他方では個人的生成の論理を含んでいる。人間知に属するのは、以下のことである。つまり、「人間はほんらい何であり、何になることができ、また何になるべきか、を知っているだけではない。個々の人間は、あれこれの状況と境遇によってすでに何になっているか、いかにして、また何ゆえに彼はそのように感じ、考え、行動するほかないのか、またそのようにするほかなかったのか、といったことを知っている」[2]。

教育学者は、われわれにとって周知の哲学的な医者のモデルに倣って、観察をとおして「高度の技術」を示さねばならない。「人間の外面から内面を認識すること、つまり筋肉の動き、目、顔立ちや顔色、顔つき、口調などから、精神の性質、とくにその感性や情熱を閉ざすその都度の状態を認識するためである」[3]。「偏見なしに」彼は「その境遇に応じた思考と行為のなかで人間を」とらえなければならない。その際、彼は根本原理に導かれて、「あらゆる人間や子どもは、個々の固有の存在であり、それを入念に観察し、その外的なものすべてに注意を向けるとき以外に、知ることができない」[4]ということである。

そのように「人間知」によってはじめて、「感受性と感覚の仕方における多様性」「精神界の主要法則」がとらえられる。それは「あらゆる人間を好みの精神形式や性格形式によって、いわば刻印を押そうとする特異なめがね」[5]から身を護る。ロックに対する明らかな批判、とりわけその教育学的エピゴーネンに対する批判とともに、シュトゥーフェはライプニッツに結びついて、統一（人間自然）と多様性（個人）の調和的な共存を取り上げる。個人の完成のために、彼はライプニッツの目的論的モデルに従う。しかし「全体の調和」のために「階級」の無視にはいたらなかった。いかなる頑なな理論も駆使しようとはしないシュトゥーフェは、幸福主義とキリスト教的・ヒューマニズム的な幸福をめざす「人間の使命」における個人的努力と社会的諸要求のアポリアの解決を見出した[6]。

この「人間の使命」という用語を周知のものにしたのは、同じタイトルでヘルダーの『人間性の促進のための書簡』（一七九三―一七九七年）、カントの『実用的観点から見た人間学』（一七九八年）以前に公刊され、繰り返し再版されたベルリンの啓蒙主義神学者で上級宗教局評定者であったシュパルディンク（Spalding,J.）の書物である。そのエッセイのなかで、だれよりも問うに値する人間は、経験と（自己）観察と熟考によってのみ、真の存在目的を認識する。「ただ単純な自然が私のそばで語る決断は疑いなく重要なものである」[7]。幸福への「最も正しい道」は、自然的人間から形而上学的人間へと五段階で導く。つまり、感性から「精神の満足」と「徳」と「宗教」を経て「不滅」へと導く。この点でシュトゥーフェはシュパルディンクに従って「真理、事物の調和と関連、とくに知者の完全性の直観的で生き生きとした認識」に基づく精神的な喜び、「道徳的な完全性を超える喜び」[8]、さらに最高のものとしての「この世の創造者であり統治者の完全性を直観しながらの認識から」[9]生じる「宗教的」な喜びを加える。彼は人間学的論文において合理性の優勢を確認したけれども、すでにここで主観性を制限しない感覚的・美的認識能力がはたらいている。

シュパルディンクにおいて、空想化された自我は独学者であり、それは完成への「使命」を自発的に理性によって導かれるのを認識する。それに対してシュトゥーフェは、その使命を教育学的カテゴリーにし、その助けで感性と理性がそのなかで統一されている全体的・一般的な完成概念を根拠づける（点検書の第一巻ではじめて理論的に展開する）。「自然の調整、理性の原則、バイブルの要求」は、「被造物の幸福は世界全体の向上における創造者の唯一究極の目的である」[10]ことを証明しようとする。

別の箇所でシュトゥーフェは「われわれが健康で幸福に定められていること」を「自然の真理」として示している。[11] 識者は幸福の意味を「快適な感覚の状態」[12]と解した。逆に、無知なものはそれを健康で満足と説明する。「われわれの健康と悲しみの本質の源泉」は、能力を享受し喜ぶために「われわれ自身のなかに」[13]ある。幸福は、確かに一般に言われるように「自己の完全性の直観」から発生する。この能力はすべてに与えられているが、個人的な形式で、またいろいろな程度で実現されている。最高の幸福と完全性に関連して、「幸福」はそれゆえ相対的な、個人的に定められた偉大さである。それは多様で、すべて同じ程度に分かち与えられない享受の形式によるものである。

「人間の使命は、天使と動物のあいだの中間存在であることだ。また明らかなことは、人類のほとんどの部分は、その全体状況とそのあらゆる関係によって、また全体の調和のために感覚的享受のなかにその幸福の非常に本質的な部分をもつ。それより以上に高まることはできない。悟性と道徳の高次の喜びの純粋な享受に属するのは、精神の形成と醇化であり、幸せな境遇はごく一部になる」[14]

各々個々人は、その使命を自らに課さねばならない。というのは、「自由論」においてシュトゥーフェは「意志陶冶の理論全体の柱石」[15]を見るからである。「人間はその行為において、優れて強い内的あるいは外的な感性によって規定されている。それとは別に規定することは、その自然に矛盾している」[16]。同時に、そこに「予見」(Vorsehung)[17]のはたらきがあらわれている。

幸福の前提は、シュトゥーフェにとって「われわれ自然の素質と諸力の相当の形成と完成の状態であり、われわれの自然的衝動の一致した満足」[18]である。「身体的、精神的能力のすべての大きな調和のとれた完全性から、いかにして可能な最高の完全性が生じるか」[19]という問いに対する答えを、彼は「尊敬する協力者」に求める。とくに項目の作成のための時間がないという理由から、彼自身の返答――それは文献のなかでこれまで見過ごされてきた――は、点検書の第十部で展開された直観的認識の概念である。

比較的初期の論文において、シュトゥーフェは、それを次のように素描している。身体は本質的に「ある模範に従って構築され」ており、魂はそれに従って感じ、考え、欲し、意欲し、行動する「同一の原則」をもつ。あらゆる人間に共通の「自然」へと多様なものを還元することによって、彼は形式的にそこから「教育のまったく一般的な不変の原則」が導き出される人間学的出発点を獲得するのである[20]。

創造者は各々を幸福へと規定するので、「それに向けてわれわれすべてに素質、能力、衝動を与えられた。その本性と資質に応じた発展と形成」は、「われわれの使命のこの目的に達するための誤りなき道」[21]でなければならない。自然的素質と外的な環境および最初の陶冶が依存する個人的な「性格形式」は、早期に発達する。その都度の特殊性のなかに、人間の多様性が示される。少なからず評価される手段は、概念の陶冶と悟性の陶冶であろう。それは子どもを自己認識へと導き、また彼らの諸力と彼らのなかで実現される操作の認識へと導く。「子どもたちのなかにあらわれ、その魂がはたらく仕方で作用し、変わるところのものに注意を向けさせることは、非常に重要な事柄であるに違いない。なぜなら自己認識からあらゆる精神の認識と人間の認識が始まるからである」[22]。

シュトゥーフェは教育楽観主義から大きく距離をとったが、直観的で生き生きとした認識から完全性ないし幸福の構想を定式化することができると考えた。シュパルディンクに対して彼が強調しているのは、満足（感覚的満足から精神的満足へ、それに上述の道徳・宗教的満足も加わる）の過程において、あらゆる人類にとって感覚的享受と精神的享受の結びつきを求めることは、「完全性の義務と規則」だということである。「なぜなら最大の調和とその最高度の結合は、個人および人類の最高の完全性と幸福を成すからである」。それとともに、人間が完全であり幸福であるのは、自分自身の努力と骨折りによるものである。比較的初期のテクストのなかで、彼はこのことを強調して、利他主義的にとらえている[23]。

「彼自身および彼の隣人に喜びを増し、強め、その苦しみを減らすための自らの奉仕による最高の意識は、人間の最高の恵みであり、それゆえ最高の使命である」[24]。幸福を求める試みに矛盾が生じ、しばしば満足が得られなかったので、シュトゥーフェは「犠牲の理論」、つまり純化の理論を定式化した。その意味は、より高次のことのために、より低次のことを合理的にコントロールして、放棄することである。深い感覚や苦悩ですら、人間の完成に役立つ。「自己の不完全性を直観すること」に関する不満は新しい努力を鼓舞するし、過度の苦悩は「満足の源泉」になるであろう。「完全な徳と生活の全知恵」[25]、つまり個人的、社会的進歩は、彼にとって、トラップよりも修正されて[26]、より低次の満足をより高次の真の継続的な満足としての「完全性を直観すること」の犠牲に供することに基づくのである。

「全人類の陶冶における神性が通過し、なお通過している」「自己の自由な発展」の途上で、教育によって個人のあらゆる諸力を「成熟」にまでの発展と人類の漸進的な完成のなかで、シュトゥーフェは解決を求めた[27]。ライプニッツは、「自然と人類史における道徳の前進的な実現の可能性に対する信仰の意味にほかならない」[28]神に対する信仰によって、一八世紀のドイツ精神文化にふさわしく、レシング（Lessing,G.E.）とヘルダーに影響を与えた。このような思想にシュトゥーフェの使命の概念も縛られている。

2　社会との調整

「自己の自由な発展」は、幸福主義的に社会における仲間や義務を含まねばならない。個人は社会のなかでのみ、また社会とともに自己を完成し、教化されるであろう。つまり「人間は素晴らしい自然の素質と力をもった存在である。それは社会における規定しがたいほどの完成と形成を可能にする」[29]。しかし、いくらかの同時代人が解体経験として嘆いた社会的な労働分化のために、また社会化の程度とともに増大する国家による市民の統制[30]のために、個々人は「もっぱらある種の仕事に執着」しなければならなくなる。「しばしば最も高貴な力の使用、最も高貴な衝動の発展と満足を断念」して、彼は「服従の必然性」のゆえに、「個々の人間の意志と機嫌によって裁くことになった。そして「多くの側面によって、その自己活動とその享受に制限」[31]される。要するに、社会は全体を示し、「そのなかですべての個々の構成員は手段であり目的でもある」。「農夫、手仕事人、兵士、芸術家、学者、官吏は、いずれも皆その境遇と社会のために陶冶されねばならない」。「あらゆる人間は、すべての側面から、その素質と力において完成されるとは限らない」[32]ということはとくに証明の必要はない。

同様の診断に基づいて、シラーは『美的教育に関する書簡』(1793-1794)のなかで「ホモ・ルーデンス」(homo ludens)の構想をしたのに対して、シュトゥーフェは幸福主義の立場から弁明する。「幸福と奉仕」のあいだの矛盾を理論的に克服すること、あるいは社会的関係を批判することから大きく距離をとって、彼は「社会のなかでの」人間の完成の要請を確保した。彼は多くのことを社会に感謝し、社会に対して「犠牲なり」、「耐え」それぞれの

「階級」で満足しなければならないと考える[33]禁欲主義ではなく、「予見」に対する信仰こそ、彼が「人間の運命の不平等、全体の最善のものに対する個々人の苦悩などを正当化する」[34]と見たことである。「彼（人間）はしばしば全体のために犠牲になり、耐えねばならないように思われる。だが、そのことはただそれだけであって、現実にはそのすべては同時に自己の幸せをめざすように思われる」[35]。

以下の四つの規則を遵守することは、人間が社会のなかで生きていくために必要なことである。第一に、「公益衝動の覚醒」によって、「好意と人間愛」ならびに人間に対する尊敬の念にまで教育されねばならない。第二に、教育者は子どもの「魂の性格形式と気分」を陶冶し、その結果、子どもは「社会のなかで自らを幸せにし、他者の喜びに生きる」ことができよう。そして他者の意志に従って自己の意志を規定することによって慣れることを学ぶ。第三に、生徒はそれによって社会における彼にふさわしい場でその幸せで有用な構成員になる」ことができる知識と能力と技能を獲得する。

しかし、予見の確かな「手」として、シュトゥーフェは国家に注目する。その国家にとって、その都度の正しい職業教育の計画が「きわめて時宜を得た配慮の一つ」であるに違いない。国家的な職業指導を、彼は友人のリーバークーン（Lieberkühn,J.P.）と同じく最上の解決と見たが、両親による職業選択の緊急手段として同意した。したがって第四の規則は、人間に「その運や階級や状況に満足すること、彼にかなえてやれる幸福のあり方と程度をつくりだすことである」[36]。

シュトゥーフェが彼の学校で個人的に助成を求めていかに努力したかは、ベルリンの出版社のニコライとの書簡の交換から明らかになる。原理的な発達能力から出発して、子どもたちが個人的な性格形式に応じて独自に「直観しながら」世界を習得するがゆえに、「遊びながら教えることは彼らにとってきわめて不幸な発見」[37]である。リーバークーンとの共同で企画した子どもの才能や学習におけるさまざまの進歩を考慮した学科コースシステムによれば、教師は個人的能力、傾向、性格、そして息子の模範を探求すべきであり、その社会的結びつきに、また後に職業にも準備すべきであった。社会的義務を引き受ける必然性は感じとられねばならず、将来の職業が「直観的」に認識されねばならなかった。人間学的、教育学的な一つの解決を、彼はその教育理論の美的基礎づけにおいてはじめて見出したのである。

二 シュトゥーフェの教育学的直観構想

シュトゥーフェはリーバークーンの教授法の美的・科学的基礎を、さらに人間全体の調和的教育へと発展させた。そこで彼はカンペを凌駕する。人間学についての論文に見られるように、彼はここでも「思慮深く」議論しようともせず、読者を魂の理論の最も内的な秘密へと導こうともしない。このことは、概念的な考察が欠けるという結果になる。それよりも重要なことは、シュトゥーフェの認識論的、教育学的貢献、美学から出発した同時代人の合理主義哲学に対する批判を考慮することである[38]。

ヘルダーとカントの読者であるシュトゥーフェにとって、カントの直観概念に公然と対決することなしに、直観認識をまさに個々人にとってその特殊性において正当化しようとする幸福主義的・人間学的教育理論のために実り豊かにすることが重要である。カンペは『魂の理論』(Seelenlehre) において、汎愛派がこのカント的概念によって陥れられ、それを「表象」の概念に固定化へと駆り立てる悩みを描いている[39]。にもかかわらず、シュトゥーフェの認識論的思考は、ヘルダーに大きく接近する。彼の人間学は個人の固有性を分かち合い、感覚の満足のなかにあらゆるより高次の満足の前提を認識し、感性を積極的に評価するのに対して、彼にとって今や、「健全な人間悟性」の理論としてとらえられる個人的な道徳的、精神的発展の感覚的認識を全体的に統一する理論を基礎づけることである。それは論理的、合理主義的な、感情を無視する理論と同様に、カントに対する批判を含んでいる[40]。

トラップにとって――ロックやコンディヤックと同様に――感情そのものは悟性の発達の原動力であるが、それは合理的に規定される。注意や抽象的な概念形成によって、ならびに年齢の増大とともに線上でとらえられる。その結果、感情と感覚はけっきょく思考のなかであらわれる。それに対してシュトゥーフェは、感情と理性の統一を直観的認識と個人の調和的な発展のための構成的基礎とみなした。言い換えれば、シュトゥーフェは感情の「喪失」を、トラップは悟性発達の必然的な相関と嘆いたが、受け入れることはできない。認識の機能と抽象的な概念形成のなかで、この両者の端緒の区別はより厳密に認識されねばならないのである[41]。

カンペはすでに、彼の論文「人間諸力の均衡の維持のための必要な配慮」に対する「感覚を誇張する流行の誤りに対する哲学的な警告」[42]の付録のなかで、適切な感情教育の問題に出くわす。自己を把握する「人為的感覚」の印象のもとで、また自然的なものを乗り越える「感受性」の印象のもとで、カンペは理性と感情のあいだの調停を求める。感覚的な表象によって求められた感覚を包括する自然の「感受性」の形成を、彼は「許されること」であり、「良いこと」ととらえた。だが、「まさにわれわれの感受性のある時代」において「天上の最も美しい恩寵、理性の最も高貴な特徴の非常にはっきりとした敵」があらわれるが、「まさしく中心通り」に対する問いが設定されねばならない。「それにより、われわれの生徒たちは感じることがないままでなく、まったく感覚的にもならないために」である。だが、ある教育学者はあらゆる配慮において、いかなる「力の萌芽」も摘むことなく、その発展を無視、放置することに委ねるべきではない[43]。

長い間ノイロピンで共に働き、親しい友人であったリーバーマンとシュトゥーフェは、感受性とその直観的認識についての教育学的論文において、最終的に体系的な認識過程へと結びつけた。その際、間接的にそれは美的論文を呼びかけた。つまり、それによって合理主義的哲学と感性によって抽象化されたその概念形成に対して攻撃がなされた。シュトゥーフェの思考、彼の力説もまた多くはヘルダーを回想させるが、とりわけ美的・理想主義的、社会的諸要求は、調和的な人間陶冶の批判的でまったく無視的な議論を含んでいる。「完全性は唯一のものである。それは一切を包括する理想にすぎない。それに対するあらゆる一面的でアンバランスのものは、罪である」[44]。

直観的認識の哲学的・美的基礎は、リーバークーンとシュトゥーフェによって教育学の領域へと移された。そのためにシュトゥーフェは、レゼヴィツによって語られた一般と特殊の関係に立ち戻る。「われわれ自身と他者を正しく観察するため」には、「内的感覚」を鋭くするほかに、自覚、つまり「人間の魂の本質と性質の明白に認識された根本概念」、「感覚、理念の結合、回想、思考、欲望と願望の一般法則」[45]の認識を必要とする。魂は「個々の理念や現象のカオスのなかで」さ迷うことがないように、一般概念や原則を、魂は明かりと光を準備する「たいまつ」[46]として必要とする。方法的に直観された個々の場合にはじめてであろうとも、一般化は少なくとも傾向に従ってすでに「思考力の形式」の「芽」(例えば比較することにおいて)が与えられている。

このような仕方で、個々の観察の共通のものを認識するだけではない。直観のなかで生じた概念は、絶えず新しく特別の場合に応用され、吟味される。つまり「そのように一般は特殊において直観される」[47]ある。カンペは一般概念をライプニッツとデカルトに呼びかけるなかで、「生得的なもの」として示す。カンペの注釈をシュトゥーフェは外的原因から乗り越えるだけではない。むしろ、彼はまさに主体によって刻印づけられた、また刻印づけられながら直観する認識を、経験的、機能的に独自のものとして示そうとする。

トラップは匿名であらわれた論評のなかで、シュトゥーフェによって避けられた合理主義的な立場をあげる。彼は次のように述べている。「私は直観、概念、理念を考えることを区別する。直観の意味を、私は材料を表象、感性、感覚力にまで与えることと理解する。この材料は、理解への能力によって表象にまで形成する。言い換えれば、われわれは直観において何らかのものを考える。いまや思考は、われわれがこの思考によって獲得する表象を、私は感覚的表象と呼ぶ。これはまさに人間、動物あるいは理念といった概念よりも、曖昧であり、明瞭であり、明白である」[48]。直観をトラップは厳密に下位の認識領域に位置づける。それを一つの認識形式としてとらえない。ただ見受けられることは、彼は「著者と結果において一致している」[49]。なるほどシュトゥーフェもまた抽象と象徴的な徴標による概念形成を反省する。しかし彼は合理主義的な論理の序列に従わない。

レゼヴィッツと同様に、シュトゥーフェは直観的認識を明瞭な、象徴的な認識から区別する。それは対象の厳密な知覚と感覚を前提とする。その結果、魂のなかで表象の多様性がまとめられており、「われわれ自身の意識と状態の意識」[50]を要請する。それはいかなる抽象的で一般的な徴標によって代表する概念も必要としない。別の認識である思考は、明白な概念と象徴に基づいており、一般の表象を含んでいた。それは思考する人によって抽象化する。表象は相互に分かれて続く。そして思考は象徴的な記号に役立つ。

このような区別から生じることは、完全な個人に縛られた直観的な認識のみが、生き生きと働くことができるということ、なぜならそれは欲求や嫌悪、快、不快を呼び起すからであり、われわれの意志、われわれの一切の行動に関係するからである。「純粋な思考」において、「魂はいわば自己の外で、その注意と取り組んでおり……それゆえ事物を自己に結びつけて表象することはできない」。このようなまったく異なる認識の仕方のあいだに、「非常に多くの結びつきと相互の影響」が存在し、「一方から他方への位置の絶え間ない移行」が見出される[51]。

感覚のみが事物を「自己活動的努力」によっても「鋭い注意と努力した感覚力」によっても注目しないとき、もちろん事柄をしばしば混乱させ、曖昧にあらわれる。つまり直観的な認識にふさわしいのは、「ある程度確かな熟考と反省」である。「明瞭な思考」は直観的な認識を促進するが、それなしにはうまくいかない」[52]。……ここに、シュトゥーフェはバウムガルテンやレゼヴィッツと同様に、優位性を置く。直観を導入しながら、両者の認識形式は、相互作用を展開し、正さねばならないだろう。

「確かに直観的認識は単に直接人間の使命と幸福の目標をめざすだけではなく、さらに直接あらゆる心意力の形成と感性、人間の有用な活動、有用性、完全な道徳的品性を生み出し、促進する、ということは確か」[53]である。感覚は明白な理念へと導かれ、三重の仕方でわれわれの満足を促進した。つまり、そのような思考の結果は、それによってわれわれが精神的な自己活動の意識、ないし当該の善の直観的認識に達するとき、「直観」に対する何らかの完全なもの、合目的的なものを示す[54]。つまり「純粋な思考」は魂を冷たくさせ、感情を友情なくするがゆえに、直観的認識のみが満足、つまり「完全性の直観」と幸福へと導くことができるだろう。

魂はいわば部分的な静かに考え抜かれたもので、相互的なもの、内的な分裂なしに分析されたものを再び「全体概念」にまで統一しなければならず、その結果、魂は「全体を直観し、その明白な概念を具体的に用いるか、あるいはそれを応用する」[55]。魂がその自己活動と有効性を意識するやいなや、「快ないし不快、喜びないし悲哀」を見出す。「真理と事物の調和との関連」、とくに知者の完全性の直観的で生き生きとした認識に基づく精神的な満足のために、シュトゥーフェは彼の初期の論文のなかで、道徳的完全性についての満足と最高のものとして「宗教的なもの」をあげている。それは「創造者の、その世界の統治者の完全性の直観的認識から」生じる。それゆえ「本質の思考」は、決して「われわれの存在の主要作品」ではなくて、「より高次の究極のもの」への手段とみなされねばならない。つまり「完全性の直観」である[56]。

直観的認識の成果として、シュトゥーフェは「全体概念」を示す。そのなかで「多様なものは統一へと」導かれている。この書き換えは、バウムガルテンの「形而上学」の完全性概念を受け容れているように見えるけれども、明らかなことは、シュトゥーフェはレゼヴィッツと同様にこの認識の形式を明白な認識のもとに包含するのではなくて、むしろ少なくとも未発達の、主体としても客体としても明白な、人類の陶冶にとってふさわしい、自然ないし神によって基礎づけられた認識形式の陶冶のような人間に設定しようとする[57]。直観的認識のなかで、一般的な抽象的概念は、つねに新たに多様性のなかへ「具体的に」応用されるべきである。

三　教育学的導き――汎愛主義の修正――

シュトゥーフェの教育学的思考は、ロック以来の近代の哲学において周知の循環に従う。この意味で人間は生来「認識し直観するもの」と規定されている。子どもは「単なる内的な衝動から明瞭な直観的表象をつくるために努力すること」ということである。青年期から子どもは「直観的認識のための感覚と感受性、それに向けて要求し努力」する。それゆえ「自然は、われわれが子どもの魂を形成し取り扱うように、われわれ自身にきわめて明晰な合図を与えうる」[58]。その力は、かつて存在し、自己を表現し、自由にはたらく能力である。もちろん、それはいかなる「強制された、人為化された発展」も意味しない。「空虚な言葉の知識」ならびに象徴的な認識は、別の意味で誤りである。

シュトゥーフェの立場にとって啓発的なのは、いかにして子どもは精神的な、とくに彼自身の内面に当たる概念を直観化されているかという考えである[59]。彼は新たに子どもの自己形成の理論を展開する。つまり、子どもはもはや汎愛主義の構想におけるように、教育学的、技術的な組み立ての対象ではなくて、自己活動的な主体である。「子どもを自覚へと、その内面にあらわれるものについての省察へと導くとき」[60]、第一の基本規則が鳴り響く。そのテンポは「歩む」ように、「子どもの魂はゆっくり考え、形の発展のなかで前進する」。彼はいかなる「早期の精神陶治」[61]も望まない。われわれは「その人格の意識を、人格における自己を助成し発展しようとする」。「自覚」が大きくなれば、それだけあらゆる精神陶治は明瞭、明晰になる。

だから彼は、すでに初期の論文のなかで断言している。この内的な啓蒙の過程は、あらためて特殊と一般の方法的モデルに従って遂行される。子どもの魂の変化を直観するために、シュトゥーフェは最終的に子どもに関する実験を避ける。観察の十分な機会が存在するという理由だけでなく、実験における「恣意」のゆえである。つまり「われわれは技術化と不自然に陥る」[62]。子どもがその内面のなかに現れるものについての直観的な概念を保持するということは、「間接的」にのみ可能であるにすぎない。いつもその激情を刺激したものは何か、いま為そうと考えているものは何か、を問うとき、子どもの気持ちがわかるであろう。

このように子どものその都度の状態を個別化して示すことは、妥当である。内的進行を記述することは、自覚への第二の歩みである。方法的に、彼は自然科学的な図式に従う。魂が論理的操作のなかで自己活動的な変更を先取りするときでも、そのように取り扱われねばならない。「自己自身にいたる」ために、子どもは直観的な認識の一つの重要な条件としてゆとりを必要とする。このようにして、（自己）観察と記述の人間学的、心理学的モデルは、すでに子どもたちによって習得されるべきである[63]。

子どもが精神的なものによって信頼できるために、他の子どもたちや大人との交わりの自己観察に入り込まねばならない。子どもたちに早くからさまざまの職業集団、階級、ならびにさまざまの年齢からなる人々のもとで生活させなければならない。その状況とその魂の状態のなかで移り変わることができる、ある子どもは共感する子どものなかに、その「似姿」を見出す。だから、彼のなかにあらわれるものの直観的認識を完成せよ！　同年齢の仲間なしの子どもを成長させること——その非難はとりわけルソーに向けられているが——シュトゥーフェは「ある種の残虐な行為と自然に反する罪」[64]とみなす。大人の交わりに関するものは、彼にとって下層の階級出身の人々は、子どもにとって「いっそう適応的」とみなされる。それは「自然的でより素朴で、より偽りがない」ようにみなされる。

人はただ、道徳的な害悪から守るために、「聡明で善良な召使」のみを選択しなければならない[65]。田舎は都市に先行する。あらゆる人間的なものに対する関心を、子どもは精神的価値、性格の価値において、自己に対する幸福と世界にとっての有用性において獲得する。というのは、「幸福」は本質的に社会的交わりから生じ、世界に対する「有用性と実用性」は、「人々に有用でありうるし、また有用であろうとするために」[66]、人間を知り愛することに依存しているからである。

シュトゥーフェはロックによって基礎づけられ、ルソーによって完全なものにされた教育学的に美しい空間を再建するための構想を、決定的に拒否する。つまり、子どもを家に閉じ込めることは、「最悪」であり、「目的に反する」。他の子どもは「いつも同じ温度の部屋に押し込められるのと同様に、「単純」である。シュトゥーフェの実験的意図をもった「過保護」の二つの形式に対する批判は、同時に「慣習、一面性、人間的制約への適応のための教育としての汎愛主義的「自然の教育」のラベルをはがした。すなわち最大のものは、

「なお高次の、より一般的な教育の誤った原理から生じる。それに従って、つねにただ子供は害悪を引き受けるということを信じなければならない。彼らの力の表れと発展はつねに、一つの体系に従って真に自然的な規則だけでなく、大部分慣習的な規則に従って生じ、それに対して何も反対しない。なおそれは不幸な原理である。それは一般的であるとすれば、あらゆる人類の力、独創性、偉大さ、価値、幸福、そして自己活動は終焉にぶち当たるに違いない」[67]。

そのような発展に対する改善方法として、子どもは人間的性格の多様性を知ることを学ぶべきである。あらゆる「人為的な導きと教授」なしに、子どもは「観察と経験の宝物」を集め、しばしば「他者の理性的判断」なしに、より真実のより正しい判断をする。精神的、人間学的概念の直観的認識を、シュトゥーフェは物語によって拡大することを始める。偉大な政治家、学者、聖書伝道者の物語でなく、「人間の内面」が叙述されている物語、とくに子どもをよく知っている人の物語。何も有名なものや特別のものでなく、ただ人間の行為の「正しい概念」だけを子どもは自己の観察に、また「自然の感覚や性格へと導く」。シュトゥーフェは興味の把握と目覚めと並んで述べ

る真理と誠実の基準に向けて、彼は「決して詩作や小説の敵」ではないということを述べる。彼はただ「内的な道徳的真理に対してであって、歴史的な真理でないものに対してでない」[68]ものに向かうことを認めながら、彼はイソップ物語とヘルダーの論文に言及する。

日常における人間の有用性を一瞥しながら、シュトゥーフェは直観的認識をあらゆる「魂の能力」にまで発展させ、完成することへと高める。だから例えば、「追想」、記憶、機知、鋭い感覚、そして感受力、ドイツ的知者もまた、個々のものが正しく知覚され、感受されているかどうかに依存する。学習は、しばしば「健全な人間悟性」に反対しながら、いわゆる研究者の「神的、哲学的意見」を示した一般的な概念から始まるのではない。「最大の思想家、理論家、体系家がしばしば最悪の実践家」であるということは、不思議なことではない。

実践的な能力の熟練は、「具体性と多様な側面における事柄」を考察するということ、あらゆる要因を考慮するということ、本質的でもなければ偶然的でもない要素は無視されるということを前提とする。だが、それは「単なる理論家の事柄ではない」。それゆえ、直観的認識は「現実の世界における行為と活動的になること」を可能にする。そのなかで、「思い込みや思い悩み」ではなくて、「実行された鋭くされた外的、内的な魂の力、感覚的注意と概念の明瞭さが用いられる」。それは「容易さと素早さで事柄の全体を見通し、その際正しい観点をあてる」[69]。

「経験、聡明さ、世界認識と自己認識、それらをわれわれははたらく人の本質的な要求とみなす。直観的な、すでに存在する知識の宝とは別のそれは何であり、それより以上のものを獲得する能力とは何か」[70]。

子どもはあらゆる知識とそれを必要とする学校で獲得される悟性の形成は、「不当」である。学校はいかなる機会も知識も導かない。子どもはそこからいかなるものも受け取らない。学校そのものは、単に制限されて、直観的認識に役立つ、しばしば獲得したものを実際生活に移す身体的な技能と能力を欠いている[71]。

「もし子どもがその両親の家で、道路で、庭で、野原で、社会的交わりのなかで、その遊びのなかで、学校における以上にかぎりなく、また比べものにならないくらい多くのことを学び、より現実の事物概念、真の知識を獲得しないならば、人類の全文化はまったく悲しむべきものとしてあらわれるだろう」[72]。

そのような子どもたちと「子ども部屋に押し込められる」子どものあいだの区別は、その理解の才能において認められるか。それゆえ、彼は両親を「最初の自然の義務」と警告する。家庭と公の教育と教化の合目的的な関連のみが、陶冶を可能にするのである。

第三章　ペスタロッチー教育学の成立

第一節　近代化の文脈におけるペスタロッチー

ペスタロッチーの思考を動かしている若干の重要な要因を、時代史的文脈のなかで具体化することは、重要な試みである。ここでは、彼の生涯の資料に伴うきわめて重要な人物、出来事、諸関連を回想しながら、「近代化」(Modernisierung) の意味をどのように理解すべきかを解明することにする。選ばれたテクストを概観するなかで、ペスタロッチーにおける近代市民社会への移行の中心テーマが提示される。それに基づいて、ペスタロッチーの思考はテーマに関連して二つの観点からより詳細に考察される。すなわち、第一に、ペスタロッチーの人間学および一八〇〇年頃の人間形成論に関する真摯な貢献とみなされるものは何か、という問いである。第二に、社会批評家としてのペスタロッチーと文化理論家としてのペスタロッチーが考察される。その帰結は、われわれが今日的観点からペスタロッチーに何を学ぶかということである。われわれが――歴史家や教育学者の認識関心をもって――彼の思考の文化論的、陶治論的知見の成果を批判的に習得し、その神話をつくりあげることなしに、その意味を確かなものとすることは、重要なことである。以下、ヘールマンの所説に依拠しながら考察を進めることにする。[1]

一　時代史的文脈

ペスタロッチーが生きた一八世紀は、政治的、経済的、社会的な貧困と奢侈、商業と工場労働、都市と地方、自由と抑圧の問題との対立の時代であった。それは、『アギス』（Agis,1766）、『ノイホーフだより』（Neuhof-Aufsätze,1777）、『隠者の夕暮』（Die Abendstunde eines Einsiedlers,1779/80）、『奢侈について』（Aufwnad,1779/80）の著作、『立法と嬰児殺し』（Über Gesetzgebung und Kindermord,1780/83）、『財産と犯罪』（Eigentum und Verbrechen,1782）、『リーンハルトとゲルトルート』（Lienhard und Gertrud,1781-1787）などの著作にあらわされている。一七八九年からペスタロッチーがフランス革命の証人であったウイーン会議までの革命時代、同盟戦争、テロ、そしてナポレオンの政治権力への移行、戦争の結果ヘルヴェチア共和国、そしてヨーロッパの新秩序、ならびにそれとともに生じたヨーロッパのナショナリズム、これらの出来事は、ペスタロッチーの政治的思考に影響を及ぼし、数多くの著作の書き下しに見出される。すなわち、『然りか否か』（Ja oder Nein?1793）、『シュテフナー民衆運動について』（Zur Stäfner Volksbewegung,1795）など、また一七九八年から一八〇二年までの著作、『わが祖国に訴える』（An mein Vaterland,1798）、『時代に訴える』（An die Epochen,1802/03）についての省察から大著『わが時代、わが祖国の純真者に訴える』（An die Unschuld,den Ernst und Edelmuth meines Zeitalters und meines Vaterlands,1815）にいたるまでの、政治的著作にあらわされている。

このよう時代史的文脈のなかで、ペスタロッチーの最も重要な理論的著作があらわれる。それによって彼は、一八世紀の社会理論と文化批判の古典的人物の列に組み入れられる。すなわち『人類の発展における自然の歩みについての私の探究』（Meine Nachforschungen über den Gang der Natur in der Entwicklung des Menschengeschlechts, 1797）である。この時期に、ペスタロッチーの社会教育学的な参入、ならびに彼の国民学校への方向転換が認められる。すなわち『シュタンツだより』（Stanser Brief,1799）、『ゲルトルートはいかにしてその子を教えるか』（Wie Gertrud ihre Kinder lehrt,1801）、『民衆教育について』（Gedanken über Volkserziehung,1803）、『貧民教育と国民陶冶について』（Über Armenerziehung und Volksbildung,1805）などの著作があらわされている。

フランス革命の年（一七八九年）以後、ヨーロッパおよびドイツのナポレオンによる地域的な新秩序の年、および旧国家の終焉からドイツ連邦の基礎づけ、フランス六月革命にいたるまで、ペスタロッチーの学習と教育の新しい「メトーデ」（Methode）を求める努力が始まる。ブルクドルフ、ミュンフェンブーゼ、イヴェルドンにおける教育施設の創設は、それに結びつけられている。旧体制と旧国家の終焉とともに、三月革命への飛翔にいたるまで、あの時代は旧い階級社会から近代の市民社会へと導くにいたった。つまり、近代の個性と主体性への移行、啓蒙の合理主義から近代の感受性への移行、古典主義からロマンティークを経てビーダーマイヤー時代への移行、絶対主義から近代官僚主義、立憲国家の開始への移行である。[2]

二　近代化

社会史的な時代ないし後に続く情勢からの政治・経済的、社会・文化的移行は、歴史家や社会学者によって、一般的な意味で「社会的変化」として記述される。より厳密な意味で、「近代化」として、しばしば「発展」ないしは「進歩」としても記述されている。ペスタロッチーがかかわる一七六〇年から一八三〇年のあいだの社会的、経済的、政治的な問題状況との関連において、伝統性と近代性の関係の若干の選ばれた次元、ないし狭義の「近代」と特徴づけられる社会全体の移行過程の若干の基本的な次元だけが興味を引きつける。つまり、分化と融合、可動化と非可動化、参加と不平等の生産、衝突の制度化と公的な衝突の可能化の次元と過程である。伝統性から近代性への移行は、「変化」と「発展」あるいは「進歩」として受け入れられ、解決されるかどうか。いずれにせよ、ある種の「移行危機」を示している[3]。

近代化の危機は、決して国家や社会、経済や文化の一面だけではなくて、とりわけ人間そのものの危機である。それは近代化のプロセスのなかで自己自身を「改造する」(umschaffen)[4]ことを学ばねばならない。それは経済的な自助と政治的な自己責任を学ばねばならない。これを可能にするのはただ、自然と文化、個人と社会の関係における危機要求の本質と構造を理解するときであり、文明そのもののプロセスにおいて変革されるときである。また「真の」関心を知り、これを叙述し、貫徹することを学ぶときであり、「正当な」市民的権利と義務を見通し、その人権の光のなかで判断し、その確定のための方策を学んだときである。それは経済的な自助と政治的な自己責任を学ばねばならない。それゆえ一八世紀は、「啓蒙の世紀」あるいは「教育の世紀」として示された。その思考のなかで、社会の発展と文化批判のテーマが支配的になる必然性があった。これはペスタロッチーもまた偉大な模範像ルソーに倣ったテーマである[5]。

三　ペスタロッチーの思考における近代化への移行の危機

シュタドラー（Stadler,P.）によるペスタロッチーの著作と書簡ならびに伝記の研究[6]が示していることは、この近代化の危機というテーマのすべてがペスタロッチーの思考と出版物の中心にあり、初期の著作から一八二六年の『ランゲンタールの講演』（Langenthaler Rede）にいたるまで、彼の思考と出版物の中心にあり、彼の政治的意図も理論活動の根本的な問いも規定している。ペスタロッチーの分析が示していることは、とくに中期と後期の著作において、それが歴史的、構造的な連関と制限、つまり社会的状況と個人的意識、歴史的になった構造と現実の行為活動空間の相互関係、依存性、条件的関係によって確認されるということである。

まさに彼のテクストの特徴がこのことであるがゆえに、重要なもののいくつかがここで個々に観点別に取り上げられる。それは四つの分類で考えることができる。すなわちそれは、（一）旧体制における状況との対決、（二）フランス革命への表明、その帰結とヘルヴェチアへ、（三）革命の反省と「社会的文化」ならびに民衆啓蒙と民衆教育についての後期の著作における復古、（四）近代の社会・文化史の時代区分とそこから帰結する同時代人である[7]。

これらの時期からの、ペスタロッチーの思考についてのあらゆる関係テクストは、先に近代化のプロセスと称された変革と諸問題に対して、その都度のさまざまの次元と強調と前進的な理解のプロセスにおいて位置づけられる。

1　旧体制における状況との対決

ペスタロッチーの初期の『地方道徳の価値』（Wert der Landessitten,1785/87）のような見通しがたいテクストもまた、根本問題を主題化する。つまり、どうして社会悪の源泉である「自然と社会、自然と文明、自然と感受性」と「市民的秩序」の要求との矛盾が問われないのか。公共の福祉がどのように継続的に保証されうるか。いかなる原則に従って、――その重要な前提であるがゆえに――道徳的感情の発展と文化が生じるのか。その答えは二つの方向で求められる。

第一に「自然の欲望の克服と手段の一致における社会のなかで合法的な仕方で満足するための習慣は、真の市民的知恵と幸福の基礎である」[8]。

第二に「道徳的感情の発展のための別の原則のためにつねに確定されるもの、この概念のあらゆる理想的なものは、財産の力および現存の地方道徳の確かな根本についてのこの概念から排除される」[9]。

このような原則の近代的な定式、つまり人間の社会化は、その（確固とした）自然からの疎外過程と、（自然）の要求の社会的に正当化され規則づけられた要求への移行過程として遂行される。このような文明化と文化化の過程は、同時に人間の道徳化に基礎づけられねばならない。――合法性、礼儀正しさ、知恵と幸福――それはその側で構造的、実質的に規定されており、支配的な財産秩序と価値ある社会的、文化的な態度の規範化によって規定されている。外部の強制は、自己強制のなかで超えられる。だが、それは主体的に同意できていなければならない。そうでなければ、外から規定する暴力だけが支配するであろう[10]。

ここに、ペスタロッチーの思考における卓越した特徴が示されている。一方では、彼は「人間とは何か」という哲学的な根本的問いから出発している。それは人間の内外の（誤った）関係を自然的、精神的、「技術的存在」としての人間に対する問いとして分析し、その結果を過去と未来における歴史と社会の歩みを理解するための出発点にするためである。他方では、ペスタロッチーは市民的な「技術的存在」としての人間に対する問いを、歴史的、社会的に具体的な生活条件に対する問いとしてとらえる。というのは、理念的、実質的な存在条件は、個人的、集団的な実際の生活様式や日常の生活実践を刻印づけ、両者は意識形式を刻印づける。つまり、共同的人間（社会的人間的）として、人格（道徳的）として、個性（自己自身のために）として、主体（自己省察的なわれわれの思考における）として刻印づける。人間の陶冶は、全体としてこれらの次元の総体と結びつけられねばならない。

「人間は……その本質においてそもそも何か」[11]は、『隠者の夕暮』の最初の問いである。人間は「自然の道」(Bahn der Natur) を失い、それを再び見出されなければならない。それは諸力と欲望の一致において成り立つ。それは外的生活関係の秩序――そのモデルは家庭――が第二の自然のように受け取られるとき、またそれが人間の内的諸力をある自然の秩序のなかで「高める」ときに可能である。というのは、「自然」の状態において、――創造史的に――あらゆる事物とあらゆる生命存在はその楽天的な状態において「善」だからである。

「人類の家庭的関係は、第一の、最も優れた自然の関係である……」「だから汝、父の家よ、汝は人類のあらゆる純粋な自然陶冶の基礎である。父の家よ、道徳と国家の学校である。自然の秩序から出発し、階級、職業、支配と服従の陶冶を不自然に強制する人は、人類を自然の至福の享受から荒波へと誤って導く。人間は、内的安らぎへと陶冶されねばならない。その境遇と達せられた享受、忍耐、注意、信仰に満たされていること。天上の父の愛に対する信仰、それは人間の知恵への陶冶である。内的安らぎなしには、人間は粗野な道、渇望、不可能な遠くのものの渇望への道において、彼から近くの現象、至福、賢明で忍耐強く、指導的な精神のあらゆる力を奪う。感情はもはや内的安らぎによって浄化されないなら、彼の力は人間をその最内奥において衰弱させ、彼を暗い……」[12] (S.271)。

テクストの脚注に、彼の政治観を明らかにする。すなわち、重要なのは正義の問題である。「あらゆる正義は愛に基づいているように、自由もまたそれに基づいている。純粋な子心は、正義に基づく自由の真の源泉である。そして、純粋な父心は、自由を愛するために高めるに十分な統治力の源泉である」[13]。

この思想の近代的定式は、次のことを述べている。すなわち、母の愛と父の愛の経験は、単に根本的な信仰を呼び覚ますだけでなく、——被護性と自由——それなしには子どもは通常十分に成長することができず、それによって基礎的な仕方で我欲が強いることなく（非利己性）と正義のための道徳的な感情をも呼び覚ます。「安らぎ」の経験——自己との一致として——は、同時に強さの基礎である。すなわち自己同一性の基礎でもある。その感情として強い自己自身の反省された内的存在は、汝におけるいかなる自尊も存在しない。同時に私自身をも守る連帯責任としての道徳的、政治的に鼓舞されたいかなる公共心も存在しない[14]。

この思想は、——教育学的であるだけでなく——あの時代における意味を獲得する。あの時代において、人間の自己自身との一致がまったく不可能にさせられるとき、不確定である。ペスタロッチーはこれを後に見るように『探究』のなかで詳細に考察し、その矛盾とアプリオリにおいて叙述した。この思想は、しかし正義と自由が伝統のカテゴリーにおいて議論されるのではなくて、近代化の問題としてテーマ化され、問いがラディカルに設定される。

2 フランス革命への表明

一七九二年一一月六日に、ペスタロッチーはフランス民衆のために貢献した人物として、フランス政府から名誉市民の称号が与えられた。以来、彼はこの出来事に関与し、革命論『然りか否か――ヨーロッパの下層及び上層の人々の市民的情調についての一自由人による表明――』において、革命についての自己の見解を表明した。この著作のなかで、彼は革命に対する矛盾した立場をとっている。すなわち一方では、「革命の権利と必然性」を認めながら、他方では「古い真理」としての「純粋な貴族主義」[15]に固執している。ここで、「最も基本的な要求の満足の欠如」[16]が革命的な変革への本質的な事柄であるが、それは決して「時代の啓蒙」つまり「自由と人権についての流行のおしゃべり」[17]によるものではない。ここでは理念よりも現実が重視されている。この点に、フランス革命に対するペスタロッチーの基本的立場がある。[18]

『然りか否か』における近代化のテーマに対する注目すべき点は、国家の相対化と同時に、人間の「内的醇化」(innere Veredelung) への希望が表明されているということである。それは他律的な外的規定の意味ではない。『探究』における決定的な転換がすでに予告されている。真の「社会的自由」にとって「不可避的に個々人において一般に活発にする彼自身の醇化への憧憬である。それは自然的生命および自然的自由の無制限へと傾く暴力性と自己のなかで闘う真面目な努力に基づいている」[19]。

この「内的醇化への憧憬」が後の『探究』における「道徳状態」の定立につながることは想像にかたくない。ちょうどこの時期に、『探究』の成立にとって見逃すことのできない例の「一七九五年の書物の修正」(Revision des Buchs,1795) が出されている。この修正の原因は定かではないが、おそらく当時のスイスにも次第の起こりつつあったフランス革命の影響による民衆運動、とくにシュテフナー民衆運動が彼の脳裏にあったものと推察される。

当時のヨーロッパの知識人のなかで、フランス革命に対する彼らの判断形成がどのようになされたか、つねに新たに生じるフランスからの出来事を理解する困難がいかに大きかったかを、われわれは知っている。だから、革命の新たな段階、すなわち君主制から共和政へ、さらにジャコバン党の民主制からテロへの展開は、国外の批判的な思想家のなかに新たな立場を生じた。ペスタロッチーのフランス革命およびシュテフナー民衆運動に対する立場も、このような背景においてとらえられねばならない[20]。

ペスタロッチーは『わが祖国に訴える』（一七九八年）の呼びかけを、次のような言葉で語る。すなわち「あらゆる市民的権利の自由と平等の合法的な承認は、その本質において国家政府の一つの組織（制度）にほかならない。それはあらゆる市民に公的選択への無制限の影響を保証することを目的とする。それは、国家における個々の人間階級をそれぞれ満足させ、他の人々はとくにそこに退かせるあらゆる特権の放棄を前提とする」[21]。自由の実現を法的にだけではなく、また社会的平等と正当性だけではない。真の社会的平等の実現は、「旧い秩序への移行」を強制する。この「支配的な統治の仕方の自由なそれへの移行と権利の平等の単純さへの私権形式の移行は、いずれにせよ事柄の一つの状態を示す。それはあらゆる邪悪な暴力とあらゆる傾向の激情を、正当な自由への傾向と同様に強く生かす」[22]。

以上のことは、フランス革命とその結果の経験からであった。この際理解されねばならないこと――ペスタロッチー、ここで例えばシラーやカントと同じことを考えているが――は、旧体制終焉後の転覆への道徳的権利に、獲得された権力によって道徳的、政治的に正しく使用するための「公共性」（民衆）の力は一致しなかったということである。このような使用に基づいて、フランス人（そして他のヨーロッパ人）は、北アメリカの植民地とは別に拡大することに尽きなかった。（同時に明らかになることは、ここで何も語れないところのもの、自由と平等は実際にまた実現されるという根本問題が開示される。）ペスタロッチーはこのような観念を『純真者に訴える』のなかで「欺瞞的」と呼んでいる[23]。

ここで明らかなことは、憲法上の問題は単に組織的に（諸制度およびその約束上の権限）だけでなく、政治的なもの（利害の対立として）、そして政治的なものは道徳的なものとして（いかなる利害がその必要に、またそのコストから一貫しているか、すなわちそれは合法的か、合法的でありうるか）そして道徳的なものは教育的なものにとって、つまりいかにして人間はその法制化された権利と義務への知見を学ぶか。またいかにしてそれはその利害を正しく制限するか。このような現状から、二つの帰結と問題が明らかになる。すなわち、一つは文化創造的な民衆陶冶にとしての教育学であり、いま一つは、そのなかで、教育学的課題が有意義であり、見通しが豊かであるように思われる人類史的（歴史理論的）文脈への問いである[24]。

3　革命の反省と「社会的文化」ならびに民衆啓蒙と民衆教育

『文化の基礎としての言語』（Die Sprache als Fundament der Kultur,1799）の断篇は、人間形成の陶冶論的原則を定式化する。それは「社会的文化における真の進歩の要求と十分な結果を促進する」。この陶冶の媒体は、言語である。人間の「想像力」（Einbildungskraft）の手段や媒体として、それは「人間がこの世界のあらゆる事物の本性から自らつくる表象の仕方についての私自身の証拠として、人間と世界の関係を具体化する。これは自然が一般的な私の結びつきの意識へと私自身を導く、諸印象の一般的な振り返りである」[25]。言語を語ることは、「人間の精神的発展の基礎手段」である。現実と経験を概念でとらえること、――そして反省的経験と人間的自己経験についての参与と媒介としての、あらゆる社会的文化の前提、それはディルタイとともに語れば、精神の客体化へと譲り渡される。

言語は真理、すなわちそれと一致して振る舞い、「自らを真に醇化することができる」ために、よりよい知見を見出すことができるための唯一の道である。

ペスタロッチーはここで、コンディヤックの『人間悟性の正当性に関するエッセイ』（一七四六年）と『感覚論』（一七五四年）、また陶冶論的観点においてフンボルトの立場をまったく先取りしている。しかし、ペスタロッチーは啓蒙主義の別の立場を定式化する。つまり言語共同体は人間の「自然的」な社会秩序を相互に形成する。それはコミューニケーション共同社会として、同時に政治的共同性を構成する。言語は公的意見を含んでいる。それを超えて、言語は――想像力として――あらゆる事物と関係のより高次の「醇化」された直観への道と媒体でもある。共通の言語は、公的な道徳的判断が好んで基礎づけられる仕方である。[26]

この意味において、カントはその論文「啓蒙とは何か」において具体化する。理性の自由な「公的使用」なしには、――「生活世界も公共物全体」のための言語と書き物のなかに、――いかなる啓蒙も存在しない、と。言語の陶冶、同時に言語社会の定式化として、ペスタロッチーにとってだから、第一に人間の感覚ならびにその悟性活動と理性活動の文化のための基本的な手段であり、第二に社会的（公的）政治的、道徳的判断の文化としての真に民衆啓蒙のための基本的手段である。

言語哲学は、ペスタロッチーの場合、フンボルトと同じく陶冶論に先行する。彼の市民教育の「メトーデ」の原則は、だから教授学的、技術的に計画された（知識や技能に関して）ではなくて、事物と関係の「直観の仕方」に結びついている。すなわち、人間の言語的に媒介された思考や思操の仕方に結びついている。そこから意識や思想の

「価値」と「真理」が生じるのである[27]。「メトーデ」は、第一に事物的、道徳的世界（対象と感情）の代理としての感覚的印象が心理学的に正しい調整にほかならない。そして、自然的（それとともに正しい）秩序の代理、そして事物の系列は言語的に技巧化された人間的な知覚と論理の「文法」にほかならない。

これは『地方の民衆陶冶についての思想』（Gedanken über Volkserziehung auf dem Lande ,1803）における根本原理でもある。つまり、想像力は刺激され、理性の基礎によって「動物的感覚」に「享受の刺激」に対立してはたらかねばならない。子どもたちは「できるだけ儲けと取得によって……市民的要求と社会的享受」に近づけられねばならない。権利と義務の概念は、暖かさと活発さとともに経験的に感じることができるようにされねばならない。価値のない生活環境に直面して、よりよい未来への見通しや人間相互の正しい関係、「純粋な居間」、そして村における「善良な情調」、人間的根本要求の満足（健康、栄養、衣服、住居、家庭的自立）、商業と工業の統制、貧困化における上官の干渉、仲間の手本なしに、自ら民衆の書物でなければならない。そうでなければ、汝は彼の手に与えるだろう一切のいかなるものにもならない。十分な環境の相互作用なしには、十分に活動する人間、懸命な統治活動のあらゆる教育努力はむなしいものになるだろう[28]。

「民衆陶冶の規定は、この陶冶に対する民衆の関心の活性化なしには不可能である。それゆえ、手に入れることができないのは、汝は一切、汝の村での興味を刺激する一切、本質的に汝はここで村の中の役人、聖職者、富者によってもだまされやすい権利に対する関心は、つねに貧民の危機に結びついている。そして苦悩している人の目は、真理に対していつもたいていは開いている。それゆえ、伯爵夫人、汝は人間におけるあなたの目的のために最も純粋な関心を求める。それは多くの不正と大きな危機から守るように進む。

汝は困窮の知恵を取り上げ、窮乏の力を利用するように、それゆえ民衆は汝の目的に対する信仰を保持する。そしてその信仰でそれに対する一般的な関心をとる。民衆はここでいかなる書物も官吏も豊かな地方も信じない。民衆は権利をもつ」[29]。

学校施設と書物知識は、人間の陶冶には役立たない。つまり、学校は子どもを——彼の自然的な経験界から遠ざける結果——その「自然的」能力と関心の均衡から導く。書物知識は、「われわれの時代の人間の手のなかで」おそらくは「喜劇役者の発達」にすぎない。学校の陶冶的はたらきに対する信仰は、ペスタロッチーにとって「夢想家」の迷信であり、「雲のなかを漂う人類」の迷信である。なおさらに害になるのは、「無数の夢」である。人間の特別の力と思操への陶冶的影響が（陶冶の一定の一般的なものとして）間人間的な個人を超えて、また一人の個人的境遇を超えて拡張する。つまり、「それは一般的な目的を夢みる一般の人間以上には決して堕落しないし、目覚めた繊細な人間以上には決して進歩しない」[30]。

4 近代の社会・文化史的図式 ——時代の要請——

民衆陶冶への要請は、いかにして一八世紀終わりから一九世紀初めの近代化の危機が取り組まれ、克服されるべきか、という問いに対する最も重要な答えの一つであった。だがその答えは、提起された手段が望ましい結果を導いたかどうかを共に考えることなしには、つまりそれが時代の要請にふさわしいかどうか、同時に答えられることなしには与えられなかったであろう。「永遠の循環の終わりにある手段を見出すこと以上に、重要なものはない。そのなかで、わが人類はそれ以前に野蛮と邪悪と惰眠のそれとのあいだを行ったり来たりする」[31]。

これを見出すために、ペスタロッチーは同時代人に文化史的、社会史的時代の図式の背景を確かめる。つくりごとの出発点は、本能と感覚に結びつけられた存在の「純粋さ」と「全力」の時代である。「人間はその状態の根源的な純粋さのなかで、好意的で感謝し信頼することができる」[32]。終点である現在は、あらゆる生活関係の転覆と変革の時代である。そこから何らかの善が芽生えることなしに。というのは、先行の状態、――妨げられた激情と混乱した感情の状態、前時代の不適合な習慣に結びつけられた――現在に対する静止した惰眠、そして未来に対する激情的不遜」[33]は、それに対するいかなる基礎も提供しない。というのは、これもまたあらゆる間違った行為から生じているからである。

それは自然の喪失の歴史、それとともに現れた文化と文明の矛盾の歴史から生じるに違いない。つまり「凋落の歴史」、その最初の結果は、「意欲のあらゆる手段を損なうこと、行為のあらゆる誤った導き、知のあらゆる手段の畸形化の原因と向き合う一切のものに対する公然たる暴力の最初の萌芽、そしてこの暴力の不正が芽生えつつある認識とそれに対する人間自然の反抗である」[34]。この「陶酔の時代」の教育の原則は、したがって何にも使用されない。というのは、「哲学の世紀の後半において皮相な一般性でその地位をつかもうとした教育制度における革新欲もまた堕落へと突き進む」からである[35]。

何がなされねばならないかを、ペスタロッチーは『ランゲンタールの講演』のなかで、彼の死の一年前にある政治的な遺産として再度まとめた。というのは、ここでも重要なのは、産業と社会的貧窮の結果であり、あらゆる伝承的な生活秩序や価値秩序の転覆のメンタルな結果であり、そこから生じる民衆教育的な帰結だからである。診断は明らかである。つまり工場制と資本の無統制な流入は、旧いスイスの生活様式――自己配慮、節制、配慮、用心、正義など――父の「取得精神」に代わって一般的な「有用精神」があらわれたことによって視界から消えた。それは所有において収入と消費のあいだの配分はますます開いた。それによって、経済的に自立した生活遂行はますます困難になり、あるいは危険に陥るようになる。それによって、この状況はますます多数の財産喪失（「居間の略奪」）を先鋭化した[36]。

古い名誉、旧い共同精神は、その意味を失った。市民的中間階級のその道徳的、政治的にふさわしい立場を失い、不均衡でただちに豊かになる工場労働と他の幸福の親切は暴力にとって代わられた。ある種の「幸運をあさる人」（救済手段）によってとって代わられた。「祖国の危機」は見過ごされることはできなかった。つまり、わずかの「大国」とますます増大する財産の喪失との誤った関係は、共同体の基礎を破壊した。

救済手段として、ペスタロッチーは古いスイスの生活様式へ戻ることを推薦しなかった。道徳と社会秩序――それは現在の問題をはかれないが、ただまったくその精神と思操における現在と未来の形成にはふさわしい。そのことを彼はすでに『時代に訴える』や『純真者に訴える』のなかで詳細に説明している。つまり、人権の尊重は、新しい法秩序を要請する。新しい法秩序は、自立、自由、義務の使用のために新たな要請を示す。国権、市民権と個人権の新たな理解にとって、新しい憲法の枠内におけるその関係の新しい秩序が考慮されねばならない。新しい市民社会は、新しい市民の感覚を要請する。新しい党派心に対して、「団結」と新しい共同精神が対抗心を形成する。新しい経済秩序の結果は、継続してそれが新しい責任感に伴われているときにのみ、すべての人によい結果を生み出す。つまり、財産の誤用の防止と無産者や貧民のための生活維持の確立を生み出す。人間相互の交わりは、仲間意識によって刻印づけられている。だがそれに向けて、人々は教育されねばならない。つまり、連帯性としての生き生きとした人間性にまで教育されねばならない。そして、何らかの抽象的な「人間性」の形式ではない。そのための基礎的な学習領域は居間であり、そのなかで経験される「知恵、愛、優雅、技術」（「母ごころの現実的享受」）、それは何ものにも代えられることはできない[37]。

「人類の友よ。いまやあなたの一瞥を家庭的生活、人間的に母性的な、その乳飲み子への影響の観点に投げかけよ！　乳飲み子は、あらゆる人間諸力と素質の陶冶の出発点として、それとともにあらゆる真の国家力の出発点として、また国家と文明の堕落の本質的な悪をその根源において統一をなすためのあらゆる真の手段の出発点として存在するように」[38]。

愛、忍耐、援助と信頼は、基礎的な道徳的経験や直観である。――母とその愛に満ちた援助は、子どもにとって道徳そのものの総体である。――道徳的感情の文化へと構築することができる。それを誤ると、あの「硬化」が入り込む。それについてペスタロッチーは繰り返し語っている。それは人間を、そして彼とともに社会を誤謬へと導き、「国家の堕落と文明の堕落」へと導く。それゆえ「居間の陶冶の浄福力」は――『ランゲンタールの講演』のなかで述べているように――民衆陶冶へ、とりわけこれがまったく欠けている民衆学校へと導かれざるをえない。

このような示唆で打ち切りである。補われるべき多くの観点は、再度強調されるであろう。ペスタロッチーは、一方で時代の最も高みにある思想家であった。しかし他方では、まったく社会的・保守的な立場をはっきりと述べている。彼は近代化のプロセスのあらゆる本質的な危機をテーマ化し、それを共同体験した。それに対する彼の答えは、一貫して自然法的議論の図式に固執している。つまり、事物や関係の正しい秩序は、同時にその道徳的な質を潜ませている。

十分な根拠と経験的データから確信することは、生活と成長のために、とくに最も初期の子ども期に楽天的な条件を示すということである。だからペスタロッチーは、教育者として次のことに立ち返らざるをえない。近代化に向けて、社会的変化から――両親はその責任を認識し、子どもはこの条件をあらかじめ見出すということ。世界への道に、しっかりした個人的関心が促進され、見渡すことができる「単純な」、確かな学習環境、共同体の体験、援助準備、友情、愛。そのかぎりでは、教育者は第一の社会的、文化的な関係と結びつき、一方で喜んで伝統のカテゴリーにおいて考え、他方ではその際その根本的な教育学的議論、つまりいかにして私は子どもの教育可能性をそのように用い、その結果、子どもは楽天的に発展し、同時に教師はその教育の仕事を実現することができるか。精神分析家であり教育学者であるベルンフェルトは、次のように述べている。

「不快、不安、罪感情は、具体的な変革への教育可能性を実現する動力である。……環境世界はそのように形成されねばならないから、その結果、それは比較的わずかの放棄を求める。子どもたちはそれに即して、またそのなかでそれとの一致へと成長しなければならず、また畸形化され、粗野化されてはならない。……子どもや若者になお影響を及ぼし、彼らに即して驚くべき変革を達成することは、まったく素晴らしいことである。深く見捨てられ、罪深く、粗暴にされている子どもたちでさえ、わずかの月のあいだに根本から変わる。人はその環境から彼らを引き裂かねばならず、彼らを十分に組み立てられた子ども共同体のなかへ組み入れ、彼らのなかに真の愛の証明を目覚めさせ、彼らを一貫した拒否によって最初に芽生えた愛の目標が置かれる。教師、仲間、共同体と同化する。ペスタロッチーはその一切をノイホーフ、シュタンツで無意識に、無反省に行った……」[39]。彼は作用を見、「愛の力」を経験した。それはその動力であった。彼はそれをさらにあらゆる教育の本質的要因として認識した。

ペスタロッチーは社会理論家として、また政治家として、教育的、陶冶的に調整された家庭生活と子どもの生活のための文脈的条件は、住民の多数において消滅ないしもはや存在しないということから守ることすらできない。それゆえ明らかなことは、学校および授業を誤った「居間」に対する補充制度にすることである。制度的な学校、組織授業のグロテスクな交わり。社会理論的な次元において、彼の思考のなかに類推的な欠損が存在する。つまり、官僚政治の役割の誤認と近代化された国家と社会における政治の範囲内での利害の役割の誤認である。

ペスタロッチーの同時代人の近代化のプロセスの鏡に映し出された彼の思考のレジュメは、一義的ではない。つまり、彼の政治的、社会的オプションのなかで揺れ動いている。彼の経済的、理論的分析の成果において、彼は逆に明白である。同様に、その家庭的、教育的要請においても明白である。だが、彼の教育学的プロセスの現実主義的な、社会・経済的文脈化（とその未来の期待）は、啓蒙主義者の進歩的楽天主義から区別するので、彼がしばしば体系的に成し遂げ、争うことなく彼の本来の主著とみなされる唯一の著作『探究』のなかで、彼が「人間とは何か」という問いにいかに答えるかを解明することが残されている。

第二節　近代の人間学的構想——その教育学的帰結——

一　『探究』における人間学的構想

ペスタロッチーの人間学的構想は、一七九七年に最終的に完結した『探究』において包括的に論じられている。彼は同時代人と同様に、「三状態」のモデルによって、自然法の近代的な思考形式を受け入れた。とくにルソーと同様に人類の発展史的な思考形式を用いているが、それを彼独自の仕方で変更した。つまり自然法にとって典型的な、歴史的機能をもった三状態のモデルを「心理化」したわけである。伝統的な、ルソーにおいてもなお克服されなかった三つの時間的に相互に生じる人類の三つ状態についての観念が破壊され、新たな方法的可能性の意味を獲得する。つまり人間の本質への問いに対する答えとしての彼に固有の人間学を構想する。

1 「自然状態」における人間

ペスタロッチーはルソーに倣って、人類の発展における「堕落せざる自然状態」（unverdorbener Naturstand）を仮定する。それは人間存在全体における矛盾を解明するための最初の接触点を与えるがゆえに、とくに重要である。そこで動物との系統的な比較によって、人間の根源状態についてのより詳細な分析が、肯定と否定の両面からなされる。「ことばのほんらいの意味での自然状態は、最高度の動物的純潔の状態である」[1]。それはルソー的意味での歴史的解明を欠く、ある種の根源状態である。「自然状態」の設定は、人間の根源的なアンビヴァレント（両面価値的）な性格を示している。

「自然状態」は、総じて人間がもっぱら感覚的満足によって、つまり根本要求の満足によってはたらいているということ、その存在を保証するいかなる困難も生じないかぎり、無邪気なままである。「この状態における人間の子は、純粋に本能の子である。単純かつ無邪気にあらゆる感覚的享受へと導かれる」[2]。この意味において、確かにルソーの自然状態が想起される。しかし、その実質的な形態において、ルソーとは決して一致しない。この状態は「予感するだけで、認識することはできない」[3]のである。人類の原始状態が想起されるように、「人間は努力しなければならなくなり、心配や不安や病を経験し、根本的要求の満足が危険に脅かされるやいなや、堕落した自然人となる」[4]。

この点で彼はルソーとは異なり、それをまだ「社会状態」とはみなさない。ルソーのように、「自然状態」を理想化することも拒否する。なるほど原始状態において人間の善の萌芽が示されている。しかし問題なのは、たとえそれが必要であろうとも、歴史の一瞬しか存在しない。子どもの誕生後、要求が満たされるやいなや、人間はたちまち無邪気さを喪失するのである。この点で、キリスト教的な原罪説との原則的な違いも明らかになる。

ペスタロッチーは人間の歴史的経過の分析を、個人の発展と同時に、人間の一般的規定を根本から説明するために用いる。その際、人間が孤独に生きる自然状態の仮説は否定される。それはルソーの自然状態とは別の特質をもつ。肯定的な自然状態において、人間は何も恐れることなく仲間との接触を楽しむ。逆に否定的な自然状態においては、仲間の意志は圧迫される。ルソーの場合は「真の自然状態」について語られたのに対して、ペスタロッチーは人間存在をその社会的条件のなかで認識する。人間はそこにとどまることも、そこから退却することもできない。仲間の助けによってのみ、人間は自己を実現することができる。社会的要求か個人的満足か、といった一面的な方向では、その真の人間存在は実現されることはできないのである。

このように人間は堕落せざるをえないものであるかぎり、その根源的使命の要求を認めることができる意識的なものとはみなされない。その経験は、ある種の「印象」として刻印づけられている。人間はその自然的要求を暴力的に満たそうとするやいなや、その最初の印象は悪の印象によって凌駕される。しかし、それは根本経験として人間の精神的、道徳的人格を実現させるための基礎として、人間自然のうちに消しがたく残る。人間はその自然的本性によって規定され、その衝動によって規定されるかぎり、堕落せざるをえないのである[5]。

ペスタロッチーは「自然状態」における人間と動物との密接な関係のなかで、特殊な「人間的なもの」を探究している。それによって人間は、唯一本能の無邪気さを欠いている。人間の「たよりなさ」(Unbehilflichkeit)[6]は、本能を制限する可能性の理想を想起させる。ゲーレン(Gehlen,A.)は倫理的観点のもとで、人間はつねに自由であり、決断することに強いられているということを示すことによって、問題を一層際立たせる。人間は本能だけで行動することはできないという点で、動物から区別される。人間本性に内在する潜在的能力として、人間は発展する可能性を秘めているということである。つまり、ペスタロッチーにおける「自然状態」の設定は、人間のほんらいの存在様式を示すものとして、その最初の前提を成すものとみなされる。

2 「社会状態」における人間

人類史における「自然状態」についての事実説明が不可能であったのに対して、「社会状態」に関してはまったく可能である。この状態はあらゆる時代に存在していたし、現に存在しているからである。人間は生まれながらにして、自己自身を社会的存在として実現すべく可能性を与えられている。「社会状態」への移行に対する動機は、「動物的自然の要求を、より容易に、より確実に、より満足して手に入れる」[7]ことができるという観念に基づいている。それゆえ社会は、少なくとも満足した「自然的要求の代償物」を人間に保証しなければならない。最初の自然的要求の満足は、社会のなかで生きる人間にとっても正当な要求である。

もちろん要求の満足や幸福に対する権利は、社会によって著しく制限されるが、正当な自然権として妥当する。

この点で要求の満足というカテゴリーは、社会的秩序がはかられる基準の機能をもつことになる。それは抽象的に善なる自然と悪しき社会を区別するためにではなく、具体的に社会的関係の判断のために用いられる。つまり、それは「社会的結合の目的」[8]の尺度に即して、その善悪がはかられる。社会的秩序は社会的権利の制限のなかで、自然的要求の満足をすべての人間に対して可能にするために役立つべきである。

このように人間が社会化にいたるのは、「自然的要求の代償物」を見出す必要からである。しかし、人間が社会に求めた期待は、容易には実現されない。それはペスタロッチーによれば「欺瞞」（Täuschung）に基づいている。ほんらい社会化の過程は、自己制限を要求する。「社会状態は、本質的に自然状態の制限において成り立つ」。だが自然的要求の満足の願いは、依然として存在する。この要求を我欲的に、他の人を犠牲にして満足する可能性があらわれる。つまり私有財産が生じ、依存関係がつくられ、権力と支配関係が確定される。「社会状態」における人間の本質は、もっぱら「この世界のあらゆる事柄を他者との契約と約束」[9]の観点から見られる。この根本感情は、本質的に「我欲的」なものとみなされる。この利己主義は「社会的権利に対する不信」へと導き、それは「あらゆる市民的犯罪の源泉」とみなされる。そのかぎりでは、ペスタロッチーにとって社会状態は「その本質において万人の万人に対する戦いの継続」[10]である。それは「自然状態の堕落で始まり、社会状態において、ただ形を変えるだけである」[11]。

この状態において、人間は「その畸形化された、不十分な自然の歪曲と硬化のすべてによって導かれる」。この「畸形化」と「歪曲と硬化」[12]ということばは重要である。人間はもともと「悪」なる自然として社会へと導かれるのではない。社会のなかで人間が自然的存在のままだからである。この自然性の制限と畸形化は、社会的に必然的なものとみなされている。この必然性から、特殊な「畸形化の教育学」も展開される。それとともに、人間の自然的要求は正当なものとみなされ、正義と法の制限における要求の満足の程度は、社会的関係の判断のための基準とみなされる。すなわち根源的な「好意」(Wohlwollen) と結びつけられた「我欲」(Selbstsucht) の展開は、人間学的あるいは神学的意味での「根源悪」ないし「原罪」ではなくて、社会的に生じたものであり、社会化の過程として、そのあり方が問題になる。

そもそも「社会状態」への移行は、人間の「自己保存」の動機に基づく。社会のあらゆる制度や習慣は、「自然的要求の代償」を求める人為的手段にすぎない。しかし社会的制度や秩序はその本来の目的からはなれ、人間による人間の我欲的支配へと導く。結局「社会状態」は、弱者に対する強者の権力の行使によって構成されている。それゆえ「社会状態」は「万人万人に対する戦い」にほかならない。ただしホッブスは社会契約の権利をあの戦いを終わらせる唯一の手段とみなしたのに対して、ペスタロッチーは別の形で理解する。すなわち、

「社会的権利は私を満足させない。社会状態は私を完成しない。私は市民的形成の地点に静かにとどまることもできず、単なる動物的な感覚的享受の地点にとどまることもできない。いかなる場合にも、その形成によって私は不具化され、不信や歪みや不安が私の心に生じる。それはいかなる社会的権利も解決しない」[13]。ここに、「社会状態」の限界が示されている社会的状態のなかで人間は市民として生きており、我欲と欲望を一致させようと試みねばならない。これが現実には達成されない。この結果、社会的人間は「市民的半人間」として二重の非調和のなかで生きていかなければならない。結局、この社会状態を人間存在の「中間状態」として克服すべきことが要請される。

3　「道徳状態」における人間

こうして第三の状態として定立されたのが、「道徳状態」である。これによってはじめて、近代的な意味での道徳的自律の人間学が確立されることになる。人間には社会的権利や義務以上に、「道徳状態」への可能性が認められる。それは自由な道徳的決断のなかにある個人としての人間である。「道徳はまったく個人的である。それは二者のあいだに成り立つものではない。だれも私に代わって、私が存在すると感じることはできない」[14]。人間は「動物的自然や社会的存在として、道徳をまったく信じることなしに生きざるをえない。ただ、この不信の真只中で道徳への要求が私の心の奥底にあらわれ、私の心次第では、私が自然や人類が単に動物的、社会的存在として私を形成しようとも、もっと高貴な存在に私を形成することができるのだ、という感情が私を高める」[15]。

ペスタロッチーは、さらに道徳を個人の自由意志の問題としてとらえる。「道徳は個人においては、その動物的、自然的関係および社会的関係ときわめて密接に結びついている。しかしその本質から見れば、道徳は私の意志の自由に基づいている。すなわち、道徳は私自身を私の動物的欲望から自由なものとして、私自身のうちに感じることができるという、私自身の性質に基づいている」[16]。ここで、人間相互の道徳生活のいかなるものもありえない、というふうに誤解されてはならない。確認されることは、「非道徳への刺激」がより強く、多様であると考えるかぎり、集団のなかで生活することは困難である、という悲観的な見解に傾いているということである。しかし、道徳的人間になりうる可能性についての決断は、たとえ社会的条件からまったく離れては実現されえないとしても、きわめて孤独であり、主体的な事柄である。

ところで、道徳への人間の決断を究極的にどのようにとらえ、どのように決断させるか、という問いに対して、ペスタロッチーは次のように答える。「私は自分自身を個人として、つまりわれわれ人類からひき離して私自身の権利を信じることができるとき、それを決定する。それは私の本性にすでに内在しているのではない。私は自分の意志でそれを自然のなかに導くことができると感じる」[17]。ボルン（Born,M.）の解釈によれば、とくに個々人の自由な決断の際に、決定的にはたらくのは人間の意志であり、それは強制されることはできない。人間は道徳的決断に対して自由である。もちろんこれは「道徳的自我」の絶対化を意図しているのではない。ペスタロッチーの「道徳的導き」についての考え方から、自由な意志活動の必然性、およびそれを為す人間の能力を繰り返し強調しているのである[18]。

ペスタロッチーによれば、「私自身にとって、この世のあらゆる事物は私の動物的我欲と社会的関係から離れて、私の内的醇化に寄与するものは何か、という観点においてのみ実現される。……この力は私の本性の最も奥底に独立して存在する。これは私が存在するから在るのであり、私にとって本質的に固有のものであり、人間はそれを意欲するとき、完全な意味で人間になることができる」[19]。この人間の奥底に存在する力こそ、自己肯定と他者肯定としての愛の力である。この力は、ほんらい人間を自由な存在にする能力である。人間は、自己の良心に従って「感じ、考え、行動する」。それは、いわば絶対的な規範である。道徳的力として、人間は「動物的力」と社会的「我欲」を従わせ、自己を完成しなければならない。しかし、現実には容易に達成できるものではない、人間の「努力」のある程度の要請をとどめる。完成はただ、「自己否定」としてのみ可能である。人間は自己の道徳的意志に従って行動するときにのみ、真に道徳的自己を実現することができるのである。

そこで問題なのは、「社会状態」に内在する矛盾を克服すべく設定された「道徳状態」が、人間存在にとっていかなる機能をもつかということである。先に見たように、「道徳」において重要なのは、あの社会的制度や習慣における「外的」なものではなくて、「内的」なものである。つまりそれは、良心によって規定された人格的、個人的な態度のなかで実現される最高のものである。なるほど「道徳」は発生的に見れば、自然的、社会的に媒介されている。しかし、その妥当性や実現性を考えれば、個々人の自由な良心の決断に依存している。このように「自己自身の作品」として理解される道徳は、自然状態の「調和」から社会の「不調和」の状態に陥った人間の、いわば「調停」原理の意味での最後手段なのである。つまり「私の本性のなかに内在する矛盾を消滅させることは、道徳によってのみ可能である」[20]。それはラング（Rang.A.）も言うように、現実の経済的、社会的な欠陥や社会的秩序の矛盾に対する理想主義的な「調停」の試みである[21]。

このように「調停」としての機能をもつ「道徳」概念は、カントの「定言命令」が想起されるように抽象的、形式的であり、発展のより高次の段階を示している。この高次の抽象と一般の次元で、自己の意志に従って決断する良心の自由と自律がテーマとなる。確かにラングも指摘するように、個人の道徳へとつれ戻すことは、現存の社会的支配関係との一致へと導き、支配の内面化を可能にする。しかし、それは支配の合理化とその承認の試みを暴露する機能をもつ。また、『探究』にあらわれる「道徳的権利」の概念からも、道徳と社会、モラルと政治を結びつけようとする意図がうかがわれる。それはたとえ抽象的であろうとも、「平和、自由、平等に基づく純粋な道徳的人間の結合」をめざすユートピア的な動機としての道徳である[22]。

では、ここで「ユートピア的な動機」あるいは「理想主義的調停」とみなされた「道徳」概念のはたらきが、『探究』の人間学的構想のなかで教育の論理としていかなる意味をもつのか。これまでの考察から明らかなように、

「道徳」は自然および社会に内在する矛盾を克服するための最後手段として導入された。しかし、社会の権利と自然の幸福とのあいだには、ただ「循環的人間性」あるいは「道徳的同一化や人間的責任をめぐる格闘」が存在するだけである。そこからはいかなる帰結も生じない。ただディレンマが存在するだけである。残された道は唯一つ、人間の内的な「自己醇化」以外にはないのである。

二 「自己醇化」としての陶冶

まず「自然状態」における人間は、「自然の作品」として必然の法則に従いながら、自己の本能に導かれて動物的我欲に従うこともできれば、また道徳的好意に従うこともできる。

人間は倫理的な観点のもとで善悪のアンビヴァレントな存在とみなされる。同時に、人間は他の動物に比べて可塑的である。つまり人間はほんらい自由であり、その存在のあらゆる段階において自由な活動が可能だということである。人間は外的影響によって変えられるし、また与えられた条件の自由な判断において自己をある限界にまでかえることができる。人間は精神的存在として、この発展において確定されない。前進的な発展や後退、また誤った発展も可能である。つまり、人間は自己自身を規定すべきであり、あらゆる関係において自由な存在として自己を実現することができる。この自由な発展と自己規定、この点にまずペスタロッチーの人間学的構想の帰結として、人間の教育の可能性が認められる。それと同時に、人間自然に属するアンビヴァレントな特性から、それを克服すべく人間の教育に対する依存性、つまり教育の必要性が認められる。[23]

人間は「社会状態」ないし「人類の作品」として、自己保存のために社会的諸制度に従い、自己の自然衝動を

「畸形化」せざるをえない。それはある種の「自己欺瞞」に基づいている。それは人間が市民的自由を獲得するための、いわゆる「社会化」の陶冶過程とみなされる。しかし人間は「社会状態」において真の自由を獲得することはできない。なぜなら人間の社会化の動機は、自己欺瞞に基づいているからである。それゆえ「社会状態」において「私自身の完成」は結局不可能である。つまり「社会状態」は究極の状態としてとらえることができない。むしろこの状態は、「自然状態」と「道徳状態」との「中間段階」とみなされる。「私は単なる感覚的享受の地点にとどまることができないのと同様に、私の社会的陶冶の地点にとどまってもおれない」[24]。人間に社会的段階にとどまることを禁ずるのは、人間自然そのものである。「私は社会状態のなかで深く満足した動物的自然生活の快適さの下に沈むか、それとも自己をその社会的硬化の堕落を超えて高まるかしなければならない」[25]。「私の動物的無邪気と私の道徳的純血とのあいだの中間に、一つの世界が存在する」。それは混沌とした、堕落した「中間段階」としての「社会状態」である。

いまやペスタロッチーがそこに深く入り込んだ矛盾の本質もまた、開示される。「この矛盾は、私の動物的要求と私の良心の権利とのあいだの、私自身の動揺にほかならない」[26]。ここで重要なのは、人間は自然の作品としても人類の作品としても、自己自身に内在する矛盾を止揚することはできない、ということである。「人間はその本性に内在するとみなされる矛盾」[27]から、「社会状態」においても人間を多様に抑圧する結果を和らげることができるにすぎない。人間はこの「社会状態」を動物的自然の単なる要求として認識し、それを自己および全人類に対して呪詛するかぎりにおいて、また人間がつねに自己の「道徳状態」にまで高まるべく努力してのみ、真の人間存在を実現することができるのである。「人間の浄福と権利は、私の動物的要求と私の社会的要求を、私の道徳的意志のもとに完全に従わせることに基づいている」[28]。この道徳的意志は、「私に良心の権利」に基づいている。社会的道徳からの決別を示すものは、人間の本質をなす道徳的意志の自由ということである。というのは、道徳的行為への最終的動機は、人間における「自然的なもの」や「社会的なもの」に帰せられることができないからである。人間は個人として、自己の意志によってのみ、自然的、社会的存在としての自己を克服し、道徳への自由を獲得することができるのである。こうして人間は「自己自身の作品」として、自己の道徳的意志に基づいて自己決定し、道徳的自己を実現するという、いわば自己教育の意味での教育目標が明示される。しかし、人間は「道徳状態」においても「自己自身の作品」となる以前に、「自然の作品」および「人類の作品」なのであり、自然的条件や社会的条件によって制約されている。それゆえ人間はその都度の制約のなかで自己自身に立ち返り、自己を乗り越えることによってはじめて、その人間性（道徳性）という教育の目標を実現することができるのである[29]。

このように人間は「中間段階」における格闘や経験なしには、道徳的自律の状態にまで高まることはできない。この格闘や経験をとおしてはじめて、人間は自然的、社会的関係全体を包括する真の意味での道徳的態度にいたる道が開かれるのである。この点について、ペスタロッチーは次のように述べている。「私の動物的自然や感覚的享受や社会状態の桎梏は、それらを経験することによってはじめて道徳的権利にいたるのだから、それらを経験しないで迷いだとか不正だとか考えるならば、私は教養のない迷った生活を繰り返すことになろう」[30]。「自然状態」の感覚的迷妄や「社会状態」の法的強制は、「道徳状態」にいたるための不可欠の前提になる、ということである。こうして人間は、「自己自身の作品」として、自然的なものや社会的なものとの密接なからみあいのなかではじめて、道徳的自己を実現することができるのである。

いまや道徳的自己としての良心への言及によって、さらに決定的な歩みへと進む。なぜなら自由な決断はまったく形式的な概念であり、それは個人によって実質的に満たされるものだからである。「私があるべきところのものを、私の欲するところのものの法則にするとき、私は自分自身を完成する」[31]という認識もまた、具体的な状況においては、これ以上の助けにはならない。「私があるべきところのもの」とは何か。ペスタロッチーは彼のすべての信頼を「神的な閃き」(göttlicher Funke)に置く。それは自己のこころの奥底にある良心に基づいている。われわれはこの良心の声に耳を傾けるときにのみ、真に道徳的でありうる。「この世のあらゆる事物を、私の動物的欲望や私の社会的関係からまったく独立して、それが私の内的醇化にとって寄与するものは何か、という観点から表象し、そのような観点のもとでそれを達成する力を私自身のなかにもっている」[32]。そして人間がその内的な声に耳を傾けるとき、その矛盾を自己自身のなかで解消する。「自己自身の作品」としてのみ、人間は自己自身との調和を再び獲得することができるのである。

人間は自己の良心に基づいて自己を完成し、他者の幸福に奉仕しようとする。それはペスタロッチーのことばで言えば「誠実な愛」である。その際、人間は自由な行為において自己を受けとめ、動物的自然との結びつきにおいて自己を醇化しなければならない。「肉体のなかで神的に生きる」[33]という自覚のなかで、人間は自己を醇化し、衝動的な諸力と要求から意志のよって自己を規定しなければならない。人間の究極の可能性としての善を求めて努力し、「不正を犯すよりも不正に悩む」ということが、人間の自己規定という最終の目標なのである。教育目標のこの二つの極は、ペスタロッチーが道徳的で自由な人間に、愛とそこから生ずる「信頼すべき誠実さ」とを最高の目標とするとき、それらは相互に生じる。なぜなら愛は究極には自己肯定と他者肯定を意味するからである。この愛は道徳的人間においてのみ可能であり、この愛および自発性から自由が生じなければならない。彼の人間学が示唆する教育学的帰結は、教育の目標、つまり自由に生成するものとしての人間の自由に向けられている。それは自由なアンビヴァレントな存在としての人間の倫理的な目標、つまり人間の使命を実現することである。

三　人間学的構想の帰結としての教育学

『探究』から明らかなように、三つの根本力は自ら発展するのではない。そうでなければ、社会状態は「万人の万人に対する戦い」が支配したいかなる状態でもないであろう。

自己を見捨てられ、見放され、「社会的に見放された人間は、あらゆる犯罪へと導かれる」[34]。それゆえ、基礎に内在する努力する力に援助、あるいは「技術」が必要である。「人間自然の醇化、市民的人間の醇化は、援助を要請する」[35]。したがって、自然の極は自ら発展する。すなわち生存の力、それは最終的に我欲へと高まり、そして人間は社会的に結合させられるのに対して、この自然的人間と市民的人間の精神の極の発展、より高次の素質の発展のための醇化は、技術的な援助、つまり「技術」を必要とする。この技術は、いまやそれが恣意的に定義づけられ、用いられることができるという意味で決して技術的なのではない。ほんらい教育の技術である技術の課題は、自己力を（後から）助けることである。それとともに、技術の活動範囲が著しく制限される。つまりそれは内在する素質（頭、心臓、手）の自然の発展の歩みに従わされねばならない。それゆえ、ペスタロッチーは彼の基礎方法を自然の方法と呼んである。「基礎陶冶の理念は、人類の素質と諸力の発展と形成における合自然の理念にほかならない」[36]。

ペスタロッチーは三つの根本力の均衡を賞賛することに疲れを知らなかったけれども、技術が彼にとって知的、身体的素質が道徳的素質に従属するときにのみ、自然の歩みとの一致を達成することによって、心の陶冶はある確かなプライオリティーを含んでいる[37]。その根拠は、発達心理学的である。つまり、「子どもは彼が考え、活動する以前に、信じ愛する」[38]。自然は悟性と身体の陶冶を心の陶冶に従わせることによって、彼にとって道徳的陶冶の、生まれてから死ぬまでの「全陶治時期」のなかで道徳的陶冶の優位を正当化する。まさに頭と身体の発展は、信仰と愛のなかで人間を真に醇化し、満足させることができるのである。

人間を「自己自身からの死の飛躍」へと導く技術は、それゆえペスタロッチーの教育思想のある別の重要な部分を含んでいる。教育は決して学校教授とともに始まるのではない――彼はあまりにも国家的、集団的教育に不信感をもっている――。「家庭教育の代わりに学校は永遠になることはできない」[39]。というのは、陶冶の目標、つまり道徳性は、人間にとってただ個人的にのみ達成しうるからである。「自然的、社会的状態と同様に、いかなる集団的な道徳状態も存在しない。人間はただ世界の邪悪によってまとまって打ちのめすことができるのに対して、彼は「永遠に個人的にのみ醇化する」[40]。

そこから明らかになることは、人間は自ら道徳的な、つねに三つの状態をすべて自己のなかに証明するということである。つねにより低次の自然に対してより高次の自然は、相争う。一人かより多くの人間の純粋な道徳性の理念は、「私の自然の真理に反する。そのなかで動物的、社会的、道徳的力は離れ離れではなくて、お互いに密接に結び合っている」[41]。教授は、それゆえ誕生とともに始まる。それは人間学からの帰結である。そのなかで、ペスタロッチーにとって堕落は誕生後、絶対的要求の不十分な満足によって恵みなく導入する。いったい堕落せざる自然状態は存在するのか。「もちろん、そのような状態は存在する。それは子どもがこの世に現れた瞬間である。しかし、この瞬間は存在するや否や通り過ぎる。最初の泣き笑いにおいて、その地点は通り過ぎる。そこから子どもの動物的無邪気はほんらい出発する。この最初の声から、子どもは不満足な要求の感情、かなえられない望み、あらゆる痛み、繰り返しこの地点から無限に遠のく」[42]。

人間の技術は、より高次の素質と力を合自然的に促進し、発展させることによって、同様に自然の所与の堕落をその影響において和らげ、個々人が道徳へと高めることへと導かれる。「合自然」とは「教授の原則を自然の歩みといたるところで一致させること」[43]である。自然概念は、ペスタロッチーの生涯の第二の段階において心理学的に理解される。もはや宇宙論ではない。けっきょく、ペスタロッチーにとって重要なのは、教育において世界の習得、客観的世界の陶冶内容の習得ではなくて、むしろ個人における内的諸力の発展である。逆に、後者は外的世界によって目覚ますときにのみ、発展する。ルソーと対立してペスタロッチーは、真正な教育的世界を「居間」として、家庭として把握する。学校教授は後に続き、第二次的である。合自然の教育は、それとともに自然による教育ではなくて、生徒の内的自然（三つの根本力）の心理学的発展である。

第三節　「メトーデ」の成立

一　「メトーデ」の基礎づけ——シュタンツにおける実践と理論——

ペスタロッチーにおいて「メトーデ」（Methode）が実践的な研究の成果として本格的かつ自覚的に形成されるようになったのは、シュタンツ以降である。シュタンツ孤児院での教育実践を出発点とし、それに続くブルクドルフで学校教育実践を通して「メトーデ」は自覚的に形成され、『ゲルトルートはいかにしてその子を教えるか』（Wie Gertrud ihre Kinder lehrt,1801）において一つの体系的な理論として成立した。その後、ミュンヘンブーゼやイヴェルドンでの実践をとおして「メトーデ」は「合自然の教育」の理念として発展され、晩年の『白鳥の歌』（Die Schwanengesang,1826）において、その思想が総合されることになる。この意味において、シュタンツ教育実践は「メトーデ」への展開の出発点として注目されるわけである。

『シュタンツ滞在についての手紙』（Ein Brief über den Aufenthalt in Stans,1799, ——以下『シュタンツだより』と略す）は、まさしく『メトーデ』への最初の転換点を示すものとして注目される。ペスタロッチーのこれまでの経験や思索や研究に基づいてその結果を受け入れ、新しい教育的統一にまでまとめられた実践と経験が、ここでリアルに報告されている。すでにクラフキーによって詳細な分析がなされているように、シュタンツの活動はその外的な前提条件にいたるまで、いわば「教育の限界状況」[1]を示している。ペスタロッチーの教育的努力は人間的なものの限界状況——内的にも外的にもうっちゃり放題にされた状態——にあるがゆえに、教育の根源的現象を直接洞察させることができるのである。

「だが、学校教育がまったく欠けていることは、ちっとも私を不安に感じさせませんでした。神がもっとも貧しい見捨てられた子どもたちにも与えられた人間本性の諸力を信じていましたので、この本性は粗野と野蛮と混乱のぬかるみのなかにあっても、きわめて立派な素質と能力を発展させるということを、すでにこれまでの経験から久しく学んでいます。それだけではなく、私は子どもたちのなかに、その粗野のなかでこれらの生きた諸力がいたるところで発現するのを見出しました。私は事物のもっとも本質的な関係を人間に直観させ、健全な感覚や天賦の才知を発展させ、なるほど現在のところどん底のなかで塵に覆われているように見えはするが、この環境のぬかるみのなかから浄化される明るい光で輝き出す諸力を活気づけるために、生活の必要と要求がどんなに役立つか、ということを知りました」[2]。

このようにペスタロッチーは絶望的な条件にもかかわらず、十分な確信をもって仕事に取りかかったということは、次のような信念に基づいている。すなわち「もっとも貧しい見捨てられた子どもたち」にも根源的な力、つまり「素質」と「能力」が与えられているということである。さらに、外的な困窮の状況は人間にとって「事物のもっとも本質的な関係」を「直観」させ、その力を形成するように刺激する、という経験によって根拠づけている。それゆえ、このような環境のぬかるみの浄化、つまり愛を喪失した「粗暴さ」の浄化、自己保存を求める良心の欠落した配慮における存在の浄化を必要とする。ペスタロッチーはそれを「家庭的な環境と関係」へと移し変える。

「私はこのようなぬかるみのなかから諸力を取り出し、単純ではあるが純粋な家庭的な環境ないし関係のなかに、それを移し変えたいと思った。私にはただそれだけが必要で、それは一段高い感覚となり、活動力となってあらわれ、いつまでも精神を満足させ、心情をそのもっとも内的な傾向において感動させる一切のものに役立つことを確信しました」[3]。

このような考えから、ペスタロッチーはシュタンツ教育活動の一般的かつ原則的な意味を求める。「家庭のもつ長所は、公の教育によって模倣されなければならない」[4]。この長所を、彼は次の点に見る。それは通常の学校教育とは異なって、「人間教育が必要とする全精神を包含する」ことができるということである。「家庭的関係の生活全体」[5]つまり所与の事物や経済状態や家庭の構成員のあいだの人格的な関係が、その基本的な特色とみなされるとすれば、上記の「全精神を包含する」ということばは、家庭のなかでその存在のあらゆる基本方向において教育を要求される、子どもの本質に結びつけられねばならないだろう。

このような「家庭的環境」の方向づけの意味は、次のように規定されている。すなわち、家庭ないし居間は、注意深い「母親のまなざし」(Mutterauge)と家庭的関係の全般にわたってはたらく「父親の力」(Vaterkraft)との両極の教育活動から成る[6]。つまり家庭が母親の温かい愛のまなざしと結びついて教育的にはたらくためには、家庭を支えねばならないのは父親の力だということである。ルソーと同様に、事物それ自体に教育的機能が与えられるのではなくて、人間によってつくり上げられた一定の人間的意味関係にある事物と環境に、その機能が与えられるのである。このような「家庭的環境」における人間的な関係によって、人間のうちにまどろむ可能性を道徳的な善にまで目覚めさせることを可能にする条件とはどのようなものか。この教育の目標としての善にまでの人間形成(陶冶)の方法、つまり「メトーデ」の開発が、シュタンツ教育実践の第一の課題であった。

ペスタロッチーによれば、子どもはほんらい善なるものとみなされ、また善を欲するものとみなされている。

「人間は好んで善を欲し、子どもは喜んでそれに耳を傾ける。だが教師よ。それは汝のために欲するのではない。そうではなくて、自分自身にためにそれを欲するのである」[7]。つまり、子どもは自分が必要とするかぎりにおいて、善を欲するということである。「自分自身のために」ということは、教育者の恣意に対して述べられている。要求されたものが「子どもにとって善なるもの」として注目されれば、「事柄の性質上それ自体善であるにちがいない」[8]ということである。つまり、善の意欲は教育者に向けられているのではないのである。

ペスタロッチーの確信によれば「子どもは自分が愛する一切のものを欲する。彼に名誉をもたらすもの、彼の心のなかに大きな期待を抱かせるものは何でも欲する。彼のなかに力を生み出し、表現させるすべてのもの、私がなしうる一切のものを彼は欲する」[9]のである。ここで子どもの善へと意欲する力は、すでに彼ら自身のなかに基礎づけられており、子ども自身の活動がはっきりと自覚されている。

しかし、子どもが善を意欲する以前に、教育者の意志の必要性を状況や必要に応じて彼らは感じとっていなければならない。ここで、教育において周知の表現である人間学的、教育学的な深い意味に向けられる。つまり「愛する子ども」「汝は愛に応えるか」「私は愛に応えたいと思う」[10]といった表現である。両親を愛するなかで、子どもは自分が善であり、善を行っているという満足を経験するのである。子どもは善に気づき、それを確かなものにするために、大人によって満足させられることを必要とするのである。

ここで、道徳教育の「メトーデ」にとって決定的な性格をもつ一つの解答が与えられる。すなわち、内的な道徳的諸力の覚醒の意味での教育は、次のような場合にのみ可能である。すなわち、愛のこころをもった教育者が子どもにかかわりをもち、子どものなかに善に対する信頼の状況をつくりながら、自由な空間を準備する場合である。

シュタンツでの実践報告の最後に述べられているように、教育は知的、身体・技術的諸力の覚醒の意味でも、子どもがその認識と技能に対して糸口を自ら見出すことができ、同時に世界における混沌とした多様性を自らの経験に基づき、その最も単純な構成要素において把握することを学んだときだけ可能である。この点について、彼は次のように述べている。

「私は内面力が子どもの内から成長するのを見たが、その内面力が子どもに行き渡っていることは、私のまったく予期しなかったことでもあり、しかもその現れ方に、私はしばしば驚嘆し感動もした」[11]。彼はそこで、「子どもをとり巻く自然や子どもの日常の要求やいつも活発な子どもの活動そのものを陶冶の手段として利用しようと考えた」[12]のである。

以上の考察から、『探究』の人間学的構想との関連が明らかになる。人間は「自己自身の作品」として自らの力によって道徳状態にまで高まらねばならない。この道徳へと動機づけられた教育的行為を、彼は『探究』の最後で、次のように述べている。「真理と正義は人間にとって自由、つまり人間の意志に基づく。あらゆる教育は、本質的に真理と正義にまでの人間の内的諸力の形成である」[13]。つまり、ペスタロッチーによれば、真の教育はつねに人間の「自己自身の作品」であり、自己の内的諸力の覚醒によってのみ作用することができるのである。あらゆる教育は究極の根源的な真理をめざすが、それは人間の欺瞞や誤解から解放されることによって、人間自身の自由な作品としてのみ達成される。この意味で、「メトーデ」は人間を盲目的に混乱した直観から明瞭かつ包括的な概念へ、つまり真理にまで導く技術にほかならない。シュタンツにおける道徳的な善を形成する道としての「メトーデ」は、まさにこのような人間を真理感情と正義感情へと導く方法にほかならない。

このような教育の一般原則に基づいて、ペスタロッチーは『シュタンツだより』のなかで道徳的基礎陶冶の「メトーデ」をさらに具体的に展開している。「私の活動を始めるにあたって出発点としたもの、すなわち私の子どもたちの内面を堕落させ荒廃させていた泥だらけの粗野な環境から彼らを救い出すための出発点とすることができ、またそうすべきであったものは、経済的なものでもなければ、その他の何らかの外面的なものでもありませんでした。……私はまず、子どもたちの内面そのものを、そして正しくかつ道徳的な情調を彼らの内部において鼓舞する以外にはありませんでした」[14]。このような子どもたちの「内面力」の開発の原則に基づいて、彼はさらにその方法、つまり「メトーデ」について、三つの段階に分けて具体的に展開している。

第一に、「子どものもつ道徳的情調を目覚めさせる」段階である。それは家庭的関係、つまり「子どもたちを互いに兄弟姉妹にすること」およびそこから生じる雰囲気、つまり「精神的にまとまって一つの大家族の単純な精神に融和させ、このような関係から生じるものや、そこからあらわれる気分」に基づいて「正しくかつ道徳的な感情を一般的に活気づける」[15]ということである。その際、「まず子どもたちの心を開く」ということ、また「彼らの日々の要求を満たしてやること」[16]が求められる。

第二の段階として、この喚起された道徳的感情に「克己の練習」(Übungen der Selbstüberwindung)を結びつける。「正しいことや善いことについての克己や努力によって、道徳的行為の練習をつませること」、つまり道徳的行為の実践化の練習の段階である。それによって「道徳的感情の実生活でのはたらかせ方、表し方を身につけさせるためである」。この練習もまた「徐々に現れてくる子どもたちの必要性」から出発しなければならない[17]。結局、この「克己の練習」に関しても、子どもたちの注意を喚起したり、情熱を刺激したり、できそうなことについてはすべて、私がなぜそうするのか、どんなふうにそれをやれるのか、を彼らにはっきりとわかりやすく呑み込ませるように努力することが求められる。

道徳的心情と具体的な道徳的行為の領域における子どもの経験に基づいて、道徳的基礎陶冶の第三の段階、すなわち省察の段階が構成される。この場合も思慮および反省の出発点はあくまでも子どもの経験である。「子どもたちに自分自身や自分の身の周りの人々とともに、正義や道徳の関係について熟考したり比較したりさせることによって、道徳的知見を育てる」[18]ことである。「私が子どもたちに正義や義務の表象や概念を生み出すために私が用いた方法は、同じくごく単純で、前二者の段階の場合と同様に、子どもたちの生活圏での日々の直観や経験にすべてを基礎づける、というやり方であった。例えば、もし彼らがおしゃべりをして騒々しいときは、こんなありさまで教えることができるか、と子どもたち自身の感情に訴えかけさえすれば、これで足りるのです」[19]。

以上の考察から明らかなように、「教育的雰囲気」としての「家庭的精神」を基礎として、そのうえに認識主体、行為主体としての子どもの道徳的感情を目覚めさせ、主体的な実践力の訓練としての「克己」、そして最終的にはその反省による知見（真理）の獲得という道徳的基礎陶冶の「メトーデ」の理論が、実践的な裏づけをもとにして展開されている。また教授の訓育的な基礎づけに関しても、まだ示唆的ではあるが言及されている。さらに、知的、技術的陶冶に関しても、「直観」の原理の端緒がすでに示唆されている。その際、彼は学習を道徳教育の関連のなかへ組み入れようとし、それをさらに子どもの自発的な活動としての労作教育と結合しようとした。いずれにせよ、シュタンツでの教育実践とその省察は、その後の「メトーデ」への展開の橋渡しとして重要な意味をもつものとみなされる。

二 「メトーデ」の成立――その本質と目的――

以上のように、シュタンツ教育実践はペスタロッチーの「メトーデ」への転向の証明として重要である。具体的な教育状況において、人間の道徳的な「自己醇化」の思想が生き生きとした行為と実行によって、いかにそれが「メトーデ」への道に注意を向けさせたか、ということを示している。もっとも、そこでは萌芽的な段階にとどまるが、その原初的なものは未分化の形で示されているだけに、後の分化以前の全体的な構想を知るうえで、きわめて重要である。「メトーデ」はシュタンツでの実践を出発点とし、ブルクドルフでの学校教育実践を通して成立することになる。それは方法的に新たに繰り返す実験における骨の折れる格闘を示している。それに結びつけられて、根源的で直接的な経験の客観化と合理化が求められる。

ペスタロッチーが「メトーデ」の作成にとりかかったとき、『シュタンツだより』が証明しているように、教育の全体をめざしていた。後に状況の必要に迫られて、主に知的陶冶の作成に集中した。『メトーデ』(Methode)と『ゲルトルート』の両著作は、「メトーデ」の完成を求めるペスタロッチーの苦心の成果であり、彼の精神的な格闘を反映している。彼が『メトーデ』の覚え書のなかで知的基礎陶冶のための計画を企てた後に、基礎陶冶の包括的なテーマとの関連は、『ゲルトルート』の最後の二つの書簡のなかで設定される。すなわち、知的陶冶と並んで、身体・技術陶冶と道徳・宗教陶冶が必要な構成要素としてあらわれる。

ペスタロッチーの「メトーデ」は、もともと「民衆陶冶」のメトーデとして構想されている。「私は民衆教育を心理学的に基礎づけ、その根底に実際の直観認識を置き、その皮相な大げさな言葉の仮面をはぐことの可能性に関して、私の経験が決定的に重要なものであることを感じた」[20]。このように「メトーデ」は民衆のための「基礎的」

メトーデであるが、その法則と原則は、すべての人間の自然の発展に妥当する。ペスタロッチーの民衆教育の「メトーデ」は、もともと「貧民をして人間的に生きさせる方法」、つまり彼らを経済的にも政治的にも道徳的にも自立にまで高めるための方法であり、民衆の啓蒙と社会的解放の意図から生じている。

ペスタロッチーはブルクドルフにおいてもシュタンツでの実験、とくに教授上の「心理学的技術」の開発を継続した。「出発点の単純化」と「段階的な発展」についての実験を続けていくなかで、「直観のＡＢＣ」（ABC der Anschauung）の可能性についての着想が次第に整ってきた。「それを実行していくにつれて、一般的な教授法の全貌が全領域にわたって、といっても現在のところおぼろげながらではあるが、眼前に浮かんできた」[21]。こうして、彼は「直観のＡＢＣ」の可能性について認識し始めた。そして「児童の教授の最初の時期は誕生のときである」[22]ということを確信した。

こうして、人間教育の方法としての「メトーデ」が成立する。つまりそれは、「自己の発展を待ち焦がれている自然に、援助の手をさしのべる技術にほかならない」[23]。それは「人間認識の全般にわたって、事物を理性的に直観するように心理学的に導くことにほかならない」[24]。さらに彼は「民衆教育において、現在乱暴に分離されている自然と人為的技術とを、もし私が民衆教育のなかで密接に結びつけることができたなら、どんなに喜んで死んでいけるだろう」[25]と述べている。民衆教育においてこれまで分離している自然と技術を結びつけること、この点に、まさにペスタロッチーの「メトーデ」開発の基本的なねらいがあったと考えられる。

「メトーデ」は、ペスタロッチー自らが開発した固有の方法である。当時の汎愛派の人々もこの言葉を用いているが、その意味は異なる。同じ「自然に即した方法」とはいっても、彼の場合は単に教授の技術的方法、つまり知識や技術をたくみに身につけさせる方法ではなくて、もっと包括的な人間教育の方法とみなされる。すでに初期の『夕暮』のなかで、彼自ら述べているように、「あらゆる人間はその本質において同じであり、それを満足させるためには唯一の道があるだけである」。ここですでに「唯一の道」としての「メトーデ」が示唆されている。一八〇〇年に「教育制度友の会」の求めに応じて彼自らが著した覚え書である『メトーデ』および『ゲルトルート』において、「メトーデ」の理論が展開されている。

すでに見てきたように、もともと人類の堕落した野蛮な状態を終結させるための教育――「内的醇化」としての教育――の具体的な手だてとして、新しい教育の方法、つまり子どもの教育における「人間教授の心理化」あるいは直観の基礎を支える目的のための組織化された手段として「メトーデ」が考案された。同じ時期に著された『時代に訴える』(An mein Zeitalter,1802/1803)のなかで、「内的醇化」の概念に結びつけて次のように述べている。

「人はまず、人間教育の目標、すなわち人間の内的醇化を達成する可能性が人間自然に内在する素質に基づいているということ、つまり道徳的に力強く、かつ思慮深くなろうとする素質、あるいは善を意識し実行し知ろうとする素質に基づいているということ、それゆえに努力を必要としていることを認めなくてはならない。だから教育におけるあらゆる努力の唯一の目的は、自然がまさにこの意欲(Wollen)と行為(Können)と知識(Kennen)の力を発展させ、かつ保護することに尽きるといってよい」[26]と。

新しい人間教育の方法としての「メトーデ」は、子どもの教育における読むこと、数えること、測ることに対して、あらためて直観の基礎を与えるということ、その目的のために組織化された手段である。「直観のＡＢＣ」から出発して、人間性の根本としての善への意欲、技能、知力を養い、人間の「内的醇化」のための方法として構想されたわけである。教育にとって必要なことは、人間に外から何かを与えてやることではなくて、人間に天賦の内的精神力のなかから人間が自立していくために必要な何ものかを取り出してやることである。だが、そのことは教育の技術なしには達成できない。自然と技術との関係、すなわち教師が生成する子どもに対して為すことと、子どもが自ら発展していくことをいかに一致させるかという問題が、以後のペスタロッチーの教育学的探究の一貫した対象となる。

すでに『探究』において、「メトーデ」の前提を成す人間の全体観が展開された。「メトーデ」を知的陶冶に制限したという批判に対して、次のように述べている。「私の試みは……より高次の知的・道徳的陶冶の本質を把握することである。それは人間自然そのものについての最も深い考察である」[27]。彼の同時代人たち、なかでも汎愛派の人たちに「メトーデ」を誤解なく示すことは、容易なことではなかった。「メトーデ」は多くのもののなかの一つの道を示すことではなくて、唯一可能な道である。それは人間学的認識との密接な結びつきのなかで見出される。彼にとって「メトーデ」は人間自然と一致していると思われるがゆえに、その自然の体系に関係し、全教育学は人間認識と一致する教育方法を開発するという課題である。

それとともに、ここでとくに人間学的観点から注目すべきことは、「メトーデ」の前提を成す人間の本質の把握において、『探究』と同様に、人間は単に精神的、道徳的存在としてのみならず、その肉体的、感覚的な生命との統一体としてとらえられるということである。とりわけ人間の動物的本能の要求を高く評価しているということである。もちろんペスタロッチーはこの基本的要求の満足を、自然的領域にのみ制限しているのではない。それは包括的な意味での要求であるが、人間は生命的、衝動的要求を満たすことなしには、人間にとって必要な他の基本的要求のあらゆる満足を欠くことになる。「人類の発展は感覚的要求の満足に対する力強い欲求から出発する。母の胸は感覚的欲望の第一の嵐を静める。その子どもの愛を生み出す」[28]。

「メトーデ」の基本理念は、単にあらゆる力を秩序と調和へと発展させる要求だけでなく、「道徳的領域へと感覚的、動物的に導く」という、生命的、衝動的なものの積極的な評価に基づいている。この点に、人間本質に関する感覚・精神的全体観の立場に立つ「メトーデ」の基本的な特質があるとみなされる。このように道徳への感覚的導きをとおして、また、知的、身体的能力を経験や訓練と結びつけることによって、「合自然」の発展における「メトーデ」の必要性が強調される。また、「教授の原則を自然の歩みに一致させること」[29]が、緊急の必要事とみなされる。

このようにペスタロッチーの「メトーデ」は、ほんらい「自然の発展に援助の手をさしのべる技術」として開発された。「人間はただ、人為の技術によってのみ人間となる。しかし、われわれが自分自身のためにつくりだす導きの糸がどれほど素晴らしいものであろうとも、そのはたらきの全体において、それは自然の単純な歩みに堅く結びつかねばならない」。それゆえ、「われわれ人類は、混乱した直観から明瞭な概念へと引き上げてくれるあの形式の本質に、何も付け加えることはできない」[30]。「メトーデ」の本質が、自然の歩みを前提とし、それと技術との一致にあることは、以上の引用からも明らかである。

三　「メトーデ」の基本原理――直観と自己活動の原理――

人間形成の基礎方法としての「メトーデ」は、ペスタロッチーにおいて「直観のＡＢＣ」ということばで特徴づけられる。ここに、シュプランガーも言うように「メトーデ」を構成する二つの基本原理が示されている。すなわち、「直観」によって、感覚であれ感情であれ本能であれ、最も身近な対象が開示される。これに対して「ＡＢＣ」によって、『探究』で打開された「自律」（自立）ないし自己活動の原理が示唆されている。それは認識と行為を一般に基礎づける精神の独立した要素ないし基本活動を意味している。「直観」は対象を単に感覚的な印象として受け容れることができるが、認識構成力としての精神の「自己活動」によってはじめて、それは概念にまで形成される。彼が「メトーデ」を「自己認識」ないし「自己発見の努力」とみなす所以である。[31] この二つの主要原理によって、近代的な意味での「メトーデ」が構成される。

1　直観の原理

ペスタロッチーが『探究』において示したように、人間は道徳的存在として「自己自身の作品」である。しかし、人間は認識しながら世界を構成し把握する存在としても「自己自身の作品」である。この認識がどのように構築され、それがいかなる認識行為によって明確に実現されるのか。こうして求められるあらゆる認識の出発点は、「直観」である。それは「あらゆる認識の唯一絶対の基礎」であり、あらゆる教授を基礎づける「心理学的導き」の基本原理とみなされる。[32]

「直観」の原理は、シュタンツ時代以降はじめて、ペスタロッチーの著作のなかで中心的な方法原理として展開される。しかしそれ以前に、当時の学校制度に対する批判的な皮肉をこめて、彼はペーターゼン（Petersen,P.）に次のように述べている。「自然はあらゆる人間を徐々に思索と概念へと導きます。それは汲みつくしがたく豊かに無数の現象や像を示します。この像を正しく直観し、あらゆる側面から考察することは、すべての事柄における相違について正しく認識する手段です」[33]。直観原理の必要性は、決して認識論的に基礎づけられるのではなくて、人間の本質に基づいている。ペスタロッチーは直観を単に世界に向けられた手段としてだけではなくて、世界をわがものとする手段として認識した。直観はわれわれの倫理的判断の基礎をなし、精神を規定し、行動を動機づけるものとみなされる。

ところで、ペスタロッチーにおいて直観は、単に感覚の前に立つことを意味しているだけではない。それは愛や信頼や愛着といった根本経験としての「内的直観」(innere Anschauung) をも意味している。それゆえ「直観」は人間としての自然の一部をなし、人間であることを止める以外にはその本質を奪い取ることはできない人間の本質的な力である。そのことが具体的に示していることは、「直観」は個々人の特殊な状況から生じなければならない、ということである。子どもの「個人的境遇」とその特別の境遇から出発すること以外には、真の人間陶冶のいかなる可能性も存在しない。あらゆる認識の基礎としての直観の理論のなかに、いかなる教育も個々人の生活圏から生じ、再びこの生活圏における根源へと導かねばならない、というペスタロッチーの確信がある。

ペスタロッチーは人間世界をわがものとすることを、現実の社会に結びつけて、道徳的形式でのみ言い表すことができると考えた。それゆえ直観概念は道徳概念と結びつき、しかもそれは「外的」直観と「内的」直観とをはっきりと区別することによって示される。「外的」直観は感覚をとおして認識するために展開されねばならないが、「内的」直観は最も広義の「精神」によって道徳的、人間的とみなされるものにふさわしい要請のもとで形成される。このように、「内的」および「外的」構成要素から成る非常に包括的な「直観」概念を、彼自身は次のように定義づけている。

「直観はあらゆる人間的な認識、意欲、苦悩および行為の一般的基礎である。……現にあるものの一切を感覚へと受け容れる単純な印象は、直観の外的なもの、つまり外的直観である。この印象についての私の精神の判断やそれを私のこころのなかに生み出す快や不快の感情は、直観の内的なもの、つまり内的直観である」[34]。

それとともにペスタロッチーは、ある対象を直観することによる「外的」認識の獲得における方法を、道徳の獲得へと転用する。同じ直観の方法で、人間性が経験されねばならないのである。そうでないと、それは現実的に展開されることはできない。それゆえ「メトーデ」は、世界をわがものにするための「外的事実認識の媒介における」ものと同様の仕方」で、道徳に対する「内的」形式において「直観」概念を適用しなければならないのである。もちろんそれは、人間自然に一致しなければならない。『メトーデの本質と目的』についてのパリーの友人に宛てた覚え書きのなかで、ペスタロッチーは彼の同時代人がこの概念を誤解し、真面目に受け取らなかったことを認めざるをえない、と述べている。

「われわれの道徳の本質、つまりその発展のあらゆる手段の本質は、われわれの内的直観の力および純粋さを保持することに基づいている」[35]。しかし、「われわれの時代の道徳の体系は、宗教と同様に空虚なことばと意見の砂上に築かれている。それはいかなる仕方においても、神聖な内的直観をその外的現象のゆるぎない永遠の基礎のうえに、純粋かつ明瞭に自分自身へと導くことはない」[36]。

こうしてペスタロッチーは、「直観」の概念を「メトーデ」の全領域の中心概念へと導いた。この「メトーデ」の発展上、人間を道徳へと導く「自然の確かな道」において、それが見出されるかどうかを吟味することが求められる。道徳の原理のもとで、教育実践は行為への移行の頂点に達する。彼は世界をわがものとする手段として、それを行為へと動機づけるものとみなしたのである。

2　自己活動の原理

「メトーデ」の中心原理としての「直観」の原理を支える前提として、すでに見てきたように「自己活動」の原理がある。これは『探究』で展開された自律の原理、すなわち自己自身の自由意志による主体の活動原理に基づいている。シュタンツ時代以後の実践のなかで、この原理は「直観」の原理とともに「メトーデ」を支える根本原理として確立された。これは思惟主体、行為主体の内からの自発的な活動を強調する原理である。この原理には、ドイツ理想主義の認識論の影響が認められる[37]。すなわち人間主体のなかに「認識力」が内在しており、それは「内から」の認識が可能であることを条件づける。人間がそれを構成するのである。なるほど人間の認識はわれわれの感覚をとおして発展されるが、この「発展」は悟性の機能の積極的な協力なしには生じない。判断はなるほど直観のなかで成熟するが、しかし判断の諸条件は主体以外のどこにも存在しない。それは自己にふさわしい認識形式を存在印象の「感覚」に刻印づけ、それによってはじめて認識を構成するのである。

この主体の認識構成原理としての「自己活動」の原理は、次の引用文からも証明される。「人間の自然の発展が従うべきこれらのあらゆる法則は、いかに拡がってもすべての中心点をめぐって転回する。それらはわれわれの存在の中心点をめぐって転回する。そしてこの中心点は、われわれ自身である」[38]。「私があるところの一切、私が意志するところの一切、私があるべきところの一切は、私から生じる。私の認識もまた、私自身から出発すべきでないか」[39]。この引用から、あらゆる認識活動の中心は「私自身」であることが、明確に示されている。

さらに、「汝自身にほかならない汝の直観の中心点は、汝自身にとって汝の直観の主題である。すべての汝自身であるものは、汝の外部に存する一切よりも容易に明瞭かつ明晰にすることができる。まったく自分自身によって感じるものは、それ自身一個の明確な直観である。しかし、すべての人間の外部にあるものは、人間にとって混沌とした直観である。そういうわけで、認識の歩みは、それが汝自身に関するかぎり一段と簡単だが、いったん何か汝以外のものから発するときは、そうはいかない。すべて汝が自分自身について知ることは、明確に知られている」[40]。また「汝自身が知っているものは、汝自身のうちにあり、もともと汝自身に限定されているのだ。だから明晰な概念への道は、このような方法によって、他のいかなる方法によるよりも容易にまた確実に得られる」[41]。

これらの引用文からも明らかなように、人間において真理の認識は自分自身から出発し、自分自身についての認識をめぐって展開するということである。この人間の「自己認識」ないし「自己発見の努力」が、その前提となっている。『メトーデ』のなかで、「自然的機構のこのような法則もまた、一つのより高きものを転回する。すなわち汝の全存在の中心点を回転する。そして、これが汝自身なのだ。自己認識はこのように全人間教授の本質が出発すべき中心点である」[42]と述べている。

ここから「メトーデ」にとって二重の課題が導き出される。つまり一方では、それは「自然が自己の発展を求めて努力することを援助する」ために、それに即して直観を概念や真理にまで高めるところの対象の諸要素とその系統や一連のものや諸々の連結を規定しなければならない。その際ペスタロッチーは、直観は自然力として自己のなかに構成されており、この構成によって、その都度直観のなかで与えられる現象の特別のある側面が高められるというふうに考える。

以上のような考えに基づいて、人間の意欲、知識、技能の形成としての「メトーデ」は、知的陶冶、身体技術陶冶、道徳宗教陶冶の三つの領域に分けられる。そのいずれも、先の二つの基本原理が妥当する。

第一に、知的陶冶の「メトーデ」について、精神の自己活動が前提となる。子どもを内から覚醒し、「曖昧な直観から明瞭な概念へ」と高めることである。悟性はほんらいの認識の「自我の力」である。それは「自発性」(Spontaneität)――カントの悟性、思考力――が適用される。これはいかなる感性の結果でもなくて、何らかの根源的なものである。曖昧な直観から明瞭な概念へと、直観は感覚的印象の事柄の最も現実化されたもの以上のものを意味する。それは精神の「高次の」直観力によって感じられ予感される。認識の要素として「数・形・語」(Zahl/Form/Sprach)が把握される。それらすべては相互補足的な関係にある。精神的な本質は基礎的・一般的な要素のなかで、また知的・感覚的なものの媒介のなかで、同時にこれを超えて概念にまで高められる。

第二に、身体・技術陶冶の「メトーデ」についても、人間の本性に適合する心理学的順序に基づいて、ごく単純な動作(打つ、運ぶ、投げる、引く、転がす、廻す、揺する)から出発して、実際の技能の基礎陶冶を企図する。この場合も、「子ども自身の活動に向かう衝動」を「出発点」として、「個人的境遇」に結びつけられた技能の基礎陶冶が企てられる。人間陶冶の本質的な部分として遂行されねばならない「出発点」つまり「要素」をたずねることに帰着する。「身体的陶冶」というテーマで、職業・技術陶冶も指している。それは自発性や自由の原理を満たすものでなければならない。

第三に、道徳・宗教陶冶について、頭と手とともに心の陶冶を重視するペスタロッチーは、道徳・宗教陶冶を「思想の全体系の要石」[43]であるという。すでにシュタンツの実践において典型的に示されたように、それは子どもの内面力の開発の原則に基づいている。子どもを母と結び付ける愛のうちに、将来におけるすべての高次の神に対する宗教的感情が芽生えてくる「要素」があると考えられる。道徳・宗教意識の本質は、愛と信頼と感謝と従順の力としてとらえられ、しかもそれらは子どもの内なる根本衝動から生じ、母とのあいだに生じる自然の関係から目覚めさせられるという点に、彼の道徳教育の不朽の真理がある。感覚的・本能的なものから道徳・宗教的感情への醇化の強調は、シュタンツにおける道徳教育の「メトーデ」を「要素化」したものとみなされる。

以上の考察から明らかなように、ペスタロッチーの「メトーデ」は、人間の内的諸力を直観と自己活動の原理に基づき、知的認識主体および道徳的行為主体としての人間を陶冶するための、教師の指導手段として開発された。それは生活関連との結びつきを強調しながらも、そこから離れて一段高いレベルでの合理的に基礎づけられた「教授の心理化」あるいは「法則化」としての技術が求められている。生活環境との結びつきのなかで、子どもたちの主体的な活動をとおして愛の力を覚醒し、陶冶しようとするものであった。あくまでも学習主体としての子どもの活動が前提にあった。この子どもの自己活動に基づいて、直観は具体化され、現実化されるのである。

四 「合自然」の基礎陶冶の「メトーデ」

晩年のペスタロッチーの教育思想は、「精神と生活の総合」の時代として特徴づけられる[44]。シュタンツ時代から精力的に開発されてきた「メトーデ」の理論が、「基礎陶冶の理念」(Idee der Elementarbildung) として発展する。

そこに、教育の近代的理念が人間存在全体のなかで結晶する。すでに一八一〇年に、彼は『教育における合自然の本質』(Das Wesen der Naturgemäßheit der Erziehung,1812)についての大作の執筆を開始した。しかし、それは印刷されず、最晩年の大著『白鳥の歌』(Die Schwanengesang,1826)のなかに本質的な部分が入り込んでいる。そのなかで、これまでの思想を総合しながらも、なお人間自然の「一般力」(Gemeinkraft)を愛と信仰として宣言し、「生活が陶冶する」(das Leben bildet)[45]という重要なテーゼを展開する。

この著作のなかで、ペスタロッチーはまず合自然の基礎陶冶のメトーデの意図について明確に述べている。「民衆教育の基礎手段、とくにその出発点をできるだけ単純化し、それを人間の本質そのものの諸力が発展し形成される場合に、自然が経過する過程に一層近づけようと努力してきた」[46]。基礎陶冶の理念というのは、彼によれば人類の諸々の素質および能力を発展し形成する場合の「合自然」(Naturgemäßheit)の理念にほかならない。つまり人間の心情、精神および技術の諸力と素質とを自然に即して調和的に発展し形成するという理念である。この「合自然」とは、われわれの諸力を内的、神的な本質の高尚な要求に従属させることである。その場合の技術的手段は、すべてわれわれの諸力そのものが発展し形成されるときに経過する自然の過程を、たとえ明瞭に認識していないにせよ、少なくともそれを内面的に感知していることを前提とする。

このような「人間諸力の合自然的な発展」にとって重要なことは、それらの諸力はただ使用するという単純な方法によってのみ可能だということである。この使用を促す内部の形成的なはたらきが、「自己衝動」(Selbsttrieb)である。まず、「自己の道徳的生活の基礎」に愛と信仰があり、「愛し信じるという単純な事実によってのみ、合自然的に発展させられる」。また「自己の精神的な力の基礎」は、ただ思考するという事実に基づき、「自己の技術力と職業能力の基礎」は、自己の感覚器官を使用するという事実に基づいている[47]。およそ人間の本性のうちには、自分をその活気のない不器用な状態から完成された力へ高まろうとする衝動が宿っている。自己の内から発する衝動、つまり「自己衝動」によって、われわれのもつ諸力が形成され、発展されるのである。

この「自己衝動」が意味するものは、カントやフィヒテにあっては「自発性」(Spontaneität) と名づけられるものである。ペスタロッチーにおいては「自己活動」とも言われる。カントの二元論に対して、三つの根本力、すなわち精神力と心情力と身体・技術力のそれぞれに応じて、特殊な活動衝動が考えられる。これらの衝動はすべて「自己衝動」として総括されるとしても、それが自我への衝動、つまり自我の実現の衝動だとは考えられない。むしろその衝動は自我から生まれるものであり、根源的に人間に付与されているものである。このような見解は「それは汝に内在し、汝はそれを永遠に産出する」というドイツ理想主義の根本的立場に通じている。シラー (Schiller,F.) はそこから理念的なものを推測し、ペスタロッチーは精神活動の根本方向である道徳・宗教的生活、徹底的な思考作用、および職業的、技術的能力を考えたのである[48]。

人間を陶冶するものは、力として、またこの力を活動させる衝動としてあらわれる。すべての人間にあらかじめ形成されている衝動と行為をとおして力があらわれるとすれば、人間の陶冶にとって決定的なものは、この生きた自発性にある。教育上の技術は、諸力がすべてあらわれるのを、その能力に特有の法則に応じて導き、それに「援助の手をさしのべる」にすぎないのである。この意味でペスタロッチーは、根源的な生命衝動とそれに従って援助する人為による指導とを区別する。「基礎的な発展手段および陶冶手段はすべて、われわれの内に発展する自己衝動の最初のほうがに結びつき、合自然に鼓舞され、この自己衝動から湧き出るから、揺籃の時代から子ども自身の無邪気さに生きた刺激を与える」[49]のである。

それゆえ基礎陶冶は、その内面的な基礎をわれわれ自身の内にもっている。「子ども自身の内に、嬰児のときから発展しようとする衝動がある。しかし、この衝動を自然の道にしっかりととどめ、人為的な技術によってそれを容易にさせることは、人類がなさねばならない事柄である」[50]。この人為的な技術を自然の歩みに一致させる手段の本質的な基礎もまた、われわれ自身の内にある。われわれが人間性をとくに発展させようと望むとき、その前提として一方では、やはり人間の本性に宿っている賢明な愛による配慮を、また他方では、人類が幾千年にもわたる経験から得た人為的な技術の賢明な援助を欠くことができない。「だから基礎陶冶の理念は、一層詳細に規定すれば、われわれの諸力の素質と力が発展する自然の歩みに対して、わが人類の心を照らす愛、洗練された悟性、および明敏な技術心を与えようとする努力の産物にほかならない」[51]。

ペスタロッチーはもっぱら個々の能力の偏った発達に対して、個人の内的な全体性を求めてやまない。自己のなかで諸力の統一を求める「一般力」(Gemeinkraft)は、一般と特殊の能力の結合と協働に基づく。それによってはじめて、人間陶冶の源泉でもあり目的でもある生の全体性が生じる。この「一般力」にまでの陶冶はどのようにして実現されるか。「われわれの内にあるすべてのものを生気づける一般力、あらゆる個々の活動を自己のもとに結合しつつ要求し、それを人間性の神的基礎である愛のうちにあらわれる一般力、この力の内的覚醒の手段は、一般力の本質そのものを鼓舞するために何らかの人為的な技術の援助も必要としない。この一般力は、それを求めるすべての人々の内面において、神的な力を受ける。一般力を求める訴えは、すべての人の良心という神の恩寵および神的な力のうちに存する」[52]。個々の諸力がすべて共に働くことによってはじめて、「一般力」はまったく生き生きと内的に発展し、そして教育の人為的な技術はこの発展に注意深く従わねばならないのである。

このようにペスタロッチーの「一般力」の概念の根底には、シュプランガーも言うように、宗教的な基礎がある。彼の言う「神的な閃き」とは、人間の形而上学的な内奥のことであり、人間が神の精神と取り消しえないほど関係していることを意味している[53]。しかし、「神的な閃き」や「神的な力」と言っても、それは自然的な力が基礎になっている。というのは、これらの根底には愛があるからである。それに続いて直観も生じるが、これは愛によって鼓舞されなければならない。これを基礎にして、言語力も発展する。それは直観を伴わなければ空虚なものとなる。ここではじめて思考力が実り豊かに活動し、技術力から精神的なものの多面的な応用が生まれるのである。人間が自己陶冶力を発揮するためには、誤りなく確実に指導していく何ものかを自らのうちに備えていなければならない。「神的な閃き」こそ、この道を照らすものである。「メトーデ」は、この「神的な閃き」から光を借りてくるのである。「生活が陶冶する」というテーゼもまた、このような人間生活の内面的な深い意味を含んでいるのである。

このような内面的な側面からの「生活」概念に対して、外面から見ると、根源的な「直観」のなかでその意味が開示される。だからこのような経験は、すべての生きた陶冶過程に模範として適用されなくてはならない。子どもの直観的な体験は、すべての子どもの「個人的境遇」に属し、この非常に狭い生活圏のなかではじめて、その意味内容を獲得するのである。この直観の体験は、おそらく本質的な要求の満足と関連しており、またその衝動的な生命に結びつくことによって、その心情を成長させるであろう。したがって、それが体験、つまり主体にとって意味ある印象であったときはじめて、概念の形成や判断の対象になるものである。この非常に狭い範囲にあるものが、子どもの生活と終始意味深く結びつくのである。

この「直観」の最も実り豊かな母胎は、「居間」（Wohnstube）の生活である。「秩序づけられた居間のもつ陶冶力」について、ペスタロッチーは直接的に「子どもの実際の生活」という言い方をしている。「あらゆる真の道徳と宗教性との永遠の純粋な出発点として認めねばならない愛と信仰は、家庭的関係における父心と母心のなかに、したがって子どもの実際の生活のなかに、その合自然的発展と陶冶の原点が求められねばならないことは明らかである」[54]。陶冶するのは、すべての任意の生活ではない。自然の秩序、つまり「合自然」が最も純粋に存在していると仮定される生活圏である。

それゆえペスタロッチーによれば、「わが人類の直観認識、つまりわが精神的陶冶の感覚的基礎の全範囲がそこに結合している中心点はどこにあるのかを問うとき、子どもが揺籃の時代から朝な夕な見慣れているものは、明らかに家庭生活の圏以外にはないことがわかる」[55]。この家庭という圏内のすべてのものは、なお単純で見通すこともできる。衝動を規制することと欲求を充足することが、直接相互に結びついている。それゆえ能力は直観し、語り、思考することから生まれる。しかもすべては、愛というあたたかい要素に包まれている。だから精神がバラバラに切り離されていることもないし、事物が精神から引き離されることもない。「生気づけられた直観から出発する」のである。「生活が陶冶する」という命題が意味していることは、生活が現に存在し、またそれが必ず使われなければならないので、成長しつつある子どもの諸力を必然的に強めるような手段が、子どもの身近な環境のなかにすでに存在しているということである。

第四節　ペスタロッチー教育学の近代的意義

一　ペスタロッチーの「陶冶」概念――近代陶冶論史における位置――

人間の自己形成ないし自己醇化の過程は、近代人にとって、とりわけペスタロッチーにとって「陶冶」(Bildung) と言われる。この概念はもともと神秘主義に根ざし、一八世紀の世俗化のなかで一定の教育理念のもとで用いられた。その際、とくに注目すべきことは、近代市民社会の成立との関連において、この概念が教育学的反省の中心概念として用いられることになったということである。自然との結びつきにおける形成の理念と社会に関係づけられた教化の理念は、近代の陶冶概念と結合した。この概念は、市民社会にとって生まれながらに定められた秩序に対する社会的平等化ないし社会的解放の鍵概念となった。一八世紀になってはじめて近代的な意味での陶冶概念が成立するのであり、ペスタロッチーの「陶冶」概念もまた、このような関係において位置づけられねばならない[1]。

ペスタロッチーが「陶冶」「人間陶冶」「基礎陶冶」と称するものは、ラングも言うように、つねに「民衆陶冶」[2]として理解される。それは「すべての貧民を人間にまでする」という民衆の啓蒙と解放の意図を含んでいる[3]。この点は、汎愛派のヴィヨームに比せられる。彼の民衆陶冶の願望は、教会的、プロテスタント的な、大衆の宗教的啓示の関心からでもなければ、啓蒙された絶対主義の行為の思索から生じたものでもない。それは直接、市民的、社会的、人間的な解放の意図から生じている。彼はあらゆる陶冶努力を人間の社会的現実に立ち返り、幅広い層の民衆の社会的条件の限界に直面して、人間的、同胞的存在の可能性を人間陶冶によって解放しようと意図し実践した。この意味で、ペスタロッチーは陶冶を人間同士の責任を担いうる自己のなかで満足した生活実現の条件としてとらえている。

ペスタロッチーの基礎陶冶は、ラングによればつねに「人間陶冶」として、特別の意味でそれ自体価値をもっている。というのは、陶冶されねばならない「人間」は、最初から「市民」(Bürger) としてではなしに、まずは「個人的存在」とみなされているからである。それは社会にまったく対立した形式で述べられている。この社会に対する対立命題の関係は、「文明の堕落」の外面化された形式に対するプロテストの表現としてとらえられているだけではない。むしろそれは、初期自由主義的、反国家主義的な傾向とともに、新人文主義的、キリスト教的、プロテスタント的モチーフが基礎となっている。この「人間陶冶」は、時代や世界を超えて高められ、誤って導かれた社会から解放されている。「まず人間にならせよ。しかる後に市民になり国民になることができるのだ」。この「人間陶冶」の思想は、教育の究極目的全体としての人間主体それ自身に置くという近代固有の考え方であり、この点にルソーに典型的に見られたように、近代的思考のパラドックスが認められる[4]。

しかし、ペスタロッチーの陶冶概念は、「人間」一般という抽象的なレベルにとどまるものではない。すでにノールも指摘したように、この概念は一八世紀啓蒙主義や理想主義に囚われない「民衆の文化」の概念に一致している。それは家父長的、市民的な徳の精神において、責任ある共同体の一員としての「民衆の文化」を意味している。その道徳・宗教的領域は、チューリヒプロテスタンティズムの伝統に根ざす非合理的、実践的な文化や歴史的、社会的。政治的伝統やスイス人の善良で自然に即した道徳から成っている。また知的領域は、言語陶冶と数学陶冶に分かれており、思考力や判断力といった形式的原理に重きが置かれている。それらは民衆の政治的、社会的自立への陶冶手段とみなされている[5]。

なるほどペスタロッチーの教育思想は啓蒙主義の政治的に動機づけられた観念の近くにあるが、国家的に導かれた「国民教育」の要請からは離れている。彼の教育学は、つねに個人的教育学である。基礎陶冶は「居間」へと導かれ、学校は「居間の精神」に方向づけられている。[6]それは単に家庭教育の構想から要請されているだけではない。ラングも指摘しているように、それは政治的、社会的、文化的な「堕落」の根源に対する問いから、正しい社会的発展の可能性と条件に対する問いと結びついている。その点で、彼の基礎陶冶はルソーの社会批判、文化批判と密接に関連している。かくして「時代の堕落の根源」に対する政治的に動機づけられた問いは、その教育学的答えを「居間の教育」に見出すのである。[7]

ペスタロッチーによれば、人間の素質と能力の「合自然」の発展は、「居間」の領域における教育に一致する。自然の発展が妨げられる場合に、社会的に「堕落」した自然の修正が必要になる。そこで彼は、「合自然」の陶冶のために「個人的境遇」の概念を社会批判と関係づける必要がある。「合自然」はここでは教育学的カテゴリーとしてだけでなく、社会をもはかる規範である。子どもが「個人的境遇」に結びつけられているのは、それが「合自然」の高次の包括的な規範に一致している場合だけである。それゆえ、基礎陶冶は社会的非自然がすでに「居間」に達している場合に、「個人的境遇」に即してだけでなく、それと対決しなければならないのである。

したがって「個人的境遇」は、単に形式的に客観的な内容に結びつけられた極と同値されることはできない。むしろペスタロッチーの具体的な教育学的、政治的思考にとって、「個人的境遇」は歴史的に条件づけられたアンヴィバレントな現象に当たる。[8]この意味で、陶冶は「個人的境遇」をめぐる主観的側面と客観的側面との相互の過程からなるダイナミズムとして把握することができよう。

さらに、ペスタロッチーの陶冶過程における社会的に媒介された問題として、「発展」(Entwicklung) と「応用」(Anwendung) の分離の問題がある。さまざまの素質と能力の調和的な形成としての「発展」は、一般的な人間陶冶の側面に属する。これに対して、発展された諸力の市民的能力への「応用」は、社会的に適応する職業陶冶と階級陶冶の側面に属する。この両側面は、社会批判的な観点において重要な意味をもつ。一般的な人間陶冶は特殊な職業陶冶や階級陶冶に先行しなければならない。すでに初期の『夕暮』にあらわれたこの要請は、これまで階級的に制約されてきた民衆にとって政治的プロテストの意味も含まれている。この諸力の「発展」としての一般的な人間陶冶と、特定の階級に適応させる「応用」としての職業陶冶とはほんらい矛盾する。しかしペスタロッチーにおいては、諸力の「発展」を前提にして、自由な認識と努力の一致から、「個人的境遇」との調和が実現されると考えられている。

このように陶冶過程の二つの側面が分離されている場合に、両概念はその都度異なった力をもつ。教育学的に重要なのは、基本的には「発展」の概念である。「応用」の概念は、陶冶過程のより先の道を示している。したがってペスタロッチーの陶冶概念は、適応と抵抗の二重の仕方で関係づけられている。主体への転換、発展の優位への転換、それと関連する力の陶冶の理論、あるいは教授学的形式主義への傾向は、ラングによれば当時の政治的、社会的状況に対するペスタロッチーの教育学的解答であり、この点に彼の陶冶理論の近代性が認められる。[9] このように人間の陶冶過程における「発展」の強調は、後に取り上げるフンボルトをはじめ古典主義の陶冶理論に共通に見られる傾向である。しかし、ペスタロッチーはこの過程の矛盾をより鋭く認識し、彼に固有の仕方で実践したと言える。

近代の陶冶論史のなかで、ペスタロッチーはニーチェ（Nietzsche,F.W.）とともに、陶冶概念の一面的で固定的な解釈を克服し、この概念の真の意味を把握したまれな存在とみなされる。フリードリッヒも指摘しているように、「自己自身の作品」としての陶冶は、いかなる絶対的な自由の設定でもない。それはわれわれの動物的、社会的な我欲との戦いであり、自己の良心の行為として戦い取ることである。それはわれわれの道徳的人格の究極の要請とみなされる[10]。すでに考察したように、人間には自由な自己規定と自己省察への力が備わっている。この力は、自己を克服するための人間に内在する可能性である。この自己突破への力を助けることが、教育の課題である。ペスタロッチーにとって道徳は、知識や観察ではなくて、行為や克己であり、意欲であり、自己解放なのである。

ペスタロッチーによれば、人間は自己のなかに善を欲し、それを完成する能力をもっている。それは人間にとって「神的な力」であり、人間を人間にまで解放する。だがこの道徳への突破は、人間の感覚的、社会的本性との接触点でもある。人間本性の深みのなかに、我欲的衝動だけでなく、好意的衝動もはたらいている。本能的好意を超えて、人間的な善へ、宗教的な愛へという道が存在する。この道を見出し、支えることが、教育の課題である。教育は人間のあらゆる感情、思考、技能において、自己に根源的に与えられた自然の可能性を形成しなければならない。その出発点が、彼の基礎陶冶であったわけである。「基礎陶冶の理念は、われわれの素質と能力が発展する自然の歩みに対して、わが人類の心を照らす愛、洗練された悟性、啓蒙された技術心を与えようとする人類の努力の産物にほかならない」[11]。

このようにペスタロッチーの陶冶概念は、一八世紀近代の陶冶論史の流れのなかで、近代的な自律的主体の自己規定という陶冶の共通の基盤に立ちながらも、彼に固有のキリスト教的、プロテスタント的な立場から愛の概念を中核に据えて、教育学的に展開したものと考えられる。そこで最後に、ペスタロッチー陶治論における教育の論理として、「合自然の教育」のメトーデについて簡単に論究することにする。

二 「合自然の教育」——近代教育の論理——

ペスタロッチー教育学は、晩年の著作において彼自ら述べているように、「合自然の教育」の概念で特徴づけられる。それはルソーの「自然の教育」と同様に、基本的には自然の法則に合致した教育を意味している。すでに初期以来「自然の道」や「自然の歩み」といった言葉で示されたように、人間の教育はほんらい人間自然に基礎づけられねばならず、自然の法則に即して発展されねばならない。しかもそれは、人間自然のもつ道徳性、さらに神性、すなわち「私の自然の神的な閃き」や「私の自然の神性」に基づいてのみ可能である。その際、確認されることは、教育は人間の意志に反して変えることはできないし、道徳の究極の完成へと導くこともできない。道徳の限界を乗り越える「死の飛躍」は、「私の自然の大胆な冒険」[12]をとどめており、神的な助けなしには、それは達成されることはできない。ここに、他者による教育の限界が鋭くとらえられている。

しかし、人間にとって教育が人間学的に優越した立場をもっているということは、まさに人間自然に基礎づけられている。つまり人間自然の概念は、道徳のカテゴリーを含むとき、人間は教育に依存している。その際、教育にとって二重の課題が生じる。その一つは、教育は人間の内的、外的所与に一致して、真の人間存在へと導く「道」を示すということである。これが「メトーデ」である。いま一つは、外的環境との内的対決によって堕落した人間を教育によって「再建」するということである。それは他者による援助なしには達成されない。それゆえペスタロッチーは、「再建」の概念を用いてはたらく教育的援助の具体的なカテゴリーを示す。それはルソーやカントにおいて見られるように、唯一個人に対して向けられているのではない。この概念には、社会的再生の意味も含まれている。

ペスタロッチーによれば、あらゆる人間の教育（教授）は、「自己の発展を待ち焦がれている自然に援助の手を差しのべる技術にほかならない」。ルソーの自然の教育に技術がつけ加わる。教育にとって必要なことは、人間に外から何かを与えることではない。人間に備わる内的、精神的な力のなかから、人間が自立していくために必要な何らかのものを自然の法則に従って発展させることである。だが、それは技術なしでは達成できない。ここに自然の自己発展と援助的な技術とをいかに一致させるかという課題が生じる。つまり「教育（教授）の機械的法則を発見し、それを感覚的自然の永遠の法則に従わせること」が、「メトーデ」の課題となる。

ペスタロッチーの「メトーデ」は、人間性の根本としての善への意欲と知識と技能を養うための、心理学的な導きの手段にほかならない。子どもたちが生活のなかで身近な境遇や対象と結びつきながら自ら主体的に感じ、考え、行動することができるようになるために援助の手を差しのべること、これがペスタロッチーの「メトーデ」なのである。それは人間の内的諸力を直観と自己活動の原理に基づき、知的認識主体および道徳的行為主体へと形成するための導きの手段である。生活関連との結びつきを強調しながらも、そこから離れて一段高いレベルでの合理的に基礎づけられた「教授の心理化」あるいは「法則化」としての技術が求められる。もちろん、それは家庭的な愛の雰囲気に支えられ、生活環境との結びつきのなかで、子どもたち自身の主体的な活動をとおして愛の力を覚醒し、陶冶しようとするものである。あくまでも「合自然の教育」に基づいて、子どもたち自身の活動が前提となっており、それは道徳的自己を実現するための援助ないし指導として理解される。

このようにペスタロッチーは「合自然」を前提としながらも、心理学的な導きの手段として技術を加えることによって、あらゆる人間教育の「道」として「メトーデ」を開発した。その際「メトーデ」の前提として、「合自然の教育」を「再建」するための独自の教育学的な「調整」（アレンジメント）が要請される。[13] その際、家庭的な「共同体験」(Gemeinschaftserfahrung) が中心的に位置づけられる。とくに母親の「行為と作用」が彼にとって「人間醇化の根本手段であり、あらゆる真の文化、あらゆる真の個人的、国民的な、あらゆる真の人間陶冶の永遠の唯一の基礎である」。このような仮説に対する前提は、あのルソーの自然の発展、道徳への教育を段階的に区別するという前提とは立場を異にする。子どもの「道徳的素質」の「合自然」の発展において、母親の愛は「道徳的発展の手段」[14]である。というのは、愛は母親と子どものあいだの条件の基本的事実であり、無条件に有効なものだからである。また、何らかの教授や指示なしに、子どもの感性を正しい道において示すからである。

このようにペスタロッチーにとって母と子の共生は、あらゆる教育にとって根本前提である。「居間」は人間の基礎的陶冶の場とみなされる。「愛は第一の感情であり、それによって子どものなかにより高次の、動物的生活から区別し、精神的、人間的な力の存在を語る。その最初の芽生えにおいて、子どもはもちろん本能的にすぎない。しかし母親ではなくて子どもにおいて、それは陶冶的な家庭生活によって洞察へ、人間的、道徳的、精神的な力にまで成熟する」[15]。この教育の母親像は、『小説』において村落共同体の生活に即して説明される。その際、決定的なのは「居間」だけでなく、村落の道徳への結びつきである。ボンナル村は彼にとって理想郷であった。というのは、そのもとで教育が道徳的に堕落した社会の改革のために寄与できる諸々の条件を示しているからである。このような共同体の道徳的秩序の「再建」思想は、晩年の著作においても一貫している。この点に、ルソーとの決定的な違いがある。

なるほどルソーもペスタロッチーも共に、正しい秩序と善なる社会がいかにして可能かを問い、正しい教育を社会改革の中心に位置づける。しかし、ルソーは自然の教育を社会的実践から分離する。というのは、彼は自然と社会の対立から出発するからである。一方ペスタロッチーは両者を道徳の思想のもとに和解させようとする。そして、善なる秩序の前提のもとでのみ、居間の教育が達成されることができる。それは邪悪な現実に対して非難場とみなされるのではなくて、そのなかに幸福な世界の愛が認められる。というのは、あらゆる世界の最上のものは、内と外、感情と経験、思考と労働が和解した関連のなかにあるときにのみ、努力して求められることができるからである。それゆえ「居間」を中心として拡大する共同体的な生活圏のなかで、個々人の内的な自由を保障し、内的諸力を覚醒し、愛の力にまで高める教育が要請されるのである[16]。

このように見てくると、ペスタロッチーの「合自然の教育」は、人間の自然を前提とし、その諸力の発展から出発する。教育はそれを支え、助成しなければならない。この点において、ルソーとはそれほど違わない。両者の根本的な相違は、理想とする教育のアレンジメントにある。ルソーは自然の発展を妨げる要因をできるだけ取り除こうとする、いわゆる消極教育を主張した。それに対してペスタロッチーは、より積極的に自然の発展を助成するための「心理学的導き」の手段として「メトーデ」を開発した。それは「直観」の原理を基礎とし、主体の「自己活動」の原理に支えられている。しかも、それは「愛」の概念と結びつけられている。「合自然の教育」は「人間本性を愛にまで陶冶」することであり、しかも「洞察的な愛」[17]にまで陶冶することである。この概念のなかに、すでに考察したように、単に感性的、非合理的な感情だけでなく、道徳的自律の概念によって媒介された、近代的な意味での人格的、合理的な「愛の力」が含意されている。この概念によって、ペスタロッチーの「メトーデ」もまた、正しく理解されるように思われる。

以上のように、ペスタロッチー教育学は自律的な主体の形成という近代の「陶冶」概念を共通の基盤としながら、そこに他者によるはたらきかけとしての「教育」の概念を導入した。もちろん、それは「合自然」を前提としており、自然の発展法則に従い、究極的には自己の自由意志に基づく自己形成による以外にはない。しかし、母子を中核とした教育的関係のなかに愛の教育力を発見し、そこに教育作用の必然性を認め、人間教育の方法として「メトーデ」を開発したことは、近代教育史において特筆されねばならない。

確かに「合自然」の立場に立つ彼の教育学もまた、近代の産物である。そのなかには、すでに指摘したように幾多の時代の制約や矛盾が認められる。とくに人間の陶冶過程における主体への転換、発展の強調、それと関連する力の陶冶や教授学的形式主義への傾向には、明らかに近代の制約が認められる。また、彼の陶冶理論の前提をなすキリスト教的な秩序思想や愛の共同体や居間の思想には、社会批判的観点から見てやはり時代の限界や個人的な制約が認められる。また、自律的な「自己醇化」の思想と社会的な共同体の思想とのあいだには、明らかに近代教育学に内包するとみなされるパラドックスが認められる。しかし、これまでの考察から明らかなように、彼の教育理論は、その核心をなす人間学的構想において、またそれを基礎づけている道徳的自律や愛の陶冶理論や「居間の教育」の理論、さらにその実践的な方法としての直観や自己活動の原理において、その独自性を見ることができると同時に、近代を超える思想契機が内包されているように思われる。

第四章　陶冶論的教育学への展開

第一節　啓蒙主義教育学批判と新人文主義への展開

一　啓蒙主義教育学批判

一八世紀半ば以降、汎愛派を中心として展開された啓蒙主義の教育運動は、その最盛期においてすでに疑問が投げかけられていた。新人文主義の立場から啓蒙主義に対する包括的な攻撃を導いたのは、ニートハマー(Niethammer,F.I.)であった。彼は神学者であったが、哲学的、文学的なドイツ運動の潮流に習熟していた。彼はゲーテやシラーとともに、哲学者フィヒテ、シェリング、ヘーゲルとも親交があり、とくにヘーゲルとは親密な交友があった。一八〇四年以来、彼はバイエルンの国家官吏として働き、教会政策、学校政策の近代化の戦いにおいて重要な役割をはたしていた。バイエルン王国の学校制度がそれによって新人文主義的な意味で改革されるべきであって、いわゆる「規範」(Normativ)の公表のまえに、彼はその著『現代の教育教授の理論における汎愛主義と人文主義の論争』（以下、『論争書』と略称）[1]のなかで、彼は自らの教育学的前提について考えた。

これより先、エバース（Evers,E.A.）は『残虐に向かう学校教育について』（一八〇七年）を著し、古い学校人文主義の前衛を無視して「有用性」の概念を唯一正当化されると信じる啓蒙主義教育の「残虐さ」を批判し、啓蒙主義教育学の予兆された理想を「動物的人間」と呼び、その本質的特徴を「道徳的にとるに足らぬもの」とみなした[2]。しかし、体系的な観点から見てエバースの著作は実りのないものであった。もしニートハマーがこの著作を彼の論争書のなかで賞賛しなかったとしたら、彼の名は後世にほとんど残らなかったであろう。エバースは汎愛主義者だけでなくペスタロッチーまで罵ったがゆえに、ニートハマーにしばしば酷評されている。しかし、エバースの著したものが激情なしに吟味されるとき、ニートハマーが対決した何ものかが含まれているということが明らかになる。

エバースはドイツ理想主義の用語を使っており、新しい思想の核心を成す啓蒙主義の批判を示唆している。彼はカントの三大理性批判によってあらかじめ示された古典主義化における人間の可能性をとらえる。つまり理性の理論的、実践的、美的行為である。彼は啓蒙主義を批判し、真の代わりに意見を、善の代わりに合意を、美の代わりに有用性を設定することによって、ドイツ理想主義の意味で理性としてのRatioに制限することを批判した。彼はドイツ理想主義のカント的な人間規定において、啓蒙主義的教育を弁証法的に否定し、その再構成を試みたのである。

このことがまさに、ニートハマーが「汎愛主義」と「人文主義」との対立を究明しようと考えた点である。このニートハマーの最大の論点は、ルソーや汎愛主義の基準とは異なるいかなるものによって陶冶論的に理解されうるかということ、つまり個性の原理が教育の意味でどのように認識され、自然概念によっていかに解釈されるか、ということである。その際、画一性の教育は反自然とみなされ、諸力の均衡は「合自然」とみなされた。彼は汎愛主義の原則と対立して陶治を形式と実質の全体から規定し、啓蒙主義を職業陶治と階級陶治の一つの実質的理論として、歴史的、反動的な形態だけを見た。彼にとって啓蒙主義教育の議論、すなわち民衆の大部分にとって基礎陶治は労働界へと理性的に方向づけられた導入が可能であるという議論に、彼は段階的にシステム化された教育制度に対するコンセプトを強調的に対置した。[3]

このような啓蒙主義批判の像に対して、テノルトも指摘するようにドイツにおける一八世紀末の教育状況に対する洞察なしには、いかなる評価も不可能であろう。あらゆる教育と教化の現実は、ドイツでは一八世紀末まで啓蒙主義の影響をまだわずかに認識させるにすぎなかった。一般に子どもの労働と学習、訓練と教育を一つの屋根の下で統一するための強制が想起される。とくに地方において、子どもや女性の日常の労働事情によって家庭生活を保障するための強制的に要求された厳しい労働について記述されている。家庭の現実は、困窮や労働によって「日常の残虐さ」を中心に決められた通常の厳格な教育理念によって規定された。残酷さや体罰によることもまれではなかった。いずれにせよ、貧しい弱い人々の現実は、とくに地方で疎外されていた。子どもについての同時代の恐怖は、そのことを示している。息苦しい偏見による魔女裁判は、一七七五年にある死刑執行により終わりを告げるまで長く続いた。[4]

このような問題を解決するための教育制度は、まだ組織的に形作られた像によって示されなかった。都市と地方、カトリックの地域とプロテスタントの地域、貴族学校や騎士学校と市民の教育制度など、不統一な像が示される。一八〇〇年まで、ドイツ近代教育制度の成立過程における動機は存在するが、いかなる結果も存在しない。それゆえ、改革の要求も施設も、少なくとも啓蒙主義と結びつけて支えられた議事日程にはのぼっていなかった。

確かに一八世紀において教育制度の新たな構想のための啓蒙主義的な議論は広く受け入れられたが、しかし、一八世紀半ばの啓蒙主義の最盛期に、新人文主義の開始が位置づけられる。それは啓蒙主義が正しく見出したものを大部分問題とし、教育改革に大きな影響を及ぼし、ドイツ的な陶冶概念の成立に貢献した。それは啓蒙主義の生産に方向づけられた教育と対立し、人間の権利の実現へと導いただけではない。啓蒙主義の意識は人間を疎外する現実へと解消してしまったが、そのかぎりでは新たな自己理解を政治的、社会的な規制の条件の外に求めることは明白であった。一八世紀半ば以降、ドイツにおける新人文主義、より包括的には古典主義の陶冶理論は、啓蒙主義によって前進してきた世俗化の過程で開示された可能性の解放、すなわち人間は理性的な自己規定へと形成する状況にある主体の確立が求められる。[5]

二　新人文主義の陶冶理論への展開——ニートハマーの『論争書』の分析——

1　論争のモチーフ

このような啓蒙主義教育学批判から新人文主義への展開の過程を知るうえで、ニートハマーの一八〇八年の著作『論争書』は重要な意味をもつものと考える。この論争書は、「あの経済的、政治的、文化的な移行期として規定される時代に、さまざまのブルジョア的な陶冶構想が提出され、それを超えて相互に排他的な意志対立的な陶冶構想として把握されるのはなぜか、という問いに対する答え」[6]として重要である。この著作について、オイラー(Euler,P.)は詳細な分析と解釈を施している。以下、それを参照しながら考察を進めることにする。

ニートハマーにとって問題なのは、「時代の二つめの、きわめて重要な教育学的潮流の固有の原則」である。それは「多くの分化した個別のものの確かな放棄」と結びついている。彼は「支配的な教育学的方向をその都度基礎づける一般的な『理想タイプ』を発見しようとした」[7]のであって、歴史的に教育学的記述を提供し、教育学的潮流を歴史叙述的に忠実に記録しようとしたのではない。このことを、彼はその著作の第二章のはじめに誤解することなく明らかにしている。

「教育・教授の二つの体系は、経験のなかで示される歴史的性質を他にすべて顧みることなしに、ただ厳密に科学的な対象として把握され吟味されなければならない。そのようにしてはじめて、科学的に規定された観点から二つの体系をまったく公正に取り扱い、両者における極論と両者の統一点をしっかりと確認することができるであろう」[8]。それゆえ、ニートハマーは理想タイプにまとめられた教育学概念を体系的に考察しようとしているのであって、決して歴史的に相互の時代を画する教育学の進退をバランスよく評価しようとしているのではない。その際、彼の論争のなかでの矛盾のある教育要求を取り出して説明するかぎり、彼はブルジョア教育学の明らかに生成しつつある矛盾を記録し、ブルジョア的な生成連関の文脈を客観的に伝えている。

これより先、ブルジョア教育学の明らかに生成しつつある矛盾として論争の原因に突き進み、そのなかにニートハマーの議論の的確さを吟味するために、この書物における論争モチーフを把握することは必要なことである。すなわち、彼の対立の議論の叙述と根拠を取り上げることである。そのためには、書物の構成をたどることが有意義である。そのなかで体系的な関心をはっきりと認識できるようにし、いかにして汎愛主義と人文主義の論争が正しく分析されうるか、という提案として把握される。ニートハマーの研究は、はっきりとした像において移行期における教育学の体系的な問題を設定し、その点にも彼の時代の高みにおけるドイツ理想主義のオリジナルな成果がある[9]。ニートハマーの書物の大まかな構成は以下の通りである。

序章
第一章：考察における歴史的視点
第二章：考察における科学的視点
第三章：教育・教授一般の原則について
　第一節：両体系の原則の叙述
　第二節：両体系の原則の比較（一　教育・教授の目的について　二　教育・教授の手段について）
第四章：一般原則の様々の種類の教育教授への応用

すでにこの書物の「序章」において、ニートハマーは彼の原則的な意図を表明し、同時に彼の企てを根拠づけている。彼はとりわけギムナジウムと学会で行われた一つの論争に結びつけている。しかし、それを「教育・教授の全範囲に拡大しない」とすれば、「満足して決断する」ことができないと思う。「教育・教授」は彼にとって、いかなる学校技術的な概念でもない。それは「一般陶冶の時代をまったく正しく特色づける概念」[10]である。例えば、学校教授や若者の教授のような概念に対する不満から、ニートハマーは「教授の概念が一般陶冶を包含するかぎり、この概念をその全範囲においてだけでなく、特殊陶冶に対する一定の対立においても明白に特色づける」[11]一つのことばを求めようとする。それゆえ、すでに論争書の主題の概念のなかに、学校政策的に狭められた把握を閉め出すというよりも、むしろすでに歴史的に現実になったブルジョア陶冶に対して、一般陶冶を設定する。ニートハマーはそれを超えて、「敵対するもの全体の根本原理を把握すること」を要請する。ギムナジウム教授の論争的傾向は、彼によれば「私的教授におけると同様に他の学校教授においても」流行した。そこでは大部分のものは悪を決して正と認識しないから、影響は「より害のあるもの」になる。それゆえ「教育学の対立」[12]がとらえられねばならない。

この点から、ニートハマーは「論文の記録」を説明する。その際彼は、「鋭く対立した体系」に向かう汎愛主義と人文主義の概念の危険な使用を「敵意ある側面表示」として十分知っていたけれども、彼にとってきわめて特徴的である。その体系――とりわけ汎愛主義――の強調された命名は、教育学的発展の連続性の一致をめざす。だが、それは「最も新しい教育学的福音」[13]としてたいていは認識しないままに与えられる。それに対して原則的な対立の統一は、彼の分析によれば汎愛主義と人文主義の論争の概念について、これが瑣末視される理解にもかかわらず、きわめて要を得たものとみなされる。

2　歴史的次元（歴史的視点）からの分析

ニートハマーの著作の第一章は、論争の歴史的次元に当たる。そのなかで、汎愛主義の教育史的発展とその疑わしい優勢が、一般的・政治的、社会的過程ないしその特徴的なメルクマールに対する明白な関係において提供される。社会的、文化的発展に伴う教育学的理論形成のこの批判的なやり方、かみ合わせを、歴史的研究において全体的にたどるために、はじめに次のことが求められる。

「……だからわれわれは、汎愛派を単なる多くの概念のなかで偶然に生じた理論、価値あるものと意識した一つのケースとみなしてはならない。むしろ、われわれはそれを当時の陶冶一般との関連において、また当時の時代精神のさ迷いから全体として認識しなければならない」[14]。

ニートハマーは、第一に「汎愛主義の教授・方法の発生を、一部は公的教育施設の不足のなかに……一部は学校とギムナジウムのもともとの制度が次第に悪化している現実の欠陥のなかに基礎づける」。学校は「単なる手段を超えて、目的そのものを忘れたかのように思われる」[15]。そして、ちょうどそれは古代人文主義学校の中心にある古代語に関係している。第二に、汎愛主義は先行の学校批判にその根源をもち、それゆえ誤った関係の否定から始まるとき、それは「あの時代に支配的に前に突き進む思考様式から生じる事実教授」[16]に対する立場である。

彼はその時代に支配的になっていた「世俗的精神」としてとらえたものは、一方では「ますます刺激的になり」、そして「国民の全体的な力をこの側面に導く」「お金や儲けへの衝動」、他方では伝統的に経済的領域から解放された文化の領域に対する影響である。すなわち「最も純粋で高貴なものすら、汚れないままに保持されなかった」。学問は究極的に「利益追求者になり下がる」[17]。それゆえ、ニートハマーは実践への理性的関係から遠ざける素朴な理想主義に対して決して罪を帰さない。逆に、フィヒテの長年の友は、あらゆる精神活動に拡大する「一般的な鍵ことば」である「実践的」を批判する。理性は実践的になるべし、という想像上の要請のためではない。「実践的」という鍵ことばのもとで、事実、利益追求者の多くは文化の発展の導きを受けとめたからである。理性的な目的のために生じたところのもの、カントはそれを一七九三年に公にした著作のなかで、「共通言語について、それは理論のなかに存在するかもしれないが、実践のためには生じない」ということを個人的、社会的実践にとって必要なものとみなした[18]。

ニートハマーは表向き誤りを示す新しいものに対して弁護しない。むしろ彼は「精神革命」について述べるとき、陶冶の領域の範囲内での啓蒙の弁証法をまず洞察する。それとともに「多様な陶冶の誤りえない進歩」と並んで、「真の文化の後退」を見出した。このような歴史的体勢から、彼は教育学のなかでの歩みを解釈する。教育学のために彼は「善」を獲得し、古い「悪」を解体する。そして、目的と方法についての熟考を敢えて行う。だが「一般的な領域の欠陥」は「誤信」であり、そのなかで「内的世界の精神的対象」は破られる。しかし、それを敢えて強制するなかで、「あらゆる力（下部）はその存続のために努力する」。それは「就学時間を短縮するためだけでなく、取得目的とパン学問のために直接用い」[19]られねばならないからである。

このような人間にまでの陶冶にとって有害な社会的圧力、困難になった存続の保証は、ニートハマーによれば「汎愛派の名が消滅した」後でも、さらに拡大した。というのは、汎愛派の体系は「制度、要求、思考様式にその原因」があるからである。汎愛派の体系は、ますます全教育学のなかで支配的になった。そこにおいて「学校の本来の使命がまったく忘れられ」、結局、「将来のブルジョア的、職業的使命」の「予備校」に陥った。ともかく「汎愛主義は……その時代の陶冶のもと以上の産物」[20]である。書物の第一章であげられた教育学論争の形態、すなわち特殊、有用な職業陶冶対一般陶冶、ないし「言語科と事実科」の「生の対立」は、科学に内在する議論から生じるようなものではなく、文化が「時代の危機の方向」[21]を保持する社会の歴史的変化の結果として表明される。

教育教授をめぐる論争は、それゆえ職業観の向上の社会的傾向にある。そのなかでブルジョアが封建的な支配に対立して求める理想は、ブルジョア的経済の犠牲になる。にもかかわらず論争が生じるということは、ニートハマーによれば「尊重される哲学的思考の覚醒」にある。それは「二十年来、あらゆる種類の知識と仕事において、われわれのもとでより良い頭脳を占領する。……単に有害さだけでなく、あの無用なリアリズムの完全な無用さについての確信は、もはや単なる不確かな意見ではない。……真理の理想性、理想の真理、あらゆる理性によって真理として要請されるものと前提となるものは、より一般的であり、より大きな声で承認される」[22]。

カント哲学とそれに続く理想主義を参照すべき指示——それは「人間性」の履行への転換の前提として——は、増大しつつある歴史的な抵抗力への信頼の表明である。それと結びついて、人文主義的な陶治理想は、その成果の見通しを真にもつことができるのである[23]すなわち、ニートハマーは彼の時代のブルジョア社会のなかで、この現実の対立する二つの文化傾向を取り出す。それは一致した教授システムの論争のなかで、教育学的にあらわれる。「魂のない機械主義」も「より良い精神、人文主義の精神」[24]も、客観的にブルジョア社会のなかにあり、またより良い革新の精神は、新人文主義がそれをはっきりと表明しているように、ブルジョア教育学の先行の形態の欠陥を超えて高まる。

しかしここで問題なのは、——しばしば述べられるように——いかなる画期的な継続関係もないということである。そのことをニートハマーも知っている。というのは、汎愛主義の精神は、新人文主義の発生によって解放されていないからである。「金と取得への衝動」ならびに「利益獲得」、そして「機械的、技術的器用さ」の教育的な高い評価は消えてはいない。ニートハマーはまさに首尾一貫して、彼の歴史的時期を単に「人間性のより良い精神の一般的な努力」への確信だけでなく、制限を割り込ませることと結びつける。つまり「その限りでは、少なからず増大しつつある時代の危機は、人々を物理的存在へと駆り立て、彼らを動物的生活に対するもっぱらの配慮へと退ける」[25]。したがって「現実の危機が存続をめぐって厳しい戦いが行われるところ」、まさにそこに「理想的陶冶」[26]が必要なのである。だからニートハマーにとって確かなことは、新しい人文主義は破壊的であり、人間性の理想は中断することのできない危機の形態における現実の他律によって、すなわち自己保存をめぐる格闘によって押しつぶされる危機のなかにあるのである。

3　体系的次元（科学的視点）からの分析

『論争書』の第二章において、ニートハマーは科学的視点に従ってまず証明したことは、その体系は「単に思想においてだけでなく、行為において成り立つ」が、いまや体系の違いは「厳密な科学的対立として把握され吟味されねばならない、ということである。その一般的な根拠に基づいて分析し、歴史的・社会的に条件づけられ」[27]たものは、その内的、理論的な構造に基づいて問われねばならない。回り道なしに、ここで彼は対立の中心を見出し、それをその研究の前進のなかで詳細に展開している。彼はその体系の「主要な対立」を暗に人間の理念についての和解しがたい観念において見る。その観念は、意識するか否かにかかわらず、体系にとって構成的である。一面的な構想を体系的に批判するためには、彼は――もちろん哲学的に説明することなしに――人間の理念からその概念にまで移行し、人間の自然として解釈する[28]。

それによって彼は教授システムの主な対立を「精神と動物、理性と技術的悟性、合理性と動物性」の対立と一致することができる。なるほどそれは「人間のなかである不可思議な全体に結びつけられている」が、一面的な把握のなかで、汎愛主義と人文主義の理論的根拠を成す。彼が示唆することは、確かに「人間のこの二面的な明確にしがたく構成された自然の区別」は、すでに長いあいだ意識され反省されているが、「人間を問題にする理論家と実践家によって、いつも新たに見過」[29]されてきた。

ニートハマーは理想主義によって再び可能になった陶冶の客観的に規定された観念の定式化に基づいて、汎愛派のなかに理論的に恣意的であり、「職業関係と生活の要求」[30]への方向においてブルジョア的な経済の法則から防ぐ。そのかぎりで彼の批判は、汎愛主義の欠陥のある理論的基礎の異議申し立てにあるのではない。むしろその批判は、啓蒙主義教育学全体を究極的に支配している生活と職業の有能さの目的に突き進む。それは精神的なものに対する感覚の欠如から、身体の硬化や精神の軟弱を経て「浅はかさ」や「遊び好き」にいたる他律的な教育の最大の理論的な欠陥の外的要因を成す[31]。

ニートハマーが人文主義の啓蒙主義の一面性に対する優位を表明するところで、まさに彼が望むか否かにかかわらず、見せかけのごとき社会的再生産を装う疎遠な性格を発見する。「動物的陶冶に対する……無視」は、一部は狭い長所、一部は彼を後に動物的目的にとって必要な機を逸した知識の習得へと駆り立てる刺激であるがゆえに、ほとんど考えられない結果だからである。他方では、「無視された精神陶冶」は、「動物的」に取り替えることもできなければ、「地上的な長所と身体的な困窮のなかで……人間の遅れを挽回に駆り立てる刺激も見出せない。むしろ、「両者は成熟した精神陶冶にとってなお危険となりうる」。というのは、「生徒は優れた配慮によって理性へと目覚まし、それに対して動物的な活動の彼のなかになお働いている陶冶は、その人間性を間違いなく教育し損なう」[32]からである。

ニートハマーは、彼の議論のこれまで概観されたものが示しているように、その都度人文主義が汎愛主義に基礎を置く論争的に解釈された人間の理念の形而上学的思弁に制限しない。むしろ彼は、論争的な教育体系における、一方では文化・社会的動機と原因、他方では人間についての一貫しない論理的規定、また恣意的・一面的な概念とのあいだに成立する関係を分析し省察する。論争の解明と証明のまさにこのような弁証法的方法は、それを傾向的にイデオロギー批判的方策の先駆者にする。彼によってその論争は、単に独断的で固定的に人間の形而上学的規定に基礎づけられるものとして前進されるものではなく、その都度の「古い」教育学理論と「新しい」教育学理論が現実的あるいは歴史叙述的に単に画期的な型の論破として評価されるのでもない[33]。

ニートハマーは、取り消せない問題のある「自然」の、あるいは伝統的な人間の使命も、それで生じる社会的疎外も知っているので、彼にとって自由に駆使できる精神的手段と歴史的経験によって、彼の時代の啓蒙主義の教育的状況を汎愛主義と人文主義の体系の論争としてとらえようとする。彼は後期啓蒙主義の教育学とドイツ理想主義の教育学の真正な知見の体系的ディレンマを相互に結びつけ、その結果一八世紀の半ば以来、教育学において議論された「人間の使命」に対する問い、彼が第三章で明白に取り上げた問いは、進歩的な、陶冶論的に規定された原則的な決断に導かれることができる[34]。

ニートハマーは人間の理念の一面的な構想をその都度の極端な人間――あるいは市民――の教育構想の理論的基礎として発見し、外的、社会的な運動の原因と正反対の一面化に同一化することによって、彼の論争書において、望ましい人間についての観念のさまざまの市民的形態、つまりブルジョア的な社会的性格の矛盾ないし形成の図式を示す。論争的に規定された人間の理念に立ち返り、社会的現実に媒介された教育学的体系の論争は、なるほどブルジョア社会のなかで総じて「教育思想の発展によって示されている」が、それによってすでに強制的に教育目的の規定におけるブルジョアと非ブルジョアの教育構想——彼は後期啓蒙主義のような欠陥を隠蔽しないが——のあいだの論争を、もちろん望ましいブルジョア教育によって明白に説明するのではなくて、異なる対立したブルジョア的体系のあいだの論争を説明する[35]。

もちろん、汎愛主義だけが決裁されたブルジョア的現実に肯定的に結びつくかのような見せかけがある。このことは新人文主義のまさに生成のなかで把握される比較的新しいブルジョア的な陶冶構想は、実際にはブルジョア的現実のより高次の段階、より抽象的な形態に照準を合わせるために生じる。新人文主義の前衛のその客観的な社会的前提そのものは、——なお示されるように——優れて暗闇のままである[36]。

カントとドイツ理想主義のはじめから展開されたニートハマーの哲学的基礎、とりわけ偏狭固陋を後に残した人間性の理念は、人間の一般的な制限された発展をめざす。それにとって「理念」は現実抜きの純粋な先取りではなく、また新しいブルジョア的な関係の備え付けのための道具でもない。むしろそれにとって、ニートハマーの詳論が教授対象の種類に関する第一章においても明白に認識させるように、精神は媒体と対象である。

教育と教授の二つの体系から、確かに組織化された一般的な教育に関する理性的とみなされる目的の実現が表象される。しかし、——この点に両者の違いがある——ニートハマーの新人文主義の立場の根拠ないし人文主義の心理に基づく彼の主張は、理性が教授の理念の前提となる客観性に突き進むときにのみ、制限されることなく発展するとみなされる。新人文主義の理想主義に対する関係は、だから内在的に必然的なものであり、理想主義ないし理念と現実の多様な関係は教授の対象を規定する。

このような関連において、ニートハマーの論争書は第二章で明らかに理想的タイプの陶冶構想の論争の構築のなかで、未来の理性的規定の要求のもとに、人間陶冶の理論のブルジョア社会の変化する構造的条件にふさわしく定式化しようとする。彼の決定的な、あらゆる個別を満たす[37]再構築された極端な批判、論争の「根本原則」の同一化の理論的前提は、人間の本質についての理想主義的・弁証法的観念である[38]。それに彼は、まさに問題となっている章に大きな空間を与える。それはホージャーがこの章を人間学的に理解しなければならない、と述べることに対する根拠である。

ニートハマーは「両要素（精神と身体、理性と動物）は統一のなかで人間を構成する」ので、人間の概念を「二重の自然」[39]ないし「人間自然の二重性」[40]として規定する。この第二章で、彼は二重の自然を教義的に、あるいは機械的にそれ自体孤立した二つの部分の付加ないし混合として規定するだけでなく、それ自体「相互に把握」[41]されねばならないものとして規定する。

「われわれはそれによって理性を身体によって規定するように、身体を理性によって考える。両者は孤立した、あるいは一面的に結びついた考察とは別にそれを示す」[42]。身体は「単に機械ではなくて、その精神生活を外的世界で示すための、精神によって密接に浸透した機関である」[43]。引用の最後の部分で認識され、後になってなお説明される精神的表現の単なる材料に対する身体の理想主義的な従属は、決して論争書における唯一の自己同一哲学の指針でもなければ、彼にとって非典型的でもない。その絶対的・理想主義的な特徴は、プロテスタント的・ピューリタン的要素との同盟によって一層強化される[44]。

しかし、合理主義的伝統に対して、ニートハマーは人間自然の弁証法的規定から出発する。そこでは自然と理性は和解としてあらわれる。ちょうど第二章の第五部で、彼は極端な「統一」[45]可能な総合を議論する意図をもって、人間の概念についての詳説を求める。ここでニートハマーにとって、ほとんどステレオタイプ的に繰り返されるように、論争を再び中止するか、無批判な和解を求めるかは問題ではない[46]。むしろ問題なのは、対立の客観的な総合の可能性の条件についての反省を、論争を体系的に克服した理性的な一般陶冶の規定に向けて方向づけることである。それは啓蒙主義ないしそれに対する理想主義的批判の背後に退くのではなく、教育学的操作を超えて経過する人間の転換の必然性を知るのである。

ニートハマーがここで人間の弁証法的自然を科学的に取り扱う詳説は、極端な対立の同一化における根拠だけでなく、可能な理性的総合である。彼は印象深く次のように証明する。「人間は単に理性だけでも動物だけでもない。……両者からの第三のもの、理性によって動物的なものは変えられ、動物性によって理性が変えられる。理性はそのなかでまったく動物性（感覚的意識）に、動物性は理性（純粋に精神的意識）に結びつけられて」いる。「理性の動物性との結合は、人間の本質を成す。その際、人間は精神的意識のなかで……自らその動物性を超えて高まるのを認め」[47]、さらにあらゆる種類の教授のなかで精神を求める。

ニートハマーは「理性との結合をそのなかに見出す人間の動物的自然の変化」を陶冶の本質的性格として規定し、一方で「粗野な感覚的享楽を求める人にとって一般に彼は動物に成り下がっている」[48]、という表現に導くかぎり、彼の陶冶の精神分析にとって重要な純化の概念を仮定する。逆に、ニートハマーが印象深く取り上げることは、理性は人間自身に動物的自然によってはじめて一定の意識まで固定化」される。「人間は単に精神ではない。人間はただ精神として振る舞うことはできない」[49]。

ニートハマーはあらゆるピューリタニズムにおいて、また絶対的な理想主義への傾向において、到達した陶冶を人間の感覚的自然の排除ではなく、自然の変化、醇化、教化として打ち立てる。自然は明らかに精神に対する単なる否定ではなくて、同程度に人間自身の発展のために必要である。だが人間存在の統一の要因の浸透は、その同等のものを含意しない。短縮なしに把握される理性は、強調的な意味で自然連関を突破するところのものであり、人間を歴史的存在として構成する。「人間を理性にまで陶冶しなければならない教授は、彼をこの二重の自然として考察し、取り扱わねばならない」[50]もちろん、両極端の評価において、人文主義の優遇へと導くものである。自然の抽象、その清算ではないが、理性の優位のもとでの自然と理性の和解は、ニートハマーの陶冶理論の目的であり、できるだけ人間の弁証法的自然に基礎づけられる。

ニートハマーの両極端の統一への熟考において、その都度の正しい規定、つまり汎愛主義における「客観的世界に対する関係」と古い人文主義における「人間の精神的自然の独立」[51]は、そのなかで人間の物理的自己保存と発展された理性的自然は矛盾がない陶冶の真の理念の要素になる。両極端としての立場がその都度別の真理を塞ぐとき、それは「科学的に必然的に誤ったものとして把握される」[52]。科学的統一の真理は、両要因の妥当根拠への洞察とともにあり、だから一切は人文主義と現実主義とのあいだのいかなる異なった和解でもない。

ニートハマーは、彼が両構成要素の均衡を主張せず、和解の解決は自然にふさわしい発展ではなく、矛盾から解放された新しい人文主義を目的として示すとき、一貫した態度をとる。というのは、強調された意味で粗野な自然へのその強化された影響のなかで、人間を歴史的存在にし、彼自身その主体でありうる歴史を開くということは、まさに理性的だからである。

ニートハマーによって取り上げられた論争は、人文主義を復古的ないし存続の保証の危機に対して同等に新しい支配的陶冶を計画する意図によって導かれる。むしろ彼は、あの時代の支配的な教育要求において科学的に一致しうる原理的な対立を、当時の脅威的な傾向に対して一般的な人間陶冶を新たな基礎づけをするために論争書における論争として再構成した。

第二節　陶冶理論の構築

ニートハマーの『論争書』における啓蒙主義批判のなかで、人文主義の新たな展開が見られる。とくに一八世紀末から一九世紀初めにかけて、ドイツでは新人文主義（Neuhumanismus）の陶冶哲学において「陶冶」概念をめぐる新しい教育に関する思考が展開された。この「陶冶」概念は、人間存在の本質特徴および人間形成のあり方を示す教育学的基礎概念として展開された。この時代は、近代陶冶理論史においてドイツ新人文主義、広くは古典主義の時代（1780～1830年）として、近代の陶冶主体の形成をめざす陶冶論史上最も注目すべき時代として位置づけられる。この時代の歴史的概念としての「陶冶」概念のもつ本来の意図や意味内容を把握し、それを体系的な理論にまで構築したのが、フンボルト（Humboldt,W.v.）である。本節では、このフンボルトの陶冶理論を中心に、シラー（Schiller,F.）、さらにシュライエルマッハー（Schleiermacher,F.D.）やヘルバルト（Herbart,J.F.）におけるその発展を見るなかで、この陶冶理論のもつ特徴および近代性を批判的に検討するとともに、主体の陶冶に関する再構築の可能性について明らかにすることをねらいとする。

一　フンボルトの陶冶理論

1　人間陶冶と市民陶冶

フンボルトの『国家の効力の限界を規定する試みについての理念』（以下、『理念』と略す）（1792）[1]は、法理論的にも政治的、陶冶理論的な熟考として展開される。それはフンボルトが後にプロイセン改革のなかで代表したあの立場を準備する。彼の存命中に、個々の章が公にされたにすぎない。その第二章　人間の「最終目的」について、第三章「国家の目的」について、第五章「市民の幸福」について、第八章「国家による国家の改革」について、これらの章は、匿名の著者名での公的な国家教育についての詳論である。この書は一八五一年にはじめて公にされた。教育学者としてとくに重要な論文や断篇、「人間陶冶の理論」（1793-95）、「比較人間学に関する計画」（1797）、そして「人間の精神について」（1797）は、一九〇三年にはじめてアカデミー版の第一三巻で公にされた。

この『理念』のなかで、フンボルトは個人的生活形式の領域、職業活動、学問、芸術、宗教の領域を、あの国家的に組織された政治と厳密に区別し、その課題に彼は内的、外的保証のための配慮を考えた。第一にあげられた領域について、彼は次のように述べている。すなわち、それはまったく国家的な活動の限界の外に移されねばならない。なるほど国家はその立法によって影響を及ぼすに違いない。だが、職業、個人道徳、芸術、宗教を積極的に国家的な活動として規則化するよりも、むしろそれらを自由な公的活動として制度化することがふさわしい。公的制度における後に続く世代の共通の教育のために、「公的な国家教育」のあらゆる図式はふさわしくない。あらゆる教育および陶冶制度の国家的な形態が求められねばならない国家の目的が先にあるのではなく、それに代わって、人間の目的から組織されねばならないと説明する。[2]

フンボルトはアリストテレス的政治の伝統のなかで、人間の目的をもはや国家の目的から導き出さなかった。教育と政治、市民的職業生活と道徳、ならびに学問と宗教を、国家に向ける代わりに、人間と市民との矛盾についてのルソーの熟考の継続のなかで、個人的、一般的に計画された人間的な共同生活と国家的に秩序づけられた共同とのあいだを、彼はいかなる義務的な関係でもなく、抵抗的で調和的な関係へと移した。彼は未成熟な子どもたちと彼らの両親や後見人に対して、国家的秩序を内的、外的な保証や保護のための配慮に制限した。人間活動の他のあらゆる形式や領域を、彼は画一性ではなく、最大限の多様性や自由に義務づけたのである。

「人間の目的は、——変化する性向ではなく永遠に変わらない理性が彼に命じるが——彼の諸力の一つの全体にまでの最高の均衡のとれた陶治である。この陶治のために、自由が第一の不可欠の条件である。ただ自由のほかに、人間諸力の発展はなお別のものを要請する。自由と密接に結びついているけれども、状況の多様性である。最も自由で独立した人間も、画一的な状況のなかではあまり形成されない」[3]。

フンボルトの『理念』は、二年後に一七九四年の『一般プロイセン国家法』のなかで遂行された「国家的な職業状態」において、旧体制の階級の確認に変わった。そして、個人を伝統的な階級の鎖からの解放のために、また古い社会における彼らの状態と未来の自由な自己活動と一般的な人間陶治に媒介された役割とのあいだの豊かな抵抗のために尽力した。

「確かに人間と市民との関係ができるだけ一致すれば、それは有益である。だが、このことは市民にあまり固有でない独自性を要求するとき、つまり人間の自然の姿が何らかを犠牲にすることなしに保持されることができる、ということを要求するときだけである。しかし、人間が市民の犠牲に供されるとき、救済的であることはまったく話にならない。……だから、私の考えによれば、最も自由な、できるだけ市民的な関係に向けられない人間の陶冶が、いたるところで先行している。そのように陶冶された人間は、そのとき国家に歩みより、そして国家の憲法は、いわばそれに即して吟味される。そのような戦いにおいてのみ、私は良心をもって国民による憲法の改正を要望するであろう。そして市民的制度の人間に対するそのような害のある影響だけに憂慮しないであろう」[4]。

ルソーと同様にフンボルトもまた、人間と市民との一致に対する問いを、近代の陶冶理論の基本的な問題として認識する。同様に彼が知っていることは、陶冶に基礎づけられた近代的人間の一致は、近代の基準に従って評価し、個人的人間を一般的な国家市民の犠牲にする古代市民の陶冶にも、近代市民の陶冶にも高まることができないということである。教育学的啓蒙主義は、市民的活動の新たな秩序をその形成に義務づける。「市民的関係」を、フンボルトは国家の制限を浸透する意味で理解する。

その使命に即した人間の自己活動としての陶冶は、フンボルトにとって社会のなかにあらかじめ与えられている一定の活動でもなければ、階級の制限を止揚する機会均等に対する個々の人間の一般的な用意でもない。すでに確定された究極の立場をめぐる万人の万人に対する戦いを新たに組織し、先鋭化する。フンボルトにとって陶冶は、何らかの一定のブルジョア的関係をめざすのではなく、あらゆる人間諸力のきわめて自由で高貴で均衡のとれた発展をめざす。そこから個々人の後期ブルジョア的な関係、活動、特質の視界がどのようであろうとも、陶冶をまず予測しなければならない。まさにそれによって、陶冶は人間の個人的、社会的な規定をめぐる戦いを促進し、支えることができるのである[5]。

陶冶によって促進される戦いの意味を、フンボルトは市民社会にとって所与のダイナミックな発展のなかで把握される立場をめぐって今日まで示される機会の均等か不均等化かの個人の競争ではなくて、あらゆる階級的に命令と服従によって導かれた活動であると理解する。フンボルトが語る戦いは、人間の実践全体の革命化をめざす。それは最終的には、これまで単に機械的に遂行されていた行為を、個人および共通の行為の活動へと移すということによって達成される、ということである。この戦いの主体は、絶対主義国家でもなければ、その階層や階級でもない。むしろそれは、生成のなかでとらえられる国民の一部としての個々の人間である。この戦いの目的観点は、最大限可能な均衡のとれた陶冶によって、国家社会の限界を拡大した。

近代の陶冶は、フンボルトによれば人間存在のいかなる上位にある目的論全体に基づくものではなくて、その陶冶に即して活動する人間の個性の経験と所与の世界の抵抗に結びつけられている。相互に交わる人間の個性と世界の抵抗は、フンボルトによれば言語の二重の行為に結びつけられている。それは国民言語の多様性のなかで、多様な仕方で間主観的にも世界媒介的にも有効である。[6]

個性は人間と世界の相互作用のなかで閉ざされた人間としてはたらくのではなく、その使命は相互作用的に「われわれ人格における人間性の概念にできるだけ大きな内容を作り出そうとすることによって」[7]所与の世界との対決のなかであらわれる。人間性の精神に関して、フンボルトはここでルソーの不確定な人間の陶冶ないし完全性の概念に従って、個人にも人類全体に関しても「知られざる何か」として把握する。それはある閉ざされた単一文化に発展するのではなく、個性的なオリジナルな仕方で、多様な形で個別的にも多様にも、国民と文化のなかで発展する。[8]

2　一般陶冶と特殊陶冶

フンボルトは、プロイセン改革の陶冶論的思想家である。以来、陶冶体系において錨でとめられた一般陶冶の歩みは、彼の哲学の帰結として誤解されたのもまれではない。しかし、「陶冶の理論」についてのフンボルトの省察は、すでに以前に定式化されているだけでなく、それはまた陶冶体系のイデオロギーとしてではなく、第一に「個性」の陶冶についての理論としてふさわしく理解されている。フンボルトの出発点である「人間の目的」は、「その諸力の全体への最も調和のとれた陶冶」であり、しかも「固有の調和的な美へと把握する人格の理念への最高の、最も釣り合いのとれた陶冶」である。理念と可能性として、この個性はすでに誕生とともに、また個人的生活の根源とともに与えられている。陶冶はエンテレヒーの一つのモデルのなかで、だから「そのなかでこの理念がますます現れる過程」[9]である。しかも、この「過程」は「教授」のさまざまの段階を要請する。それゆえ、この陶冶哲学に一つの陶冶体系への道も開かれている。「基礎教授」「学校教授」「大学教授」が提供する、――フンボルトは一八〇九年の彼の学校計画のなかで叙述しているように――この過程の原理は、唯一主体の自己活動である。外からあらかじめ与えられた制限、それは「専門」の学校において個々の織物として歴史的に現存し、フンボルトによって批判される。

陶冶過程は、「力と陶冶の固有性」を発展するために、自己制御の自由を必要とし、「状況の多様性」を必要とする。階級と職業が「われわれの存在の究極の課題」ではなくて、「われわれの人格における人間性の概念に……できるだけ大きな内容を創造し」、しかも「われわれの自己と世界の結合によって、きわめて一般的で自由な相互作用にまでつくりあげる」[10]要求である。

この世界と人間は、フンボルトの陶冶哲学において全体の相互に関係づけられた要因であり、そのダイナミズムは次の点にある。つまり、人間は感受性と自己活動の結合のなかで、「世界をその個性のなかへ移し変え、世界に再びその烙印を押す」[11]。

フンボルトの場合、その限りでは確かに個性とその自己実現が中心にある。しかし彼の陶冶構想は、もし人がその結果として「外的世界、行為、実践に対する自信のある安心した関係をもつ美的・内観的な、自己中心的な」人間を構築したとすれば、自己と世界の構成的な相互関係をめぐって短縮されるであろう。この陶冶過程にまったく古典主義的リベラリスム、つまり「あらゆる個々人が自からその固有性のなかで発展するためには、拘束のない自由を享受する」。だが、同時に、陶冶された人の社会的機能として、それは公の仕事を「形成」し、客観的に、また非党派的に未来に関係づけられ、責任をもって実現する[12]。

3　陶冶過程の二律背反――フンボルトとシラー――

一七九四年以後、フランス革命とそのテロへの転回の印象のもとで成立した『人間の美的教育について』[13]に関する著作のなかで、シラーは陶冶理論を構想した。それは単に歴史的に重要であるだけでなく、今日もなお依然として重要である。彼は陶冶理論を「われわれにとって第五信で定式化されているように、今の時代、現在の出来事が示す」彼の「性格」の診断に対する答えとして理解する[14]。

シラーの努力の結果得られた診断と分析は、時代と近代の確かになりつつある帰結と結びついた問題とのあいだの分裂を明らかにする。哲学的に見れば、シラーはこの問題をはっきりと述べ、それとともに自然と道徳の矛盾対立としての彼の陶治理論の出発点を歴史的に具体化し、そして第一に社会階級の表現型のなかで具象化する。すなわち「下層の多数の階級のなかで、われわれに粗野な無法な衝動が示される。それは市民的秩序の解体した紐帯の束縛から解かれ、彼らの御しがたい憤怒で動物的満足へと急ぐ」。しかし、シラーは民衆のいかなる懐疑者でもはない。というのは、「文明化された階級」にとってその診断はより破壊的である。つまり、彼らは「ますます高まる性格の惰眠と堕落の一瞥」を提供する。というのは、「文化自体はその根源であり、……最も洗練された階級がまったく不当にもてはやさない悟性の啓蒙は、全体として志操への配慮された影響をほとんど示さない。その結果、それはむしろ原則による堕落を固定化する」[15]からである。

また、人間性の教化による道徳の堕落についてのこのような訴えは、さほど新しく響かないであろう。ルソーの懸賞論文はそのテーゼを代表し、文化批判的な訴えは、啓蒙主義を一緒に開示する。だが、シラーの診断は、一方では彼が社会的関係をもはや単に道徳と文化のカテゴリーでとらえるだけでなく、その成果に従って批判的に洞察しているということで近代的であり、未来志向的である。それはさらに、二者択一を——個々人に対しても彼が種族と名づけたように「客観的人間性」に対しても——ギリシャ的人間のモデルに即して転回するということによって、時代のドイツ的な陶冶の省察にとって典型的である[16]。

ドイツにおける先行者における以上に鋭いのは、シラーの診断は啓蒙主義においてなお問題のない人間の職業および社会的有用性への方向づけを、堕落的で達成しがたいものとしてしりぞけるからである。つまり、「共同存在は職務を人間の尺度にする。……同様に性格に対して……心情のほかの素質は無視されるのは、われわれにとって不思議ではなかろうか」[17]。職業によって与えられる人間の専門化、社会的秩序の一貫性は、シラーにとって基礎的で基本的な悪の見本である。つまり「分裂はいまや国家と教会、規則と習慣、その享受は労働から、手段は目的から、努力は報酬から区別される。全体の小さな部分の個々のものに即してのみ、永遠に人間は自己の一部としてのみ形成する。彼が取り組む永遠に必要な語りの会話のみ、聴衆のなかに彼はその存在の調和を決して発展しない。そして人間性をその自然のなかに刻印づける代わりに、彼は単にその仕事の、その科学の一つの表現になる」[18]。

それに対して、その古典主義の時代におけるギリシャ人の生活様式は、彼にとって世界の模範である。それは自己自身との統一のなかでなお生きていた。つまり十分な形式と内容（充実）、同時に哲学的で陶冶的、同時に熱心で精力的に、われわれはそれを、「ファンタジーをもった青年をしっかりした人間性における理性の男性的なものと統一する」[19]。努力して求める世界のこの「模範」は、「ギリシャ国家のヒドラ本性」、独立した生活の個々人の享受、そして必要な場合には全体になることができる」[20]。シラーは彼によって救われた現実を一致させる。というのは、古い世界は「芸術性豊かな時計の道具」に場所を与え、一緒の部分はかぎりなくより多くだが、生命をなくした一部は、人間的に生活する全体のなかで形成される」からである[21]。

シラーはギリシャ的熱狂の時代におけるギリシャ古代を人間世界のモデルのこの役割のなかで、またコンフリクトの和解のモデルの役割のなかで見、理想化した唯一の人物ではない。新人文主義の時代は、芸術科学や建築学の根源の時代でもあり、旅行はゲーテやヴィンケルマンだけがイタリアへ、より良い古代の世界へのこの憧憬と同様に明らかになる。

だが、陶冶史的、陶冶論的に、ならびに教育制度にとってとくに実り豊かなのは、シラーの美的プログラムではなくて、ギリシャ世界の解釈である。それはフンボルトにおける普遍的な人間学的証拠としての言語と並んで、彼にとって人間の真の自然、本質的、歴史的に与えられた記録である[22]。

フンボルトは――シラーの書簡とほぼ同時に――一七九三年に彼の「人間陶冶の理論」についての断篇のなかで歩を進める。同様の批判的な診断から、「なるほど多くのもの」はわれわれの周囲から生じたが、われわれのなかで知の発展によって「改善されたもの」[23]はごくわずかである。フンボルトはすでにまた、世界および仕事の専門化から生じている人間の「疎外」も嘆いている。それゆえ、彼はシラーと同様に人間への人間の陶冶の問題について、「われわれの存在の究極の課題」について熟考する。

フンボルトの答えは、彼が「われわれの人類における人間性の概念にわれわれの生活の時間のあいだ、それを超えてわれわれが振り返る生きた影響の足跡によって非常に大きな内容をできるだけ作り出す課題」として規定するとき、現代にいたるまで陶冶論的省察のプログラムになった。それゆえ、フンボルトはこの要求の解決のための基本的な可能性をあげるとき、人間の陶冶の場として歴史的、社会的実践を示す。つまり「この課題はわれわれの自己と世界の結びつきによってのみ、最も一般的で規則的で祝福多き相互作用について解決する」のである[24]。

この実践のモデル――人間学的に人間の可能性においても、政治的に社会的秩序のために必然的な前提においても――は、フンボルトにとってもギリシャ的なものを提供した。だからといって彼は古い世界の再構成ないし奴隷制を導入しようとしたということではない。フンボルトはむしろ、決定的な自由な理論家であり、国家の現実の限界をできるだけ狭めることにあった理論家である。しかし、古代のポリスにおいて、フンボルトは正当な社会的秩序の歴史的に刻印づけられた形態を見出す。それとともに、パイデイアは生活形式として歴史的、社会的現実に存在するがゆえに、陶冶は生活形式としていかなる幻想であってもならないということを欲するとき、疎外された存在を可能にする。

それゆえ、陶冶、一般陶冶は、「仕事」や「職業」のための能力ではなく、われわれの人格における人間性の概念の能力である。だからそれは、テクストのなかで文学者と哲学者の大きなアイデンティティで語られる新しいテーマである。この一般陶冶は、フンボルトにとってシラーと同様に、まさに次のことによって定義づけられている。すなわち、それは直接的な責任と経済的な利用から逃れ、「粗野」な感覚的自然を制限するということによって、それは第一に古い啓蒙主義の批判のなかで、時代の啓蒙主義批判のなかで見出される論争、否、懸賞が支配的であるということは、この著作の理論的なランクを示している。しかし、事柄に従えば、この哲学的テクストもまた「残忍」への陶冶に対して攻撃する。つまり、活動のあらゆる特別の種類の中心に「人間」があり、だからフンボルトは「新人文主義」として示される、功利主義的（実用主義的）な有用性に縛られた「汎愛派」と啓蒙主義の運動に対立する位置を主要な形式へと導くのである[25]。

同時代人における、またギリシャ古代の理想化におけるあらゆるコンセンサスのなかで、シラーとフンボルトの場合、人間の人間にまでの陶冶についての省察は、非常に異なった、また論争的な答えを与える。とくに、そのような陶冶がいかにして歴史的、社会的に現実になりうるか、また「一般的なもの」の位置はどのように見出されるかという問いは、現在まで解明されていない継続的な論争的なテーマとなっている。

シラーは一般的なものを芸術のなかに見出す。それは彼にとって社会的に唯一現実的に可能な自律的実践である。芸術のなかで、またここにのみ彼にとって人間の可能性、真の自然と使命を同時に実現し、われわれにおける人間全体を再建するために、専門化された世界を新たに統一にまで形成する。矛盾の和解をもたらすべき陶冶、それは粗野な自然と人間の理性のあいだ、その社会的可能性と人間的使命とのあいだにネットが張られている。

それは個人自体の美的実践としてのみ具体化される。シラーは第一の社会的秩序原理を――それは二次的にその意味を獲得する――なお教育学的活動と考える。カントの「人間は教育によってはじめて人間となる」という命題は、ここで公的学校における啓蒙主義的な信頼ほどの意味をほとんどもたない。

シラーとは別に、その陶治思想の原理を哲学と政治学とは一致するとみなすフンボルトは、理想主義的な突破の短い段階のあいだに、国家的陶治組織のための具体的計画へと移行することができた。フンボルトが一八〇九年から一八一〇年にプロイセン政府のために「教授と文化のためのセクション」の指導者として内務省で活動したとき、彼は「ケーニヒスベルガー」のなかで、また「ラテン語学習プログラム」のなかで、ある陶治構想を企てた。そのなかで、一般陶治の哲学的理念は、同時に一般的な陶治制度の構成原理として保証すべきであった[26]。

組織原理として一般陶治の理念は、一方では次の点を論破する。すなわちフンボルトはあらゆる「専門的」な職業のみをめざす学校を、国家の公的な不可避の課題として退ける。それを誤認することなしに、彼は私的イニシアティブに委ねる。この陶治制度は、一般に人間の使命に正当化される。他方ではフンボルトは――原則に従って――あらゆる個人に平等の教育過程を構想する。そのなかで、「どんなに貧しい人も……完全な人間陶治」を保持しなければならない。「なぜなら、大部分の雇い労務者そしてわずかに教養ある人は、その心情において根源的に平等に規定されているからである。前者は人間の尊厳のもとで粗野であり、後者は人間の力のもとで感傷的で歪んでいる」。ギリシャ的なものに対する彼の熱狂は、同じ立場で注目に値する文章で記録されている。つまり「ギリシャ的に学ばれねばならないことは、このような仕方で家具にあまり有用ではなく、家具を作ることを教えられた人ほど有用ではない」[27]。

「人間を完全なものにまでのあらゆる諸力の最高の均斉のとれた形成」への意図において、それゆえ陶冶組織においてもさまざまの学校の種類が相互に生じるのではない。まったく最上の比較できない陶冶過程が相互に生じない。現実の基礎がその上に構成し、当時の「市民学校」がそのなかで多く存在したが、その「中産階級」の学校は、フンボルトにとってそれゆえ障害のシステムに抵抗する一個の石である。むしろ彼にとって学習過程の事実学は方法においても統一的な個性の形成の事実学、つまり哲学的に受けとめるなら教授の三つの段階、つまり基礎教授、学校の授業、大学の授業である[28]。

第一の基礎教授は、学習者に学力をつけされること、それゆえ「授業のために準備する」のに対して、学校教授は単に、まったく第一に目標への知識の獲得だけでなく、とりわけ生徒たちがただ別のことを学び、自立的に探究するために「学習の学習」を提供した。それを大学は教授の究極かつ最高の教授段階として「孤独と自由」を提供するように、科学への自発的な関与によってこの学習の歩みの連続化に、別に教師の役割も従う。つまり「それゆえ基礎教授が教師をはじめて可能にするのに対して、教師は学校教授によって不可避である。それゆえ、大学教師もまたもはや学習者ではなくて、学習者は自ら探究する。そして教授はその研究を導き、彼らをそこで支援する」[29]。

学習過程の成果としての区別と相違を、フンボルトは一方では人間の個性のために、それゆえその学習能力に向けて期待する。他方では彼は教科課程および移行過程を、基礎学校とギムナジウムへの分化を機能的にも制限し、秩序づける。そのことは、とりわけ彼が学習者を国家のさまざまの要求や能力に従って区別することによって生じる。その結果、彼は統治者と被統治者のために教授の別のテーマ、そして――宗教教授が考察されると――それから他の学習過程における距離、それゆえ他の目標も前提になる[30]。なるほど自然ではなく、階級でもなく、だが機能にとって——プラグマチックにおまけとして与えられるが——個人的な可能性と社会的に問い直された能力の排他的でない矛盾対立を解決する審級が個性の責任になる。近代の構造原理——機能的な分化——は、それゆえ教育学的に、同様に近代的に要請された一般的、公的陶冶組織のなかで近代の人間学的理想に対する矛盾のなかで、個性の概念があらわれる[31]。

ふたたびフンボルトが社会的組織の諸原理のこのような矛盾対立のなかで、なおいかなる未解決の矛盾も見なかったということを等閑に付すとき、彼の熟考は歴史的には、すでにそれがプロイセンの陶冶政策の現実を規定しないという理由から、一般陶冶の問題の一つの解決とはなりえないだろう[32]。むしろ現実そのものは、まもなく距離を非常に意識した。それは陶冶哲学の前提と一八〇六年以後のプロイセン社会の現実の可能性とのあいだのフンボルト的な計画と比べて、政治的にも経済的にも成立する。他方では、陶冶哲学はちょうど理想と現実、社会的現実と人間学的可能性のこのような相違を確認し、議論することを許す点で古典主義的であり、それゆえ典型的な業績において経験可能である。フンボルトとともに言えば、それは「人間認識のあらゆる分枝を取り扱う際の判断の本来の尺度」と実践である。現在に至るまで、近代の陶冶哲学は哲学をとどめ、社会的グループのイデオロギーあるいは制度の正当性に悩まないとき、まさにその点に真正なその機能をとどめる。

相違のこのような省察は、その特別の業績において、その未来の可能性に向けての開示において、例えば陶冶過程の省察に制限されない。この二者択一に対する開示性および未来および現在まだ実現されていない可能性の視点からの思考は、それにもかかわらずそれ固有の困難性をもつ。とりわけそのラディカルな人間学的な、唯一個性から出発する変化において、この省察は所与のものに即して単に可能性への相違だけでなく、歴史的、可能的なものもまた見る道具が欠けている。だから、この省察は個人的なもののあいだの日常的なコンフリクトも、個人的制度と社会的制度のあいだの――政治か経済か――コンフリクトも、ただ二律背反としてなお把握され、個人と社会の矛盾として、いかなる解決も許されない止揚できない矛盾を固定化する傾向もまれでない[33]。

シラーの芸術への道はさらにまた社会からの逃避を基礎づけ、陶冶理論に対する非難を示唆することになる。それには近代世界に対する理解が欠けている。公的な教育と分業化された社会に対するロマン主義的な批判のなかで、ラディカルな主観主義による距離は、なお強力な養分を与えられる。それに対して、フンボルトにおいて陶冶理論の世界逃避の非難は、ほとんど根拠づけられない。人間の世界に対する活動的な対決に対する、主体の実践による陶冶要求の実現への方向づけの弁明は、すでに陶冶理論的構想以前に現れる。それは二〇世紀に一般陶冶と専門活動の新たな統一を物語る。その際、陶冶理論の形式主義は、近代的、科学的に規定された世界の習得のあらゆる形式において、自己自身をその可能性にまで形成するための一つの見込みとして発見される[34]。

二　教育の理論と陶冶過程の現実――シュライエルマッハーとヘルバルト――

1　シュライエルマッハーの教育理論

フレーベルの影響史は、すでに陶冶哲学はなるほど教育の構想を包含するということ、だが教育の理論は教育学的現実を明白に規範化しないということを認識させる。むしろそれは、要求と現実、哲学的概念と教育学的現実の相違から、はじめて適切に理解されている。それはシュライエルマッハーの場合のように、「実践の優位」から、ないしヘルバルトの場合のように教育をその固有の概念において解釈する要求からそれ自身の省察を開始することは、明白な根拠をもって教育の理論の第一の真正な試みを示している。

プロイセン改革の具体的な経験とフランス革命以来の社会的変化、啓蒙主義教育学の未解決の問題、ならびに理想主義哲学のアポリアとの対決は、この努力の背景である。シュライエルマッハーは、教育を――社会理論的に――世代関係から解釈することを試みる。ヘルバルトは、自己の『一般教育学』における実践哲学と心理学を教育学的行為の構造論として結合し、科学的教育学は今日にいたるまで、ここで根源的なインスピレーションを見出す[35]。

社会理論的な攻撃においてヘーゲルに近いシュライエルマッハーの体系のなかで、道徳法則と教育現実のあいだのカントの二元論から、歴史、社会、国家における調停へのドイツ理想主義の転回を導く[36]。ヘーゲルにおいて、教育の理論は具体的な道徳に基づき、シュライエルマッハーにおいて、教育活動は倫理学に基礎づけられた最高善の概念に向けられる。倫理学は「自然への理性の行為」についての思弁的科学であり、そのかぎりでは「歴史の科学、すなわち現象としての知性の科学」でもある。そして道徳的なものは「現実の行為と作品の全体性」として、「理性的に組織化された人間性の像」を描く。思弁的倫理学と経験的歴史学のあいだに、教育学と政治学は原理として古代の意味で技術（techne）へ移行する。「それは所与の現実を実践的な意図で倫理学の理性原理に関係づける」[37]。

「教育学は純粋に倫理学と関連する。そこから導かれた政治学と一致する応用科学である」。それに一致して、一八二六年の教育学講義を定義づける[38]。「教育の思弁的原理の応用」として、それは「善の理念」から生じるように「所与の事実の基礎」への応用として、教育の理念はその都度の歴史的所与性に依存している[39]。歴史的状況が教育理論への入口を見出すことによって、これはなるほど一般的妥当性を失うが、その現実的な関係を確かにする。だが、道徳的秩序は国家において頂点に達するのではなく、調和的に相互に関係する「生活共同体」から生じる。教育はその作品として人間を国家における全体生活に即して、教会における一般に自由で幸福な交わりのなかで、認識ないし知を提供しなければならない[40]。シュライエルマッハーの両極的思考は、それとともにヘーゲルの国家主義を避け、道徳的秩序に対する個性の固有権を有効にはたらかせる[41]。

彼の教育理論は、古い世代と新しい世代との歴史的に構造的な教育的関係において設定される。つまり、「もともと古い世代は新しい世代にいったい何を望むか。どのようにして活動は目的になるか。いかにして活動の結果が一致するか」[42]は、理論形成において「技術的三角形」を認識させる。つまり、より機能的、経験的理論はそのなかで、それに「教育されねばならない人に与えられている領域」、つまり歴史的状況における個人的固有性を包含する。「その状況において教育されねばならない人に導かれるべき」演繹的、思弁的性格の目的論的理論から生じる。そして技術的、方法的理論は、どのようにして規定性は「教育的作用によって媒介されることができるかを示す。その結果、人間生活の両方の構成のいかなるものも他の犠牲に供されてはならない」。

直観像的端緒と目的論的端緒の媒介のために、シュライエルマッハーは「弁証法的」に構成された「形式」を打ち立てる。それは一部「保存と改善」の関係に結びつき、一部は「生活共同体」に対する個人の立場に結びつく。社会の進化的な発展は保証され、革命的なものは閉め出されるために、教育は「青年が有能にそれをあらかじめ見出すところのものへと入り込む。しかしまた、有能な力で示された改善のなかへと入り込む」[43]。実現されねばならない倫理的規範に、特別に平等の理念が入れられる。教育学において、それが「個々人自体、その素質、その自由な自己活動から出発するとき、不平等性は排他的に正当化される」[44]。公教育の組織は、だから非常に整えられ、その結果、生徒の「内的力」はあらゆる場合に助けになり、回顧的に社会的帰結はなるほど「外的関係」を保証させるが、しかし「全体の不平等は……消滅するものとして取り扱われる」[45]。それゆえシュライエルマッハーは、一般的で平等な基礎陶治を要請し、一方で能力の不平等が生徒自身に即して開示されるところで始まり、他方で機能的な相違に従って支配者の被支配者のための陶治を区別する、という分離を要請する。

教育学的行為の規則的理念として、シュライエルマッハーは歴史的目標状態のユートピアを役立てる。そのなかで個人は「生活共同体」と共に、これら相互に一つの調和的な全体を成す。その結果、「絶対的完全性の前提のもとで、ある理論がそれを超えて存在する特別の活動としての教育は中止するであろう」[46]。その完全性における現実は、理論の尺度に従えば最上の教育施設であろう。それゆえ、歴史的にあらゆる教育は「不完全な状態」を前提とする。家庭と教会、あるいは家庭と国家のあいだ、国家と教会のあいだのある分裂を前提とする。

その目標観念を、教育学は「善の理念に応じて道徳社会を形成するための信仰に基礎づける。さらに（宗教的、政治的、科学的）「志操」として、この意識をもった教育は固定化する[47]。少数者、統治者は、その上に科学的陶治において、社会の改善の原理を保持する。現在の修正の一切に対するこの「原理」は、シュライエルマッハーにとって科学のなかに存在する[48]。だから彼は、科学もまた自立した「生活共同体」として自己のエートスで計画し、それは「国家と民衆、民衆と教会、国家と至福の交通のあいだの相違」のなかで、認識における相互の要求の「和解のための地点」を見出す[49]。その規範に関して、つまり「技術的」原則もまた、教育学と政治学、科学に依存しているのである。

2 ヘルバルトの教育学理論

ヘルバルトの教育学理論は、なるほど実践哲学のなかでもその基礎を道徳概念のなかにその一般的な目標形式をもつが、しかし彼の省察にとって単に目標問題だけではなくて、作用問題も同時に規定的である。それに一致して、彼にとって実践哲学と並んで、とりわけ経験心理学が大きな重みを獲得する。個性の先験的な概念に対して、彼はとりわけフィヒテに忠告するが、ヘルバルトにとって確かなことは、個人は見出されるだけで、演繹されることはできないということ、そして「生徒の構造」は先験的に……それ自体歪んだ表現であり、その「空虚な」教育学にとって、いずれにせよふさわしくない概念である[50]。

ヘルバルトにとって、「教育学の基礎概念」は「生徒の陶冶性」である。そして人間を特徴づけるのは、とくに「道徳性の意志の陶冶性」である。それによって示された教育の可能性と正当性は、明らかにそのなかで宿命論か先験的自由が仮定される「哲学の体系」に対して力づけられる。それはヘルバルトによれば「教育学そのものから閉め出される。……」[51]しかし、この教育の可能性は、同時にかぎりのないことではない。むしろ「子どもの無規定性」——それはシュライエルマッハーも知っている「人間学的な非規定性」——はしばしば「制限」される。つまり「その個性」および「状況と時代の環境によって」制限される。そして「大人の確定」は、「教育者に達成されない」。というのは、それは「内的」に継続して教育されるからである[52]。

このようにして、その可能性と限界が証明されるとき、教育の特別の課題があらわれる。つまり「現実の真只中で幼年をよりよい存在にまで向上させる」[53]という課題である。ヘルバルトは教育のこの機能を、同時に教育者の課題として述べる。彼は成長しつつある人を「人間的な仕方への大きな全体の断片として」同時に「科学の思考力」を所有する能力を所有しなければならない。このよりよい可能性を、モラルや道徳性の陶冶の要求のもとで生じる機能の構造論的解明のなかで、ヘルバルトが「教育学は教育者自身のために必要な科学である」[54]と語るとき、それは理解される。

ヘルバルトはこの科学を「一般教育学」として、それゆえ一つの理論として展開する。そのなかで教育者は、彼が現実にまで助けるべき「意図」を経験する。そして、彼がその際注目しなければならない原則的な「方策」を展開する。しかし、この理論はまだいかなる行為理論も包括しない。職業実践のなかで直接、まったく受容的に使用されるだろう知もまったく包括しない。この教育学はだから基本的な概念の一つの体系として見出され、コンビネーションとレトリックのモデルに従って構築された。それは教育者にいかに彼が状況に直面して、教育学的陶冶と「タクト」の能力に支えられて、教育の理念を現実へと手助けできるかを示す[55]。

そのための中心は、第一に「教授」である。もちろん、随意の自然ではない。というのは、ヘルバルトは一方では「教授のない教育についての……いかなる概念」ももたず、だが「教育しないいかなる教授」[56]も承認することもできなかった。「教授による教育」は、教育されるべき「思想界」を規定する道具であり、「強固な道徳的品性」と「興味の多面性」を教育活動においてそのような教授を促進するために、生徒自身においてすでに「管理」のなかで保証されうる能力を前提とする。

この教授は、それ自身の構造法則をもち、それをヘルバルトは「世界の趣味的表現について」の活動形式のなかで、また教授の明瞭な表現における主要な概念のなかで、——「分析と結合、系統と方法」——基礎理論的に省察し、「訓練」の概念のなかに、その目的論ならびに過程論を見出す。教育的教授の特殊な質は、他に公的学校の現実形態からは期待できない。ヘルバルトは、一方では率直に見、そして学校の「立法家」に公的学校は教育学的、教育的課題とは別の課題をもつということを振りかざすことなしに、例えば「必要な知識をまっすぐに保持することと不可欠の技術を行使すること」、そしてまた批判的に、学校の傾向は一般化し、一様化されるということ、そしてそのかぎりではそれは教育活動を「狭める」。というのは「個人的なものへの結びつきを否定する」[57]からである。

ヘルバルトの影響史は、とりわけ義務教育によって規定され、その現実によって規定されている。つまり、「生徒たちは多数の仕方であらわれる」。ヘルバルトが恐れたように、この状況は「より自由な指導が不可能である。というのは、それは多くのあらゆる場合に秩序のなかで保持されねばならない非常に多くのものに対する目覚めと強さを要求するからである」[58]。公的教育の条件のもとで、入念なヘルバルト的概念と思考形式が思想形成的な教授の秩序形態になり、以来、ヘルバルト主義に非難される彼の理想の変革（デフォルメ）を導きいれることは偶然ではない。しかし、影響史が実際また示していることは、ヘルバルトの教育構想はまだ例えばヘーゲルのように公的学校の歴史的に必然的な「一般化的」な機能を把握することはできない。それはまた、おそらく彼が公的教育過程の理念と現実を理解しがたい矛盾として把握するという、教育学者の原型（プロトタイプ）にする。

終　章

――まとめと展望――

以上、近代教育学の成立について、ヨーロッパ近代の、とくに一八世紀ドイツ近代の教育学を中心に考察してきた。その結果、近代教育学はその成立期に、すなわち「教育の世紀」と言われる啓蒙期に固有な像を示しており、また多様な形で展開していることが明らかにされた。

まず、この啓蒙期を代表する哲学者カントにおいて、「近代」のアポリア（難問）、すなわち自律を求めながら、そのための指導を要請するということのなかに、すでに近代に固有の難問が示されていた。また、近代教育学の範例とみなされるルソー教育学においても、「自然の教育」や「消極教育」の理論、あるいは人間形成と市民形成の矛盾のなかに、近代教育学に固有のパラドックス（逆説）が内在することが明らかにされた。こうした近代教育学の基本的な思考の枠組み、およびその方向性のなかに、近代教育および教育学の固有の論理があることが、まず確認された。

次に、ドイツ啓蒙主義教育学の生成について、一八世紀後半の汎愛派の教育学構想を中心に、後期啓蒙における教育学形成の過程とその特徴を見てきた。その結果、これまでのバゼドウを中心に「包括的統一」として把握されてきた汎愛主義教育学ではあるが、後期の例えばカンペやシュトゥーフェなどの構想を見るかぎり必ずしも一束ねにしてとらえられない多様な展開があらわれていることが明らかにされた。とくに汎愛派のルソー受容に典型的に示されているように、ルソー的パラドックスについての多様な解釈が示されている。

しかしこの解釈の多様性のなかでパラドックスを認めながらも、なおそこに教育学固有の思考法を求めようとする共通の努力が認められる。またプラグマチックな動因によって規定されたその思考法には、経験的アプローチによる汎愛派ならではの教育の論理が認められる。[1] しかし、現実の要請とはいえ、実用的な有用性を陶冶の唯一の基準とみなす点で、ニートハマー以来、新人文主義の立場から厳しく批判点として指摘されるところである。この点で、すでに汎愛派のシュトゥーフェが『総点検』のなかで人間陶冶の観点から有用性の一面的な解釈に対して修正が加えられていることも、すでに指摘した。

いずれにせよ、ドイツ啓蒙主義はすでにその成立期において近代における教育要求ならびに可能性が認識されているという意味で肯定的に評価されるが、その現実的動機から見て啓蒙主義教育学は批判されざるをえない運命にあったことも事実である。このような啓蒙主義批判の像に対して、テノルトも指摘するようにドイツにおける一八世紀末の教育状況に対する洞察なしには、いかなる評価も不可能であろう。[2] すでに見てきたように、一八世紀において、確かに教育制度の新たな構想のための啓蒙主義的な議論は広く受け入れられたが、しかしその世紀半ばの啓蒙主義の最盛期に、新人文主義の開始が位置づけられる。それは啓蒙主義教育学が正しく見出したものの大部分を問題とし、教育改革に大きな影響を及ぼし、ドイツ的な陶冶概念の成立に貢献した。それは啓蒙主義の生産に方向づけられた教育と対立し、人間の権利の実現へと導いただけではない。啓蒙主義の意識は人間を疎外する現実へと解消してしまったが、そのかぎりでは新たな自己理解を政治的、社会的な既成の条件に求めることは明白であった。

一八世紀半ば以降、ドイツにおける新人文主義、より包括的には古典主義の陶冶理論は、啓蒙主義によって精力的に前進してきた世俗化の過程で開示された可能性の解放、すなわち人間は理性的な自己決定へと形成する状況にある主体の確立を求めた。この陶冶理論は、ペスタロッチーやフンボルトやシュライエルマッハーに代表されるように、「当時の歴史的状況のなかで市民的主体の危機と可能性に対する答え」[3]として展開された。すなわち、すでにクラフキーの分析に見られるように、人間は自由な理性的な自己規定への能力をもった存在として解釈されねばならないということ、陶冶は客観的・一般的な内容の媒介において可能になるということ、陶冶は個性と社会性との対極構造において成り立つということ、さらに陶冶は道徳的、認識論的、美的、実践的次元において責任ある人格の統一に結びつけられねばならないということである[4]。

ここで、陶冶概念のもつ歴史的意味、とくに近代の陶冶主体の危機と可能性の問題についての、歴史的・批判的観点からの指摘は重要である。もともと陶冶概念は「一般的な人間陶冶」の要請において、当時の社会的現実に対して批判的に方向づけられていた。この要請はたとえ理念的であれ、ユートピア的な先取りであれ、「理性的な自己規定への能力」[5]の形成をめざす近代的な主体の確立という陶冶理想を内包していた。それは他者規定からの解放を前提とし、また自己の思考と道徳的決断の自律への能力、自由への能力として把握される。したがって自己活動もまた、陶冶過程の中心的な実現形式である。だがその際批判的の問わねばならないことは、あの時代の思想家がどの程度陶冶論的関連において当時の社会的現実に即してこの問題を深く省察したか、ということである。この点で、クラフキーは当時にあってはペスタロッチーとシュライエルマッハーにおいてのみ、この問いに対する積極的な答えが得られるとみなしている[5]。

すでに考察したように、ペスタロッチーはあらゆる陶冶努力を人間の社会的現実に立ち返り、幅広い層の民衆の社会的条件の限界に直面して、人間的、同胞的存在の可能性を人間陶冶によって解放しようと意図し、実践した。実践をとおして開発された「メトーデ」は、まさに民衆陶冶のための方法であり、直観と自己活動を基本原理とする自律的な主体の自己構成と自己解放をめざしている点で、近代的意義が認められる。

シュライエルマッハーもまた、一方では社会的不平等の矛盾した関連を、他方では人間的な発展の可能性ないし「陶冶」を彼の教育理論のなかできわめて印象的に強調し、フランス革命の実態的な平等の要請のユートピア的な意図を革命の実際の経過に直面して失望を超えて確信した。その道徳的に根拠づけられた教育原理は、あらゆる人間の固有価値と権利要求、その人格的な可能性の十分な発展に対する承認の要求に結びついている。

さらに陶冶主体の問題に関して、新人文主義の陶冶概念において、その真の自由と解放という意味で限界が見られる。確かに陶冶は新人文主義において徹底的に主体から構成されている。フンボルトは「人間の目的規定をその努力の究極目標として、またその判断の最高の尺度として求めるべきである」とし、「自由な自己活動的存在として、ただ自己自身においてのみ発展する」[6]と述べている。しかし、フンボルトにおいて見られるように、市民と人間とは完全に区別され、市民的領域における人間は「根源的にすでに絶対的な孤独」であり、「根本的に閉ざされた世界」[7]であると言われる。市民的領域の個性と凋落、普遍性と窓なき単子は、相互に密接に包まれて存在する。このような矛盾のなかに、フンボルト陶冶概念の問題性が潜んでいる。

このような新人文主義の陶冶概念に対する評価から、あらためて啓蒙主義教育学の意義もまた問われねばならない。すでに考察したように、もともと啓蒙主義は近代の主体の解放を意図したにもかかわらず、実際にはルソー的なパラドックスを固有の立場から現実主義的に受けとめ、現実の社会への適応という教育学的観点に立って公的有用性を一面的に強調した。この点が、新人文主義の啓蒙主義教育学に対する批判の中心的な論点になったわけである。

しかし、逆に新人文主義の陶冶概念が主体の構成を徹底するあまり、現実の社会への実質的な対応を欠いた主観主義に陥るということで批判されることになる。この点で確かに啓蒙主義の理念は教育制度や理論に関して形を変えられてはいるが、実際の教育制度の秩序のなかに、また広く職業や労働といった実利主義的に規定される社会の構造に対して、陶冶と有用性の結合に啓蒙主義の基本思想が影響力を示している。それは新人文主義の人間陶冶の理念によって批判されるが、否認されることはできない。ルソーを継承した教育理論のなかに、単に教育と子どもの理想像の新たな承認が見出されるだけでなく、教師の専門的知識とともに、教育学的な生と思考に導入された思想、つまり学習と教授と生産活動が一体となった思想が見出されるのである[8]。

この点で、テノルトも指摘しているように、「近代の啓蒙主義教育学の象徴」[9]として、ペスタロッチーの教育学的思考があげられる。すでに第三章で考察したように、近代化の危機のなかで、彼はルソーの影響のもとに近代の教育学的な人間学構想を基礎にして、実践をとおしてその都度省察を加えながら彼独自の「メトーデ」を開発した。それは子どもの主体的な学習活動に援助の手を差しのべる技術にほかならず、直観と自己活動を主要原理として展開される。この「メトーデ」の成立によって、はじめて近代教育学は実践的根拠をもって成立したと言えるであろう。

しかし、すでに指摘したようにペスタロッチー教育学もまた一八世紀近代の産物であり、そのなかには幾多の時代の制約や矛盾が内包されている。人間の陶冶過程における主体への転換、自己発展の強調、それと結びついた力の陶冶と形式陶冶への傾向には、その近代的特質とともに、明らかに一八世紀近代の制約が認められる。また、キリスト教的秩序思想や愛の共同体や「居間」の思想には、やはり時代の限界や個人的な制約が認められる。また、自立的な「自己醇化」の思想と社会的な共同体思想とのあいだには、明らかに近代教育学に内包するとみなされるパラドックスが認められる。

しかし、当時の歴史的文脈のなかで「近代化による危機」の克服を自らの教育課題として受けとめ、その解決のために生涯をかけたペスタロッチーの実践と省察のなかに、明らかに教育の「近代問題」が潜んでいるように思われる。その教育学の核心を成す人間学的構想、それを基礎づけている道徳的自律と愛の陶冶思想や「居間の教育学」に象徴される親子の教育関係論、さらにその実践的な方法原理、とりわけ直観と自己活動の原理において、その独自性を見ることができると同時に、近代を超える契機が内包されているように思われる。

このような観点から一八世紀近代の教育学を省みるとき、すでにカントの啓蒙哲学のなかに、実践的な陶冶主体の形成の問題が内包されており、ルソーにおいてはじめてそれが教育学的思考として具体的に展開された。汎愛派の場合には経験的事実をもとにしてより現実的に教育を把握し、学問的に体系化された。さらにペスタロッチーにおいては実践的行為とその省察をとおして、より実践的根拠をもって教育および陶冶の理論として構築されたということ、さらに「陶冶」概念への展開のなかで啓蒙主義教育学は批判的に再構築されていったということである。そこでは「主体としての人間の実践的な体制を可能にする諸条件の省察及び構成」の課題は、なお未解決のまま残されている。その意味で、近代は「未完のプロジェクト」であり、それは実践的省察と理論的構築の循環のなかで問われ続けられねばならない問題であると言うことができよう。

あとがき

本書は、今年三月で定年退職するに当たり、研究者の道を志して長年自分なりに温めてきた研究テーマについて、一つの区切りをつけるべくまとめたものである。これまで折にふれて公にしてきた論文や著作をもとにしながら、この機会に一つのテーマに向けて全体を構想し直し、新たな論文も加えて再構成して出来上がったものである。

二十年ほど前に、これまでにライフワークとして取り組んできた研究のまとめとして、『ペスタロッチー教育思想の研究』を公刊した。その際、ペスタロッチーにおける教育の理論や思想を一八世紀近代という時代のなかに位置づけ、その意義を評価するためには、教育学における近代の問題を全体としてどのようにとらえるかということが大きな課題として残された。これを機に、ペスタロッチーの同時代である一八世紀ドイツ啓蒙期における教育学の生成に関心を寄せ、汎愛派の教育学について、なかでもカンペ編『総点検』を中心に研究を進めてきた。そのなかで学部の紀要等でいくつかの論文を継続して発表してきたが、いずれも掘り下げが不十分なままに今日にいたっている。

もちろん、当初からこのような一冊の書物にまとめることを意図してきたわけではない。あれこれ試行錯誤で研究を進めるうちに、ペスタロッチーと汎愛派の教育学を焦点にして一八世紀近代の教育学の成立過程についてまとめてみたいという思いが次第に強くなってきた。その具体的な構想を練るうちに、おぼろげながら近代教育学の大きな流れを自分なりにとらえることができるようになってきた。一年前から本格的な執筆にとりかかり、ささやかながら一冊の書物に仕上げることができたわけである。

ここで近代教育学の成立とは言っても、本書で取り上げている内容は主に一八世紀ドイツ啓蒙後期の教育学にかぎられている。しかも個々の人物の思想や理論についても、それぞれ深く掘り下げて究明したものではない。最近のドイツにおける研究文献をよりどころにしながら、そこで展開されている論点を整理してまとめたにすぎない。それゆえ、本書はあくまでも近代教育学の生成ないし成立にかかわる範囲内で、そこで展開された教育学的思考の基本的な枠組みとそれぞれの思想や理論の特色をごく大雑把にとらえたということである。個々の人物の思想や理論についてのテクストに即したより詳細な究明が求められるが、それは今後の課題としたい。

今回、こういう形でつたない一冊の書物として公にするに当たり、多くの方々からご助言やご指導をいただいた。とくに先のペスタロッチー研究以来、本書にかかわる「一八世紀近代教育思想の展開」や「近代教育学の思考」などの共同執筆の機会を与えていただいた小笠原道雄先生には、心から謝意を表したい。また、著作をとおして多くの方々からもご教示いただいた。巻末の引用・参考文献をご覧になればおわかりのように、カントやルソーに関する文献、汎愛派やペスタロッチー、ドイツ陶冶論に関する文献など、最近のものを含めて大いに参考にさせてもらった。この書面を通じて心からお礼を申し述べたい。

このささやかな書物が、わが国の教育および教育学の発展のための一助になれば幸いである。

最後に、これまで度々出版の勧めをいただきながら、一向に応えていないにもかかわらず、先の『ペスタロッチーのシュタンツだより』(平成一五年六月刊) に次いで、本書を世に問う機会を与えていただいた東信堂の下田社長に、あらためて謝辞を申し述べたい。

平成二十二年二月　　岡山にて

著者しるす

〈事項索引〉

〔サ行〕

〔タ行〕

〔ナ行〕

〔ハ行〕

〔ワ行〕

〈人名索引〉

〔ハ行〕

〔マ行〕

〔ラ行〕

引用文献

序　章

1 森川直：「近代教育学の思考」、小笠原道雄・森川直・坂越正樹編『教育学概論』所収、第一章　第一節、福村出版、2008年、31頁。

2 原聡介：「近代教育学再考―その出口を求めて」、『教育学研究』第六三巻第三号所収、1996年、10頁。

3 小笠原道雄：「現代教育学の方向性」、小笠原道雄・森川直・坂越正樹編：上掲書所収、第一章　第三節、61–64頁。増渕幸男・森田尚人編：『現代教育学の地平　ポストモダニズムを超えて』南窓社、2001年。H・-E・テノルト著　小笠原道雄・坂越正樹監訳：『教育学における「近代」問題』玉川大学出版部　1998年。

4 野平慎二：『ハーバーマスと教育』世織書房、2007年、17–37頁。

5 田中智志：教育思想史学会編『教育思想事典』所収、勁草書房、2007年、383頁。

6 小笠原道雄：上掲論文、62頁。

7 野平慎二：上掲書、36頁。

8 同上書、30頁。

9 山名淳：教育思想史学会編：上掲書、253頁。

10 小笠原道雄：上掲論文、62頁。

11 J・ハーバマス、三島憲一他訳：『近代の哲学的ディスクルス』岩波書店、1990年、5頁。

12 野平慎二：上掲書、37頁。

13 Benner,D./GöstemeyerK.-F.:Postmoderne Pädagogik.Analyse oder Affirmation eines gesellschaftlichen Wandels?,In:Zeitschrift für Pädagogik.33(1),1987,S.81. 野平慎二：上掲書、40–41頁。

14 H・－E・テノルト、小笠原道雄・坂越正樹監訳：上掲書、8頁。

15 同上書：8頁。

16 同上書：8頁。

17 同上書：9頁。

18 同上書：6頁。

19 Euler,P.:Pädagogik und Universalienstreit.Zur Bedeutung von F.I.Niethammers Pädagischer "Streitschrift",Deutscher Studien Verlag Weinheim,1989,S.422.

20 Niethammer,F.I.:Der Streit des Philanthropinismus und Humanismus in der Theorie des Erziehungs-Unterrichts unserer Zeit,Jena,1808,bearbeitet von Hilbrecht,Weinheim/Berlin/Basel,1968.

21 Evers,E.A.:Über die Schulbildung zur Bestialität,Aarau 1808. Vgl.Tenorth,H.-E.:Die Aufklärung,In:Winkel,R.(Hrsg.):Pädagogische Epochen.Von der Antike bis zur Gegenwart,Schwann Düssekdorf,1987,S.127.

22 Herrmann,U.:Natur und Kultur.Anthropologie und Bildungstheorie im ausgehenden 18.Jahrhundert,In:Brinkmann,R.(Hrsg.):Natur in der Geisteswissenschaften 1,1987,S.59-74.

23 Benner,D.:Besprechungen:Pädagogik und Universalität von Euler,P.In:Zeitschrift für Pädagogik,37(1991),S.146-150.

24 森川直：「一八世紀近代教育思想の展開―ドイツ啓蒙主義教育思想を中心に―」小笠原道雄監修　林忠幸・森川直編『近代教育思想の展開』所収、第一部　第一章、福村出版、2000 年、5 頁。

25 Campe J.H.(Hrsg.):Allgemeine Revision des gesamten Schul-und Erziehungswesens von einer Gesellschaft praktischer Erzieher,Vaduz/Topos, 1979.

26 Euler,P.:a.a.O.

第一章　第一節

1 宇都宮芳明：『カントの啓蒙精神』岩波書店　2006 年、2－5 頁。ウルリヒ・イム・ホーフ、成瀬治訳『啓蒙のヨーロッパ』平凡社、17–26 頁参照。

2 E・トレルチ、内田芳明訳：『ルネサンスと宗教改革』岩波書店、1979 年、89 頁。

3 Tenorth,H.-E.：Pädagogische Epochen,Von der Antike bis zur Gegenwart, Schwann Düsseldorf,1981,S.125f.　水田洋他編：『社会史への招待』北樹出版、1991 年、23–26 頁。

4 Oelkers,J.：Aufklärung.Historischer Wörterbuch der Pädagogik. Hrsg. Benner,D.,Oelkers,J.,2004,S.75 f.

5 教育思想史学会編：『教育思想事典』所収、森田伸子「啓蒙」、勁草書房、2007 年、245 頁。

6 Kant,I.:Beantwortung der Frage:Was ist Aufklärung?(Berliner Monatschrift,Dezember1784,S.481-494)ag,Jn:Taschenausgaden Der Philosophischen Bibliothek Heft 24,1969,S.1. カント、篠田英雄訳：『啓蒙とは何か』岩波書店、1974 年、7 頁。

7 同上訳書、245–246 頁。森田伸子、上掲論考、254 頁。

8 Blankertz,H.:Die Geschichte der Pädagogik,Von der Aufklärung bis zur Gegenwart,Büchse der Pandora,1982,S.21.

9 Buhr,M./Förster,W.(Hrsg.):Aufklärung-Gesellschaft-Kritik.Studien zur Philosophie der Aufklärung(1),1985,S.17.

10 Bahrt,K.F.:Über Aufklärung und die Beförderungsmittel derselben,Leipzig, 1789,S.3.Vgl. Buhr,M./Förster,W.(Hrsg.):a.a.O.,S.17-18.

11 Buhr,M./Förster,W.(Hrsg.):a.a.O.,:S.18-19.

12 ditto,S.19.

13 ditto,S.19.
14 ditto,S.19.
15 ditto,S.19.
16 Kant,I.:Beantwortung der Frage:Was ist Aufklärung?,a.a.O.,S.1. カント、篠田英雄訳：上掲訳書、7頁。
17 ditto,S.1. 同上訳書、8頁。
18 ditto,S.3. 同上訳書、10–11頁。
19 ditto,S.7. 同上訳書、16–17頁。Vgl.Wuhr,M./Förster,W.,a.a.O.,S.20.
20 Wuhr,M./Förster,W.:a.a.O.,S.23.
21 E・カッシーラー、中野好之訳：『啓蒙主義の哲学　上』筑摩書房　2003年、25–26頁。

第一章　第二節

1 Cassirer,E.:Die Philosophie der Aufklärung,Tübingen,1932. E・カッシーラー、中野好之訳：上掲訳書、19頁。
2 宇都宮芳明：『カントの啓蒙精神』岩波書店　2006年、4–5頁。カントを啓蒙の視点から体系的に論究した著作として注目される。以下、必要な箇所を引用することにする。鈴木晶子：『イマヌエル・カントの葬列』春秋社　2006年、13–15頁参照。
3 Windelband,W.:Die Geschichte der neueren Philosophie,1878-80,7u.8Auflage,1922,Bd.1,S.249f.u.Bd.2,S.2f.　宇都宮芳明：上掲書、5–6頁。
4 Hegel,G.W.:Hegels Sämtliche Werke,Hrg.Lasson,G.u.Hoffmeister,J.,Bd.12,S.525. 宇都宮芳明：上掲書、10頁。
5 宇都宮芳明：同上書、25–26頁。
6 Kant,I.:Beantwortung der Frage:Was ist Aufklärung?,a.a.O.,S.1. カント、篠田英雄訳：上掲書、7頁。宇都宮芳明：上掲書、30頁。
7 宇都宮芳明：同上書、31頁。、森田伸子：上掲論考、245頁。
8 同上書、31頁。
9 Kant,I.,Beantwortung der Frage:Was ist Aufklärung?,a.a.O.,S.1. カント、篠田英雄訳：上掲訳書、8頁。宇都宮芳明：上掲書、32頁。
10 カント、清水清訳：『人間学・教育学』玉川大学出版部　1792年、129–130頁。宇都宮芳明：上掲書、33頁。
11 宇都宮芳明：同上書、33頁。
12 同上書、38–39頁。61–62頁。
13 カント、深作守文訳：『人倫の形而上学の基礎づけ』カント全集第7巻　理想社、1984年、25頁。宇都宮芳明：上掲書、80–81頁。
14 カント、山下太郎・坂部恵訳：『人間学遺稿』カント全集第14巻　理想社、1987年、422頁。宇都宮芳明：上掲書、83頁。
15 宇都宮芳明：同上書、84頁。

16 カント、清水清訳：上掲訳書、344–345 頁。宇都宮芳明：上掲書、85 頁。
17 カント、波多野精一・宮本和吉・篠田英雄訳：『実践理性批判』岩波書店、2002 年、81 頁。宇都宮芳明：上掲書、120 頁。
18 Kant,I.,Beantwortung der Frage:Was ist Aufklärung?,a.a.O.,S.3-4. カント、篠田英雄訳：上掲訳書、10 頁。
19 Kant,I.:Pädagogik,Rink,F.T.(Hrsg),Königsberg bei Friedrich Nicolovius. , Immanuel Kant Sämtliche Werke SBd.1922,S.193.1803,S.4. カント、清水清訳：上掲訳書、331 頁。
20 Tenorth,H.-E.:Pädagogische Epochen.a.a.O.,S.125.
21 宇都宮芳明：上掲書、227 頁。
22 Kant,I.:Pädagogik,a.a.O.,S.195. カント、清水清訳：上掲訳書、335 頁。
23 ditto,S.197.　同上訳書、337 頁。
24 ditto,S.199.　同上訳書、341 頁。
25 ditto,S.201.　同上訳書、343 頁。
26 Kant,I.:Pädagogik.a.a.O.,S.206. 同上訳書、350 頁。宇都宮芳明：上掲書、230 頁。
27 Kant,I.:Pädagogik,a.a.O.,S.232f. カント、清水清訳：上掲訳書、392 頁。
28 宇都宮芳明：上掲書、231 頁。
29 加野芳正・矢野智司編：『教育のパラドックス　パラドックスの教育』東信堂、2002 年、115–116 頁。
30 鈴木晶子：『イマヌエル・カントの葬別　教育的眼差しの彼方へ』春秋社、2006 年、19–20 頁。以下、鈴木の著作からの引用。
31 同上書 、19–20 頁。

第一章　第三節

1 Hansmann, O.:J.-J. Rousseau.Historische Pädagogik,Bd.1,Lost,C./Ritzi(Hrsg.),Schneider Verlag Hohengehren GmbH,2002,S.4.
2 Rousseau,J.-J.:Emile oder Über Erziehung,9.Aufl.,Paderborn/München/Wien/Zürich,1989,S.9. ルソー、今野一雄訳：『エミール（上）』岩波書店、1968 年、23 頁 参照。
3 Rousseau,J.-J.:Emile oder Über Erziehung,a.a.O.,S.5.　同上訳書、18 頁。Hermann, U.:Handbuch der deutschen Bildungsgeschichte,Bd.2,18Jahrhundert,München,2005,S.103f.
4 Rousseau,J.-J.:Emile oder Über Erziehung,a.a.O.,S.5.　ルソー、今野一雄訳：上掲訳書、18 頁。
5 宮澤康人編：『社会史の中の子ども』新曜社　1987 年、5 頁。
6 Benner,D.:Der Begriff moderner Kindheit und Erziehung bei Rousseau,im Philanthropismus und in der deutschen Klassik.In:Zeitschrift für Pädagogik, 45(1999),S.1-8. Vgl. Hansmann, O.:Jean-Jacques Rousseau.a.a.O.,S.9.

7 Oelkers,J.:Die Grosse Aspiration.Zur Herausbildung der Erziehungswissenschaft im 19.Jahrhundert,Wissenschaftliche Buchgesellschaft,Darmstadt,1989,S.18. Vgl. Hansmann, O.:Jean-Jacques Rousseau.a.a.O.,S.9f.

8 ditto,S.10.

9 ditto,S.10.

10 Rousseau,J.-J.:Emile oder Über Erziehung,a.a.O.,S.72. ルソー、今野一雄訳：上掲訳書、132 頁。

11 ditto,S.10. 同上訳書、24 頁。

12 ditto, S.10. 同上訳書、25 頁。

13 Benner,D.:Hauptströmungen der Erziehungswissenschaft.a.a.O.,S.32.

14 Hermann,U.:Pädagogiasches Denken.In:Handbuch der deutschen Bildungsgeschichte Band 2,Drittes Kapitel Erziehung und Bildung,Verlag C.H>Beck München,2005,S.104.

15 ditto,S.105.

16 Hansmann, O.:Jean-Jacques Rousseau,a.a.O.,S.6.

17 Hermann,U.:Pädagogiasches Denken,a.a.O.,S.105.

18 ditto,S.105.

19 ditto,S.105.

20 Rousseau,J.-J.:Emile oder Über Erziehung,9.Aufl.,Paderborn/München/Wien/Zürich,1989,S.9. ルソー、今野一雄訳：上掲訳書、23 頁 参照。
Benner,D.:Hauptströmungen der Erziehungswissenschaft,a.a.O.,S.31.

21 Benner,D.:ditto, S.32-37.

22 Blankerz,H.:Die Geschichite der Pädagogik.a.a.O.,S.73.

23 Benner,D.,a.a.O.,S.33.

24 ditto,S.34.

25 ditto,S.34f.

26 Blankerz,H.,a.a.O.,S.73f.

27 Rousseau,J.-J.:Emile oder Über Erziehung,a.a.O.,S.14. ルソー、今野一雄訳：上掲訳書、31 頁。Vgl. Blankerz,H.,a.a.O.,S.74.

28 Benner,D.,a.a.O.,S.35.

29 Blankertz,H.:Geschichte der Pädagogik.a.a.O.,S.76.

30 Rousseau,J.-J.:Emile oder Über Erziehung,a.a.O.,S.213. ルソー、今野一雄訳：『エミール（中）』岩波書店、1968 年、5 頁。

31 Rousseau,J.-J.:Emile oder Über Erziehung,a.a.O.,S.213. ルソー、今野一雄訳：『エミール（中）』上掲訳書、11 頁。森川直：「近代教育学の思考」、小笠原道雄・森川直・坂越正樹編：『教育学概論』所収，
第一章　第一節、福村出版、2008 年、36 頁。 Benner,D.,a.a.O.,S.37.

32 Rousseau,J.-J.:Emile oder Über Erziehung,a.a.O.,S.72. ルソー、今野一雄訳：『エミール（上）』上掲訳書、132 頁。

33伴野昌弘：「ルソーにおける近代教育の発現」、小笠原道雄監修　林忠幸・森川直編：『近代教育思想の展開』所収、第一部　第二章、福村出版、2000 年、24 頁。

34伴野昌弘：同上論文、24 頁。

35Oelkers,J.:Rousseau und die Entwicklung des Unwahrscheinlichen in pädagogischen Denken. In:Zeitschrift für Pädagogik,29(1983)5, 801-816.

36Rousseau,J.-J.:Emile oder Über Erziehung,a.a.O.,S.39. ルソー、今野一雄訳：『エミール（上）』上掲訳書、72 頁。伴野昌弘：上掲論文、26–27 頁。

37伴野昌弘：同上論文、35 頁。

38同上論文、35 頁。

39Hansmann, O.:Jean-Jacques Rousseau,a.a.O.,S.55.

40Benner,D.,a.a.O.,S.18.

41Rang,M.:Rousseaus Lehre vom Menschen,2.Aufl.Göttingen 1965,S.167. Vgl. Benner,D.,a.a.O.,S.20.

42Benner,D.,a.a.O.,S.19-20.

43Rousseau,J.-J.:Emile oder Über Erziehung,a.a.O.,S.113.　ルソー、今野一雄訳：『エミール（上）』上掲訳書、28 頁。

44Rousseau,J.-J.:Emile oder Über Erziehung,a.a.O.,S.23.　ルソー、今野一雄訳：『エミール（上）』上掲訳書、46 頁。Vgl.Benner,D.:a.a.O., S.39.

45ditto,S. 63.　同上書、114–115 頁。Vgl.Benner,D.:a.a.O., S.40.

46Benner,D.,a.a.O.,S.40-41.

47ditto,S.42.

第二章　第一節

1 Kersting,C.:Die Genese der Pädagogik im 18.Jahrhundert.Campes"Allgemeine Revision"im Kontext der neuzeitlichen Wissenschaft,Weinheim,1992,S.23.

2 Campe,J.H.(Hrsg.):Allgemeine Revision des gesammten Schul=und Erziehungswesens von einer Gesellschaft praktischer Erzieher.Hamburg,bei Carl Ernst Bohn,1785（以下 AR と略す）.

3 Fertig,L.Campes politische Erziehung,Darmstadt,1977,S.7.Vgl.Kersting,S.23.

4 Kersting,a.a.O.,S.32.

5 Niethammer,F.I.:Der Streit des Philanthropinismus und Humanismus in der Theorie des Erziehungs-Unterrichits unserer Zeit,Jena,1808,bearbeitet von Hilbrecht, Weinheim /Berlin/Basel,1987.

6 Herrmann,U.:Handbuch der deutschen Bildungsgeschichte,Bd.2,18.Jahrhundert, München 2005,S.106.

7 Blankertz,H.:a.a.O.,S.79.　小笠原正雄監修　林忠幸・森川直編：『近代教育思想の展開』福村出版、2000 年、9 頁。

8 Kersting,C.,a.a.O.,S.24

9 Basedow,J.B.:Vorstellungen an Menschenfreunde und vermögende Männer über Schule,Studien und ihren Einfluss in die öffentliche Wohlfahrt,1768.
Vgl.Blankertz,H.:a.a.O.,S.79.
10 金子茂：「解説バゼドウと『新教育者たち』の活動について」 バゼドウ・トラップ、金子茂訳：『国家と学校』世界教育選集、明治図書、1975 年、193 頁。以下、金子の解説を参照・引用した。
11 同上訳書、194–195 頁。
12 同上訳書、198 頁。
13 同上訳書、198 頁。
14 同上訳書、198 頁。
15 同上訳書、199 頁。
16 同上訳書、「訳者まえがき」 5 頁。
17 Kersting,C.,a.a.O.,S.71f.
18 ditto,S.72f.
19 Gedike,F./Biester(Hrsg.):Berlinische Monatschrift,Berlin 1783,S.163.Vgl. AR12,S.6. Vgl.Kersting,C.:a.a.O.,S.73.
20 a.a.O.,S.163. Kersting,a.a.O.,S.74.
21 a.a.O.,S.163. Kersting,a.a.O.,S.74.
22 a.a.O.,S.163. Kersting,a.a.O.,S.75.
23 a.a.O.,S.166. Kersting,a.a.O.,S.79.
24 a.a.O.,S.167. Kersting,a.a.O.,S.79.
25 Sünkel,W.:a.a.O.,S.21. Vgl.Kersting,S.80.
26 Richard van Dülmen:Die Aufklärungsgesellschaften in Deutschlasnd als Forschungsprpblemen,In:Francia,5 (1977)München,1978,S.166ff. Vgl. Kersting,S.80.
27 AR 1,S.XLIX,Vgl.Kersting,S.85f.
28 AR 12,Anm.S.75. Trapp,Stuve,Campe,Resewitz,Heusinger. Kersting,C.:a.a.O.,S.86.
29 Kersting,a.a.O.,S.86.
30 Vgl.Kersting,a.a.O.,S.89.
31 ditto,S.89.
32 AR 1,S.S.1-124(Bahrt).Kersting:a.a.O.,S.92.
33 AR 1,S.383ff(Stuve).Kersting:A.a.O.,S.92.
34 AR 2,S.3-296(Campe).Kersting:a.a.O.,S.93.
35 AR 1:18;AR 3(1785),S.291-434.Vgl.Kersting,S.93.
36 AR 1:11,Vgl.28,29;BM1783:13(Lieberkühn),Vgl.Kersting,S.93f.
37 Kersting,S.96.

第二章　第二節

1 Allgemeine Revision,Trapp,Bd.14,S.3.

2 Tenorth,H.-E.:Paradoxa,Widersprӓche und Aufklärungspädagogik.Versuch ,die pädgogische Denkformen vor ihren Kritikern zu bewahren,In:Oelkers,J.(Hrsg.):Aufklärung,Bildung und Offentlichkeit.Deutscher Studien Verlag 1992,S.119.

3 Blankertz,H.:Die Widerspruch von Selbstentfaltung und Gemeinnützigkeit,von Glücksstreben und Sittlichkeit.In:Hermann,U.:"Das pädagogische Jahrhundert",Weinheim/Basel,1981,S.308. Mollenhauer,K.:Pädagogik und Rationalität,In:Erziehung und Emanzipation,München,1968,S.55-74.

4 Tenorth,H.-E.,a.a,O.,S.119.

5 Oelkers,J.:Rousseau und die Entwicklung des Unwahrscheinlichen im pädagogischen Denken. In:Zeitschrift für Pädagogik,29(1983),S.801-816.

6 AR, Trapp/Stuve/Campe/resewitz/Heusinger,Bd.12,S.3.

7 Tenorth,H.-E.,a.a,O.,S.119-120.

8 AR,Bd.12.S.4.

9 AR,Bd.12.S.4-5.

10 AR,Campe,Bd.12.S.29.

11 AR, Bd.12.S.5.

12 AR,Bd.12,S.5.

13 AR,Stuve/Resewitz/Campe,Bd.12.S.53.

14 AR,Bd.12,S.6.

15 AR,Bd.12,S.6・7.

16 AR,Trapp/Stuve/Campe/Resewit/Heusinger,Bd.12,S.8.

17 AR,Bd.12,S.9.

18 AR,Villaume,Bd.3,S.443.

19 AR,Bd.12,S.3.

20 AR,Villaume,Bd.3,S.542.

21 AR,Ehlers,Bd.12,S.55.

22 AR,Campe, Bd.12,S.48.

23 AR,Campe, Bd.12,S.48.

24 AR,Ehlers,Bd.12,S.55.

25 AR,Bd.12,S.65-66.

26 AR,Campe,Bd.12,S.66.

27 AR, Campe,Bd.12,S.66.

28 AR, Ehlers/Resewitz/Campe,Bd.12,S.66.

29 AR, Bd.12,S.56f.

30 AR, Ehlers,Bd.12,S.56f.

31 AR,Ehlers/Resewitz,Bd.12,S.58.

32 AR,Ehlers/Villaume,Bd.12,S.72.
33 AR,Villaume,Bd.12,S.72.
34 AR,Villaume,Bd.3,S.438.
35 AR,Villaume, Bd.12,S.73.
36 AR,Bd.12,S.75.
37 AR,Campe,Bd.12,S.75.
38 AR,Ehlers/Resewitz/Campe,Bd.12,S.76.
39 AR,Resewitz,Bd.12,S.48.
40 AR,Ehlers/Trapp/Resewitz,Bd.12,S.364.
41 AR,Trapp/Resewitz/Campe,Bd.12,S.357.
42 AR,Trapp/Resewitz/Campe,Bd.12,S.357-358.
43 AR,Resewitz,Bd.12,S.69.
44 AR,Bd.12,S.67.
45 AR,Bd.12,S.67.
46 Tenorth,H.-E.:a.a..,S.125.
47 AR,Villaume,Bd.12,S.10.
48 AR,Rousseau,Bd.12,S.21-22.
49 AR,Bd.12,S.22.
50 AR,Ehlers,Bd.12,S.41.
51 AR,Ehlers,Bd.12,S.69.
52 Villaume,Bd.3,S.460.
53 ditto,S.468.
54 AR,Ehlers/Resewitz,Bd.12,S.361.
55 AR,Ehlers/Resewitz,Bd.12,S.47Bd.12,S.47.
56 AR,Ehlers/Resewitz,Bd.12,S.47Ehlers/Resewitz,Bd.12,S.47.
57 AR,Bd.12,S.372.
58 Tenorth,H.-E.:a.a..,S.125.
59 ditto,S.125.
60 AR,Bd.13,432.
61 AR,Bd.13,S.432.
62 AR,Ehlers/Trapp,Bd.13,S.432.
63 AR,Ehlers/Trapp,Bd.13,S.433.
64 AR,Ehlers,Bd.13,S.437.
65 Tenorth,H.-E.:a.a..,S.128.
66 Bernfeld,S.:Kinderheim Baumgarten,Bericht über einen ernsthaften Versuch mit neuer Erziehung,1921,S.124.Vgl.Tenorth,H.-E.:a.a.O.,S.131.
67 AR,Campe/Trapp/Stuve/Resewitz,Bd.12,S.343.
68 AR,Bd.12,S.343.
69 Tenorth,H.-E.:a.a.O.,S.131.

70 ditto,S.132.

第二章　第三節

1 Kersting,C.:Die Genese der Pädagogik im 18.Jahehundert.a.a.O.,S.136f.
2 ditto,S.137.
3 AR, Bd.9.S.III
4 Campe,J.H.:a.a.O.,S. Ⅶ f.
5 Kersting,C.a.a.O.,S.139
6 Kersting,C.:a.O.,S.140.
7 Locke.:Versuch über den menschlichen Vrtstand,4.,durchges Aufl.in 2 Banden (Bd.1:Buch,Kap.1,2,Hanburg,1981,S.107. ロック、大槻春彦訳：『人間悟性論』岩波書店、2006 年、133 頁。
8 Locke,J.:a.a.O.,S.108. 同上訳書、33 頁。
9 Udo,T.:Locke,Reinbek1990,S.87.Vgl.Kersting,G.:a.a.O.,S.145.Vgl.Locke,J.:Some Thoughts concerning Education,im:Peter Gay (Edt.),John Locke on Education,Teachers College Coloumbia University,1971.
10 Heinrich,K.:Anthropologie,Basel/Frankfurt a.M.,1986,S.270.Vgl.Kersting,a.a.O.,S.146.
11 ライプニッツ、谷川多佳子他訳：「認識論―人間悟性論（上)、下村寅太郎他監修『ライプニッツ全集４』工作社、1999 年、364 頁。
12 Kersting,C.:a.a.O.,S.141.
13 Leibniz,G.W.:Neue Abhandlung über den menschlichen Verstand,Hamburg1971,S.4. ライプニッツ、谷川多佳子訳：上掲訳書、15 頁。
14 Leibniz,G.W.:a.a.O.,S.48.Vgl. 同上訳書、70−71 頁。Vgl.Kersting,C.,a.a.O.,S.162.
15 Vorländer,K.:Philosophie der Neuzeit.Geschichite der Philosophie,Bd.4,Reinbex 1996,S.74. Vgl.Kersting,C.,a.a.O.,S.162.
16 Leibniz,G.W.:a.a.O.,S.7. Vgl. Kersting,C.,a.a.O.,S.162. ライプニッツ、谷川多佳子訳：上掲訳書、18 頁。
17 Leibniz,G.W.:a.a.O.,S.7. Vgl. Kersting,C.,a.a.O.,S.162. 同上訳書、18 頁。
18 Leibniz,G.W.:a.a.O.,S.46. Vgl. Kersting,C.,a.a.O.,S.162. 同上訳書、69 頁。
19 Leibniz,G.W.:a.a.O.,S.8f. S.78ff.Vgl. Kersting,C.,a.a.O.,S.162. 同上訳書、20 頁。
20 Leibniz,G.W.:a.a.O.,S.55.Vgl. Kersting,C.,a.a.O.,S.162. 同上訳書、78 頁。
21 Leibniz,G.W.:a.a.O.,S.56.Vgl. Kersting,C.,a.a.O.,S.162. 同上訳書、79 頁。
22 Leibniz,G.W.:a.a.O.,S.56.Vgl. Kersting,C.,a.a.O.,S.162f. 同上訳書、79−80 頁。
23 Leibniz,G.W.:a.a.O.,S.8.Vgl.S.48,S.55ff. Vgl. Kersting,C.,a.a.O.,S.164. 同上訳書、205 頁。
24 Leibniz,G.W.:a.a.O.,S.8. Vgl.S.48,S.55. Vgl. Kersting,C.,a.a.O.,S.164. 同上訳書、18−19 頁。
25 Leibniz,G.W.:a.a.O.,S.8.Vgl. Kersting,C.,a.a.O.,S.164. 同上訳書、19 頁。

26 Campe an August Hennings,Hanburg(Sep.1780). Vgl. Kersting,C.,a.a.O.,S.165.
27 Leibniz,G.W.:a.a.O.,S.105.Vgl. Kersting,C.,a.a.O.,S.165. ライプニッツ、谷川多佳子訳：上掲訳書、116 頁。
28 Leibniz,G.W.:a.a.O.,S.57.Vgl. Kersting,C.,a.a.O.,S.166. 同上訳書、80 頁。
29 Leibniz,G.W.:a.a.O.,S.59.Vgl. Kersting,C.,a.a.O.,S.166. 同上訳書、83 頁。
30 Leibniz,G.W.:a.a.O.,S.60f.Vgl. Kersting,C.,a.a.O.,S.166. 同上訳書、84 頁。
31 Kersting,C.:a.a.O.,S.166.
32 Kersting,C.:J.H.Campes" Allgemeine Revision" —das Standardwerk der Pädagogik der Aufklärung,1996,S.187f.
33 Trapp,E.C.:Versuch einer Pädagogik(1780),Nachdruck besorgt von Ulrich Herrmann. Paderborn,1977,S.42ff.
34 ditto,S.73.
35 ditto,S.129.
36 Allgemeine Revision 2,Villaume,S.453.
37 Kersting,C.:J.H.Campes "Allgemeine Revision", a.a.O., S.188.
38 Trapp,E.C.,a.a.O.,S.86.
39 ditto,S.99,S.160.
40 ditto,S.99.
41 Kersting,C.: J.H.Campes"Allgemeine Revision",a.a.O.,S.189.
42 ditto, S.189.
43 Allgemeine Revision 5,S.1-160.
44 Kersting,C.:a.a.O.,J.H.Campes"Allgemeine Revision"ditto,S.189.
45 ditto,S.189.
46 ditto,S.189-190.
47 Allgemeine Revision 2,S.54.
48 ditto,S.53.
49 Kersting,C.:a.a.O.,J.H.Campes"Allgemeine Revision"ditto,S.190.
50 Allgemeine Revision 2,Campe,S.171.
51 ditto,S.171.
52 Kersting,C.:a.a.O.,J.H.Campes"Allgemeine Revision"ditto,S.190.
53 Allgemeine Revision 3,Campe,S.421.
54 Campe,J.H.:Über die früheste Bildung junger Kinderseelen,1785.
55 Campe,J.H.:"Von der nötigen Sorge für die Erhaltung des Gleichgewichts unter den menschlichen Kräften" In:Allgemeine Revision,3Theil,1787,S.302.
56 Campe,J.H.(Hrsg.):a.a.O.,S.317f.
57 ditto,S.318f.
58 ditto,S.312.
59 Campe,J.H.(Hrsg.):a.a.O.,"Über die grosse Schädlichkeit einer allzufrühe Ausbildung der Kinder",5.Theil,1787,S.326.

60 ditto,.S.19.
61 ditto,S.19.
62 Kersting,C.:a.a.O.,J.H.Campes"Allgemeine Revision"ditto,S.180.
63 ditto,S.180.
64 Campe,J.H.(Hrsg.):a.a.O.," Über die früheste Bildung junger Kinderseelen",1787,S.57.
65 ditto,S.57f.
66 ditto,S.57f.
67 ditto,S.58.

第二章　第四節

1 Stuve,J.:Allgemeine Grundsätze der Erziehung,aus einer richtigen Kenntniss des Menschen in Rücksicht auf seine Bestimmung,seine körperliche und geistige Fähigkeit zur Glückselichkeit und seine Bestimmung für die Gesellschaft,hergeleitet J.H.Campe,Allgemeine revision,1.Theil,Hamburg, 1785,S.233-382.
2 ditto,S.236f.
3 ditto,244.
4 ditto,S.246.
5 ditto, S.235.
6 Kersting,C.:Die Genese der Pädagogik im 18.Jahrhundert.a.a.O.,S.233f.
7 Spalding,J.:1763,S.3. Vgl.Kersting,C.,a.a.O.,S.235.
8 Stuve,J.:a.a.O.,S.305.
9 ditto, S.308.
10 ditto,S.255f.
11 ditto, S.294.
12 ditto, S.256.
13 ditto, S.257.
14 ditto,S.298.
15 ditto,S.252.
16 ditto,S.252.
17 ditto,S.379.
18 ditto,S.257.
19 ditto, S.260.
20 ditto,S.262.
21 ditto,S.263.
22 ditto,S.336f.
23 ditto,S.237f.
24 Stuve,J.:Über die Erziehung,in ders.Kleine Schriften,1782,Bd.1,S.97. Vgl.

Kersting,C.,a.a.O.,S.238.
25 ditto,S.311,S.313.
26 Trapp,Versuch,S.38ff. Vgl.Kersting,C.,a.a.O.,S.238.
27 Kersting,C.,a.a.O.,S.238.
28 Cassirer,E.:Einleitung zur Monadologie,in:Leipniz,G.W.:Hauptschriften zur Grundlegung der Philosophie,Leibzig,1903,S.120.Vgl. Kersting,C.,a.a.O.,S.239.
29 Stuve,J.:AR10,S.233.
30 Stuve,J.:AR1,S.319.
31 ditto,S.320.
32 ditto,S.261.
33 ditto,S.323.
34 ditto,s.324.
35 ditto,S.377-380. Vgl. Kersting,C.,a.a.O.,S.240f.
36 Stuve,J.:AR1,S.92. Vgl. Kersting,C.,a.a.O.,S.241.
37 Kersting,C.,a.a.O.,S.241.
38 ditto,S.243.
39 Campe,J.H.:Seelenlehre.Ausgabe letzter Hand,Wien,1815,S.12f. Kersting,C.,a.a.O.,S.240f.
40 Kersting,C.,a.a.O.,S.244.
41 ditto,S.246.
42 Campe,J.H.:AR 3,S.405.
43 ditto,S.405.
44 Stuve,J.:AR 10,S.402. Vgl.Kersting,C.,a.a.O.,S.249.
45 ditto,S.178.
46 ditto,S.179.
47 ditto,S.181.
48 Trapp,E.C.:Rez.zur AR10,in:ADB,S.105(1791),S.279. Vgl.Kersting,C.,a.a.O.,S.258.
49 ditto,S.279. Vgl.Kersting,C.,a.a.O.,S.258.
50 Stuve,J.:AR 10,S.188f.
51 ditto,S.187.
52 ditto,S.171.
53 ditto,S.211f.
54 ditto,S.197.
55 ditto,S.195.
56 ditto,S.197.
57 ditto,S.219 und S.233.
58 ditto,S.219.

59 ditto,S.292ff.
60 ditto,S.292. Vgl.AR 1,S.336f.
61 Stuve, AR 10,S.297.
62 ditto,S.303.
63 Vgl.Stuve,AR 1,S.336f.
64 Stuve, AR 10,S.322.
65 ditto,S.323f.
66 ditto,S.313.
67 ditto,S.317f.
68 ditto,Anm.S.336.
69 ditto,S.206ff.
70 ditto,S.208.
71 ditto,S.230.Vgl.S.206.
72 ditto,S.440f.

第三章　第一節

1 Herrmann,U.:Pestalozzis Denken im Kontext politisch-sozialer Modanisierungsprozesse,In:Hager,F.-P.:Pestalozzi-wirkungsgeschichtliche Aspekte,Verlag Paul Haupt,Bern·Wien,1996.
2 ditto,s.40.
3 ditto,S.41.
4 ditto,S.43.
5 ditto,S.44. Vgl.Hager,F.-P.:Pestalozzi und Rousseau,Bern /Stuttgart,1975.
6 Stadler,P.:Pestalozzi Geschichtliche Biographie Band Ⅰ, Ⅱ,Verlag NZZ,1996.
7 Herrmann,U.,a.a.O.,S.44f.
8 Pestalozzis Samtliche Werke Bd.1,S.196.
9 ditto,S.194.
10 Herrmann,U.,a.a.O.,S.45.
11 Pestalozzis Sämtliche Werke Bd.1,S.265.
12 ditto,S.271.
13 ditto,S.281.
14 Herrmann,U.,a.a.O.,S.47.
15 Pestalozzis Sämtliche Werke,Bd.10,S.113.
16 ditto,S.111.
17 ditto,S.108.
18 Barth,H.:Pestalozzis Philosophie der Politik,Zürich,1954,S.72.
19 Pestalozzis Sämtliche Werke,Bd.10,S.163.
20 森川直：『ペスタロッチー教育思想の研究』福村出版、1993年、104頁。
21 Pestalozzis Sämtliche Werke,Bd.12,S.263ff.

22 ditto, S.263.
23 Herrmann,U.,a.a.O.,S.48.
24 ditto,S.48.
25 Pestalozzis Sämtliche Werke,Bd.13,S.48ff.
26 Herrmann,U.,a.a.O.,S.49.
27 ditto,S.50.
28 Pestalozzis Sämtliche Werke,Bd.13,S.9ff.
29 ditto,S.11.
30 ditto,S.16.
31 Pestalozzis Sämtliche Werke,Bd.16,S.15.
32 Pestalozzis Sämtliche Werke,Bd.14,"Pestalozzi an sein Zeitalter"（1802/3）S.143.
33 ditto,S.143.
34 ditto,S.176.
35 ditto,S.178. Pestalozzis Sämtliche Werke,Bd.16,S.15.
36 Pestalozzis Sämtliche Werke,Bd.27,S.185.
37 Pestalozzis Sämtliche Werke,Bd.24A,S.3ff.
38 ditto,S.169.
39 Bernfeld,S.:Sisyphos oder Die Grenzen der Erziehung,Frankfurt .a. M.,1967,S.154f.

第三章　第二節

1 Pestalozzis Sämtliche Werke,Bd.12,Meine Nach forschungen über den Gang der Natur in der Entwicklung der Menschheit(1797),S.68.
2 ditto,S.69.
3 ditto,S.71.
4 ditto,S.71.
5 ditto,S.71f.
6 ditto,S.10.
Gehlen,A.:Anthropologieische Forschung,Hanburg,1974,S.60f. Vgl. Leonardy,A.,Anthropologie,J.H.Pestalozzi,S.168.
7 Pestalozzis Sämtliche Werke,Bd.12,a.a.O.,S.76.
8 ditto,S.11.S.25.
9 ditto,S.13.
10 ditto,S.79.
11 ditto,S.79.
12 ditto,S.79.
13 ditto,S.110.
14 ditto,S.106.
15 ditto,S.106.

16 ditto,S.165.

17 ditto,S.159.

18 Born,M.:Die Einheit von Pestalozzis Anthropologie und Pädagogik.Der Freiheitsbegriff der "Nachforschungen" und der pädagogischen Schriften von 1799 und 1801,Essen,1977,S.133f.

19 Pestalozzis Sämtliche Werke,Bd.12,a.a.O.,S.67.

20 Rang,A.:Das Erbe des politischen Pestalozzi,S.42ff.

21 ditto,S.53ff.

22 Oelkers,J.:Wie kann der Mensch erzogen werden?Pestalozzis "Nachforschungen" als ein Hauptstück der modernen Pädagogik,in:Pestalozzis Erbe ― Verteidigung seine Verehrer,hrsg.von Stoll-J.G.,Bad Heilbrun/OBB, 1987,S.37.

23 森川直：上掲書、124 頁。

24 Pestalozzis Sämtliche Werke,Bd.12,a.a.O.,S.164.

25 ditto,S.165.

26 ditto,S.129.

27 ditto,S.66.

28 ditto,S.161.

29 森川直：上掲書、125 頁。

30 Pestalozzis Sämtliche Werke,Bd.12,a.a.O.,S.109.

31 ditto,S.105.

32 ditto,S.67.

33 ditto,S.125.

34 Pestalozzis Sämtliche Werke,Bd.13,S.243.

35 ditto,S.341.

36 Pestalozzis Sämtliche Werke,Bd.28,S.57.

37 Pestalozzis Sämtliche Werke,Bd.6,S.469.

38 ditto,S.470.

39 Pestalozzis Sämtliche Werke,Bd.19,S.53.

40 Pestalozzis Sämtliche Werke,Bd.14,S.157.

41 Pestalozzis Sämtliche Werke,Bd.12,a.a.O.,S.109f.

42 ditto,S.72.

43 Pestalozzis Sämtliche Werke,Bd.13,S.243.

第三章　第三節

1 Klafki,W.:Pestalozzi über seine A nstalt in Stans.Mit einer Interpretation,Weinheim/Basel,1793.,S.4.　ヴォルフガング・クラフキー、森川直訳：『ペスタロッチーのシュタンツだより』東信堂　2004 年、87 頁。

2 Pestalozzis Sämtliche Werke,Bd.13,S.5f.　同上訳書、22–23 頁。

3 ditto,S.6. 同上訳書、23 頁。
4 ditto,S.7. 同上訳書、25 頁。
5 ditto,S.7. 同上訳書、26 頁。
6 ditto,S.7f. 同上訳書、26 頁。
7 ditto,S.8. 同上訳書、26 頁。
8 ditto,S.8.? 同上訳書、26−27 頁。
9 ditto,S.8. /19-22. 同上訳書、27 頁。
10 ditto,S.8. 52. 同上訳書、95 頁。
11 ditto,S.16./8-11. 同上訳書、40 頁。
12 ditto,S.7. 同上訳書、28 頁。
13 Pestalozzis Sämtliche Werke,Bd.12,S.157f.
14 Pestalozzis Sämtliche Werke,Bd.13,S.13/35-S.14/10. クラフキー、森川直訳、上掲訳書、36−37 頁。
15 ditto,s.13/35-S.14/10. 同上訳書、37 頁。
16 ditto,S.14/17-21. 同上訳書、37 頁。
17 ditto,S.14/28-34. 同上訳書、42 頁。
18 ditto,S.17/308. 同上訳書、47 頁。
19 ditto,S.19/32-35. 同上訳書、47 頁。
20 ditto,S.19/38,S.20/1.
21 Pestalozzis Sämtliche Werke,Bd.13,"Wie Gertrud ihre Kinder lehrt"S.189.
22 ditto,S.190.
23 ditto,S.195.
24 ditto,S.196.
25 ditto,S.199.
26 Pestalozzis Sämtliche Werke,Bd.14,"Pestalozzi an sein Zeitalter"(1801/02),S.123.
27 ditto,S.345.
28 Pestalozzis Sämtliche Werke,Bd.13,S.343.
29 ditto,S.242.
30 ditto,s.245.
31 Spranger,E.:Pestalozzis Denkformen,S.52.
32 Pestalozzis Sämtliche Werke,Bd.13,"Methode"(1801),S.104.
33 Pestalozzis Sämtliche Briefe,Bd.3,Nr.559,"Brief an Petersen"(1782),S.130.
34 Pestalozzis Sämtliche Werke,Bd.16,"Fragmend über die Grundlage der B ildung"(1803),S.3.
35 Pestalozzis Sämtliche Werke,Bd.14,"Denkschrift an die Pariser Freunde über Wesen und Zweck der Methode"(1802),S.343.
36 Pestalozzis Sämtliche Werke,Bd.13,S.248.
37 森川直：『ペスタロッチー教育思想の研究』上掲書、171 頁。
38 Pestalozzis Sämtliche Werke,Bd.13,S.345.

39 ditto,S.107.
40 ditto,S.107.
41 ditto,S.254f.
42 ditto,S.248.
43 ditto,s.341.
44 Müller,K.:J.H.Pestalozzi,S.156f.
45 Pestalozzis Sämtliche Werke,Bd.28,"Die Schwanengesang"(1826),S.55.
46 ditto,S.55.
47 ditto,S.60.
48 Spranger,E.:Pestalozzis Denkformen,S.126f.
49 Pestalozzis Sämtliche Werke,Bd.28,S.140.
50 ditto,S.124.
51 Pestalozzis Sämtliche Werke,Bd.21,"An Neujahrstag",(1809),S.55.
52 Pestalozzis Sämtliche Werke,Bd.28,S.163.
53 Spranger,E.:Pestalozzis Denkformen,S.136.
54 Pestalozzis Sämtliche Werke,Bd.28,S.83.
55 ditto,S.315.

第三章　第四節

1 Lichtenstein,E.:Historischers Wörterbuch der Philosophie,Bd.1,Basel/Stuttgart 1971,S.924f. Mühlmeier,H.:"Bildung",In:Das Neue Lexikon der Pädagogik,Freiburg/Basel/Wien,1974,S.179f.
2 Rang,A.:Der politische Pestalozzi,S.167f.
3 Klafki,W.:Die Bedeutung der klassischen Bildungstheorien für ein zeitgemässes Konzept allgemeiner Bildung.in:Zeitschrift für Pädagogik,1986,S.458.
4 森川直：上掲書、206 頁。
5 Nohl,H.:Erziehergestalten,Göttingen 1958,S.12f. Vgl.Rang,A.a.a.O.,S.173f.
6 Flitner,W.:Pestalozzis Nationalpädagogik,a.a.O.,S.221.
7 Rang,A.:a.a.O.,S.175.
8 ditto,S.179. Vgl.Klafki,W.:Das pädagogische Problem des Elementaren und die Theorie der kategorialen Bildung,Weinheim,1963,S.21.
9 Pestalozzis Sämtliche Werke,Bd.28,S.77. Rang,A.:a.a.O.,S.179.
10 Friedlich,L.:a.a.O.,S.86.
11 Pestalozzis Sämtliche Werke,Bd.21,"Am Neujahrstag"(1809),S.226.
12 Pestalozzis Sämtliche Werke,Bd.12,S.39,84,125.
13 Oelkers,J.:Die Grösse Aspiration.Zur Herausbildung der Erziehungswissenschaft im 19.Jahrhundert,Darmstadt,1989,S.23.
14 Pestalozzis Sämtliche Werke,Bd.11,S.154.
15 ditto,S.154.

16 Oelkers,J.:a.a.O.,S.24.
17 Meier,U.:Pestalozzis Pädagogik der sehende Liebe,Verlag Paul Haupt Bern und Stuttgart,S.193-344.

第四章 第一節

1 Niethammer,F.I.:Streit des Philanthropinismus und Humanismus in der Theorie des Erziehungsunterricht unserer Zeit,(1808) bearbeitet, W. Hilleberecht,Weinheim-Berlin-Basel,1968（以下、N :S と略す）.
Vgl.Eurer,P.:Pädagogik und Universalienstreit.Zur Bedeutung von F.I.Niethammers pädagogischer ＞ Streitschrift<,Deutscher Studien Verlag,1989.
2 Evers,E.A.:Über die Schulbildung zur Bestialität,1807,In:Jorden,R（Hrsg.）Dokumente des Humanismus,1,1962,S.46-87.Vgl.Blankertz,H.:Geschichte der Pädagogik a.a..,1982.
3 Blankertz,H.:a.a.O.,S.100.
4 Tenorth,H.-E.:Geschichte der Erziehung,S.9f.
5 小笠原道雄監修 林忠幸・森川直編：『近代教育思想の展開』福村出版、2000 年、15 頁。
6 Eurer,P.:a.a.O.,S.90. Niethammer.
7 ditto,S.91.
8 Euler,P..:a.a.O.,S.36. Eurer,P.:a.a.O.,S.92.
9 Eurer,P.:a.a.O.,S.91f.
10 N:S a.a.O.,S.3. Eurer,P.:a.a.O.,S.93.
11 N:S a.a.O,S.4. Eurer,P.:a.a.O.,S.93.
12 N:S a.a.O.,S.4. Vgl.S.8,S.10.Eurer,P.:a.a.O.,S.94.
13 N:S a.a.O.,S.9. Eurer,P.:a.a.O.,S.94.
14 N:S a.a.O.,S.12.Eurer,P.:a.a.O.,S.95.
15 N:S a.a.O.,S.12f.Eurer,P.:a.a.O.,S.95.
16 N:S a.a.O.,S.15.Eurer,P.:a.a.O.,S.96.
17 N:S a.a.O.,S.17/18.Eurer,P.:a.a.O.,S.96.
18 Eurer,P.:a.a.O.,S.96f.
19 N:S a.a.O.,Eurer,P.a.a.O,:a.a.O.,S.96.
20 N:S a.a.O.,S.31.Eurer,P.:a.a.O.,S.98.
21 N:S a.a.O.,S.32.Eurer,P.:a.a.O.,S.98.
22 N:S a.a.O.,S.31ff.Eurer,P.:a.a.O.,S.98.
23 N:S a.a.O.,S.32f.Eurer,P.:a.a.O.,S.99.
24 N:S a.a.O.,S.31.Eurer,P.:a.a.O.,S.99.
25 N:S a.a.O.,S.34.Eurer,P.:a.a.O.,S.99.
26 N:S a.a.O.,S.32.Eurer,P.:a.a.O.,S.99.
27 N:S a.a.O.,S.36.Eurer,P.:a.a.O.,S.101.

28 N:S a.a.O.,S.36f.Eurer,P.:a.a.O.,S.102.
29 N:S a.a.O.,S.37.Eurer,P.:a.a.O.,S.103f.
30 N:S a.a.O.,S.65. Eurer,P.a.a.O.,S.109.
31 N:S a.a.O.,S.53f. Eurer,P.a.a.O.,S.109.
32 N:S a.a.O.,S.110. Euler,P.a.a.O.,S.46f.
33 Euler,P.a.a.O.,S.112.
34 ditto,S.113.
35 ditto,S.113.
36 N:S a.a.O.,S.74. Euler,P.a.a.O.,S.114.
37 N:S a.a.O.,S.60. Euler,P.a.a.O.,S.115.
38 Euler,P.a.a.O.,S.115.
39 N:S a.a.O.,S.58. Euler,P.a.a.O.,S.115.
40 N:S a.a.O.,S.70. Euler,P.a.a.O.,S.115.
41 N:S a.a.O.,S.58f. Euler,P.a.a.O.,S.115.
42 N:S a.a.O.,S.59. Euler,P.a.a.O.,S.11115f.
43 N:S a.a.O.,S.43. Euler,P.a.a.O.,S.116.
44 Euler,P.a.a.O.,S.116.
45 N:S a.a.O.,S.43. Euler,P.a.a.O.,S.116.
46 N:S a.a.O.,S.108. Euler,P.a.a.O.,S.116.
47 N:S a.a.O.,S.67. Euler,P.a.a.O.,S.117.
48 N:S a.a.O.,S.68. Euler,P.a.a.O.,S.117.
49 N:S a.a.O.,S.71. Euler,P.a.a.O.,S.117.
50 N:S a.a.O.,S.71f. Euler,P.a.a.O.,S.118.
51 N:S a.a.O.,S.71f. Euler,P.a.a.O.,S.118.
52 N:S a.a.O.,S.71f. Euler,P.a.a.O.,S.118.

第四章　第二節

1 Flitner,A./Giel.K.:Humboldts Werke in 5 Band,Bd.5,"Komentare in Humboldt,1981.
Vgl.Tenorth,H.-E.(Hrsg.):Klassiker der Pädagogik,2003,S.146.
2 Benner,D.:Wilhelm von Humboldts Bildungstherie.Eine Problemgeschichtliche Studien zum Begrundungszusammenhang neuzeitlicher Bildungsreform, 1999.
3 Vgl.Tenorth,H.-E.: Klassiker der der Pädagogik,S.72ff.
4 Benner,D.:a.a.O.,S.48.
5 Humboldt,W.v.:Werke ,hrg.von Köbliglich Preussischen Akademie der Wissenschaft,Bd.1,1903,S.143.Flitner,A./Giel.K.:a.a.O.,Bd.1,S.105f.
6 ditto,S.296f. Flitner, A./Giel.K.:a.a.O.,S.235.
7 ditto,S.296f. Flitner, A./Giel.K.:a.a.O.,S.235.

8 ditto,S.325ff. Flitner, A./Giel.K.:a.a.O.,S.507ff.
9 Spranger,E.:W.v.Humboldt und die Reform des Bildungswesens, Tübingen,1965,S. 235f.
10 Menze,C.:Die Bildungsreform W.v.Humboldt,Hannover,1975,S.47f.
11 ditto,S.47.
12 Humboldt,W.v.:a.a.O.,1,S.72,S.69.
13 Schiller,F.:Über die ästetische Erziehung des Menschen,in:Hanser Ausgabe von Schillers Werken,Bd.2,München,1966.
14 ditto,S.452ff. Vgl.Tenorth,H.-E.:Geschichte der Erziehung,Juventa Verlag Weinheim und München,2008,S.124.
15 ditto,S.453. Vgl.Tenorth,H.-E.:a.a.O.,S.125.
16 Tenorth,H.-E.:a.a.O.,S.125.
17 Schiller,F.:a.a.O.,S.456. Vgl.Tenorth,H.-E.:a.a.O.,S.125.
18 Schiller,F.:a.a.O.,S.455. Vgl.Tenorth,H.-E.:a.a.O.,S.125.
19 Schiller,F.:a.a.O.,S.454. Vgl.Tenorth,H.-E.:a.a.O.,S.126.
20 Schiller,F.:a.a.O.,S.455. Vgl.Tenorth,H.-E.:a.a.O.,S.126.
21 Schiller,F.:a.a.O.,S.455. Vgl.Tenorth,H.-E.:a.a.O.,S.126.
22 Tenorth,H.-E.:a.a.O.,S.126.
23 Humboldt,W.v.:a.a.O.,1,S.282-287.
24 Tenorth,H.-E.:a.a.O.,S.126.
25 ditto,S.127.
26 ditto,S.128.
27 Königsburger Schulplan vom 27.September 1809.In:ebd.Bd.4,S.175. Vgl. Tenorth,H.-E.:a.a.O.,S.128.
28 Königsburger Schulplan ,S.169. Vgl. Tenorth,H.-E.:a.a.O.,S.128.
29 Königsburger Schulplan ,S.170. Vgl. Tenorth,H.-E.:a.a.O.,S.129.
30 Schelsky,H.:Einsamkeit und Freiheit,2.Aufl.,Düsseldorf,1971,S.87f. Vgl. Tenorth,H.-E.:a.a.O.,S.129.
31 Tenorth,H.-E.:a.a.O.,S.129.
32 Königsburger Schulplan,Bd.4,S.2.
33 Tenorth,H.-E.:a.a.O.,S.130.
34 Blankertz,H.:Berufsbildung und Utilitarismus. Düsseldorf,1963.
35 Benner,D.:Hauptströmungen der Erziehungswissenschaft,München,1978.
36 Scholtz,G.:Die Philos.Schleiermachers.Darmstadt,1984,S.114ff.
37 ditto,S.69f.
38 Schurr,J.:Schleiermachers Theorie der Erziehung.Düsseldorf,1975,S.496-498.
39 Schleiermacher,F.D.E.:I,S.20.
40 ditto,S.28f.
41 Jäger,G./Tenorth,H.-E.:Pädagogisches Denken,in:Handbuch der deutschen Bild-

ungsgeschichte,Bd.3,1987,S.86.
42 Schleiermacher,F.D.E.:I,S.9. Schurr,J.:a.a.O.,S.50ff.
43 ditto,S.31.
44 ditto,S.135f.
45 ditto,S.41.
46 ditto,S.58.
47 ditto,S.30,S.102f.
48 ditto,S.154.
49 ditto,S.129.
50 Herbart,J.F.: "Über das Verhältnis des Idealismus zur Herbart,J.F.: ",In:Herbart:Werk (ed.Kehrbach,K.),Bd.11,S.107.
51 ditto,"Umriss pädagogischer Vorlesungen（1835/41）",1-3,S.165.
52 ditto,s.165f. Vgl. Jäger,G./Tenorth,H.-E.:a.a.O.,S.87.
53 Herbart,J.F.: "Allgemeine Pädagogik（1806）"1,S.19.
54 ditto,S.22.
55 Blass,J.L.:Herbarts pädagogische Denkform oder Allgemeine Pädagogik und Topik.Wuppertal/Ratingen,1969. Vgl. Jäger,G./Tenorth,H.-E.:a.a.O.,S.87f.
56 Herbart,J.F.: "Allgemeine Pädagogik(1806)"1,S.23f. Geissler,E.:Herbarts Lehre vom erziehenden Unterricht.Heidelberg,1970.
57 Herbart,J.F.: "Pädagogisches Gutachten"(1818),3,S.89ff.
58 ditto,"Umriss pädagogischer Vorlesungen(1835/41)"3,S.282;"Über Erziehung unter offentlicher Mitwirkung(1810)"1,S.149f.

終　章

1 小笠原道雄監修　林忠幸・森川直編：『近代教育思想の展開』福村出版、2000 年、17 頁。
2 Tenorth,H.-E.:Geschichite der Erziehung,a.a.O.,S.9f.
3 ditto,S.85f.
4 Klafki,W.:Die Bedeutung der Klassischen Bildungstheorie für ein zeitgemässes Konzept allgemeiner Bildung.In:Zeitschrift für Pädagogik,32jg.1986,S.458.
5 ditto,S.472.
6 Humboldt,W.v.:Anthropologie und Bildungstheorie.München,1956,S.56. Vgl. Klafki, W.:a.a.O.,S.459.
7 ditto,S.316. Vgl.Pongrat,L.A.:Bildung und Subjektivität,Weinheim/Basel, 1984,S.197.
8 Tenorth,H.-E.:Pädagogischen Epochen,S.145.
9 Tenorth,H.-E.:Geschichite der Erziehung,a.a.O.,S.94f.

著者紹介

森川　直（もりかわ　なおし）

1945 年石川県に生まれる。1972 年広島大学大学院修了、1974 年上智大学講師、岡山大学教育学部教授を経て、現在神戸親和女子大学教授、教育哲学専攻、教育学博士。

著書『ペスタロッチー教育思想の研究』福村出版、1993 年

編著『近代教育思想の展開』福村出版、2000 年ほか

訳書『ペスタロッチーのシュタンツだより』（改訂版）東信堂、2004 年ほか

近代教育学の成立　　＊定価はカバーに表示してあります。

2010 年 4 月 30 日　初　版第 1 刷発行　〔検印省略〕

著者 © 森川　直／発行者 下田勝司　　装幀／桂川　潤　印刷・製本／中央精版印刷

東京都文京区向丘 1 -20-6　郵便振替 00110-6-37828　発 行 所

〒113-0023　TEL（03）3818-5521　FAX（03）3818-5514　株式会社 東 信 堂

Published by TOSHINDO PUBLISHING CO., LTD

1-20-6, Mukougaoka, Bunkyo-ku, Tokyo, 113-0023, Japan

E-mail : tk203444@fsinet.or.jp　http://www.toshindo-pub.com

ISBN978-4-88713-973-2 C3037

東信堂

転換期を読み解く―潮木守一時評・書評集　潮木守一　二六〇〇円
大学再生への具体像　潮木守一　二五〇〇円
フンボルト理念の終焉？―現代大学の新次元　潮木守一　二五〇〇円
いくさの響きを聞きながら―横須賀そしてベルリン　潮木守一　二四〇〇円
国立大学・法人化の行方―自立と格差のはざまで　天野郁夫　三六〇〇円
大学の責務　D・ケネディ著　立川明・坂本辰朗・井上比呂子訳　三八〇〇円
私立大学マネジメント　(社)私立大学連盟編　四七〇〇円
30年後を展望する中規模大学―マネジメント・学習支援・連携　市川太一　二五〇〇円
もうひとつの教養教育―職員による教育プログラムの開発　近森節子編著　二三〇〇円
政策立案の「技法」―職員による大学行政政策論集　伊藤昇編著　二五〇〇円
大学の管理運営改革―日本の行方と諸外国の動向　江原武一・杉本均編著　三六〇〇円
教員養成学の誕生―弘前大学教育学部の挑戦　遠藤孝夫・福島裕敏編著　三二〇〇円
改めて「大学制度とは何か」を問う　舘昭　一〇〇〇円
原点に立ち返っての大学改革　舘昭　一〇〇〇円
戦後日本産業界の大学教育要求―経済団体の教育言説と現代の教養論　飯吉弘子著　五四〇〇円
現代アメリカの教育アセスメント行政の展開―マサチューセッツ州（MCASテスト）を中心に　北野秋男編　四八〇〇円
アメリカの現代教育改革―スタンダードとアカウンタビリティの光と影　松尾知明　二七〇〇円
現代アメリカのコミュニティ・カレッジ―その実像と変革の軌跡　宇佐見忠雄　二三八一円
アメリカ連邦政府による大学生経済支援政策　犬塚典子　三八〇〇円
戦後オーストラリアの高等教育改革研究　杉本和弘　五八〇〇円
大学教育とジェンダー―ジェンダーはアメリカの大学をどう変革したか　ホーン川嶋瑤子　三六〇〇円

〔講座「21世紀の大学・高等教育を考える」〕
大学改革の現在〔第1巻〕　有本章・山本眞一編著　三二〇〇円
大学評価の展開〔第2巻〕　山野井敦徳・清水一彦編著　三二〇〇円
学士課程教育の改革〔第3巻〕　絹川正吉・舘昭編著　三二〇〇円
大学院の改革〔第4巻〕　江原武一・馬越徹編著　三二〇〇円

〒113-0023　東京都文京区向丘1-20-6　TEL 03-3818-5521　FAX03-3818-5514　振替 00110-6-37828
Email tk203444@fsinet.or.jp　URL:http://www.toshindo-pub.com/

※定価：表示価格（本体）＋税

東信堂

グローバルな学びへ—協同と刷新の教育　田中智志編著　二〇〇〇円
教育の共生体へ—ボディエデュケーショナルの思想圏　田中智志編　三五〇〇円
人格形成概念の誕生—近代アメリカの教育概念史　田中智志　三六〇〇円
社会性概念の構築—アメリカ進歩主義教育の概念史　田中智志　三八〇〇円
教育の自治・分権と学校法制　結城忠　四六〇〇円
ミッション・スクールと戦争—立教学院のディレンマ　老川慶喜・前田一男編　五八〇〇円
教育の平等と正義　K・ハウ著　大桃敏行・中村雅子・後藤武俊訳　三二〇〇円
教育制度の価値と構造　井上正志　四二〇〇円
学校改革抗争の100年—20世紀アメリカ教育史　D・ラヴィッチ著　末藤・宮本・佐藤訳　六四〇〇円
国際社会への日本教育の新次元—今、知らねばならないこと　関根秀和編　一二〇〇円
フェルディナン・ビュイッソンの教育思想—第三共和政初期教育改革史研究の一環として　尾上雅信　三八〇〇円
ヨーロッパ近代教育の葛藤—地球社会の求める教育システムへ　関啓子・太田美幸編　三二〇〇円
多元的宗教教育の成立過程—アメリカ教育と成瀬仁蔵の「帰一」の教育　大森秀子　三六〇〇円
文化変容のなかの子ども—経験・他者・関係性　高橋勝　二三〇〇円
教育的思考のトレーニング　相馬伸一　二六〇〇円
いま親にいちばん必要なこと—「わからせる」より「わかる」こと　春日耕夫　二六〇〇円
NPOの公共性と生涯学習のガバナンス　高橋満　二八〇〇円
教育と不平等の社会理論—再生産論をこえて　小内透　三二〇〇円
オフィシャル・ノレッジ批判—保守復権の時代における民主主義教育　M・W・アップル著　野崎・井口・小暮・池田監訳　三八〇〇円
新版 昭和教育史—天皇制と教育の史的展開　久保義三　一八〇〇〇円
地上の迷宮と心の楽園〔コメニウスセレクション〕　J・コメニウス　藤田輝夫訳　三六〇〇円
〈現代日本の教育社会構造〉（全4巻）
〈第1巻〉教育社会史—日本とイタリアと　小林甫　七八〇〇円

〒113-0023　東京都文京区向丘 1-20-6　TEL 03-3818-5521　FAX03-3818-5514　振替 00110-6-37828
Email tk203444@fsinet.or.jp　URL:http://www.toshindo-pub.com/

※定価：表示価格（本体）＋税

東信堂

大学の自己変革とオートノミー—点検から創造へ	寺﨑昌男	二五〇〇円
大学教育の創造—歴史・システム・カリキュラム	寺﨑昌男	二五〇〇円
大学教育の可能性—教養教育・評価・実践	寺﨑昌男	二五〇〇円
大学は歴史の思想で変わる—FD・評価・私学	寺﨑昌男	二八〇〇円
大学改革　その先を読む	寺﨑昌男	一三〇〇円
大学教育の思想—学士課程教育のデザイン	絹川正吉	二八〇〇円
あたらしい教養教育をめざして—大学教育学会25年の歩み：未来への提言	大学教育学会25年史編纂委員会編	二九〇〇円
高等教育質保証の国際比較	羽田貴史・米澤彰純・杉本和弘	三六〇〇円
大学における書く力考える力—認知心理学の知見をもとに	井下千以子	三二〇〇円
ティーチング・ポートフォリオ—授業改善の秘訣	土持ゲーリー法一	二〇〇〇円
ラーニング・ポートフォリオ—学習改善の秘訣	土持ゲーリー法一	二五〇〇円
津軽学—歴史と文化	弘前大学21世紀教育センター・土持ゲーリー法一編著	二〇〇〇円
IT時代の教育プロ養成戦略—日本初のeラーニング専門家養成ネット大学院の挑戦	大森不二雄編	二六〇〇円
資料で読み解く南原繁と戦後教育改革	山口周三	二八〇〇円
大学教育を科学する—学生の教育評価の国際比較	山田礼子編著	三六〇〇円
一年次（導入）教育の日米比較	山田礼子	二八〇〇円
大学の授業	宇佐美寛	二五〇〇円
大学授業の病理—FD批判	宇佐美寛	二五〇〇円
授業研究の病理	宇佐美寛	二五〇〇円
大学授業入門	宇佐美寛	一六〇〇円
作文の論理—〈わかる文章〉の仕組み	宇佐美寛編著	一九〇〇円
学生の学びを支援する大学教育	溝上慎一編	二四〇〇円
大学教授職とFD—アメリカと日本	有本章	三二〇〇円

〒113-0023　東京都文京区向丘1-20-6　TEL 03-3818-5521　FAX03-3818-5514　振替 00110-6-37828
Email tk203444@fsinet.or.jp　URL:http://www.toshindo-pub.com/

※定価：表示価格（本体）＋税